山西财经大学金融史系列丛书

中国票号史研究

张宏彦 著

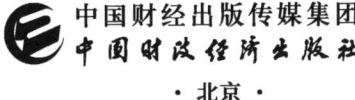
中国财经出版传媒集团
中国财政经济出版社
·北京·

图书在版编目（CIP）数据

中国票号史研究 / 张宏彦著. -- 北京 : 中国财政经济出版社, 2025.4. -- （山西财经大学金融史系列丛书）. -- ISBN 978-7-5223-3851-4

Ⅰ. F832.9

中国国家版本馆CIP数据核字第2025GD0297号

责任编辑：孙　琛　　　　责任校对：徐艳丽
封面设计：王　颖　　　　责任印制：党　辉

中国票号史研究
ZHONGGUO PIAOHAOSHI YANJIU

中国财政经济出版社 出版

URL：http://www.cfeph.cn
E-mail：cfeph@cfeph.cn

（版权所有　翻印必究）

社址：北京市海淀区阜成路甲28号　邮政编码：100142
营销中心电话：010-88191522
天猫网店：中国财政经济出版社旗舰店
网址：https://zgczjjcbs.tmall.com
涿州汇美亿浓印刷有限公司印刷　各地新华书店经销
成品尺寸：170mm×240mm　16开　21.25印张　299 000字
2025年4月第1版　2025年4月河北第1次印刷
定价：98.00元
ISBN 978-7-5223-3851-4
（图书出现印装问题，本社负责调换，电话：010-88190548）
本社质量投诉电话：010-88190744
打击盗版举报热线：010-88191661　QQ：2242791300

序　言

票号，诞生于道光初年，清末发展到巅峰，被赞誉为"中国金融执牛耳者"，清亡后，迅速衰落。虽然从出现到衰落，不过一个世纪的时间，但票号业者们创造了很多金融奇迹，推出了很多金融创新，曾在中国近代金融史上留下浓墨重彩的一笔。

票号诞生之前，商人外出办货，必须携带现银，笨重而危险。票号产生之后，大大方便了商人外出经商。一纸轻薄的汇票，就能代表千两、万两银的价值。用银两结算，涉及复杂的平色识别问题，用汇票转移资金，可以节约交易中的时间成本和精力成本。

金融的作用之一，就是为商业提供服务，能提高商业交易效率的金融活动，就是值得称道的金融创新。票号创立者的大胆实践，既是经济、商业发展的客观结果，也是金融市场潜在需求的反映。

而这种新的金融服务供给之所以能得到市场热烈的反响，其背后深层次的原因是日益增长的商品交易需求和落后的称量货币制度之间的矛盾。汇票这种纸制票据的出现，是商业活动对价值载体方便性的要求。

商业交易的便利客观上刺激了商业规模的进一步扩大。票号经营者们的影响不止在国内，作为中国近代最早走向国际的金融机构，合盛元等票号把服务触角延伸至日本、朝鲜、俄国、新加坡、南洋等地，引领了中国近代金融机构"走出去"的潮流。

同时代，日本、俄国等地的学者也注意到了票号这种中国的金融机构，并对其作用予以一定的认可。后期的票号经营领域包括了存、贷、汇等业务，其实已经类似银行。

但票号毕竟还不是银行，其资本筹集模式、业务结构等多方面都还与银行存在不同。虽然比之于其他传统金融机构，票号体现出了进步性，能够在较短的时间里就占据了近代中国金融市场的主导地位，但是，在更具有进步意义的银行面前，票号渐渐失去优势。

票号落败于近代银行，关键的原因是历史发展的趋势，落后的金融组织必然被先进的金融组织代替。

虽然票号只经历了短短一百多年的时间就退出了历史舞台，但它留给我们的启示是发人深思的。即便到了今天，票号留下的启示依然对金融业者有益，得出的教训也依然能警醒世人。例如，票号用人制度中，对职员专业能力、职业道德、生活作风等方面的要求，放在今天，也值得学习。再如，票号在金融创新方面的思路，也值得借鉴。另外，昔日票号在业务结构、业务对象方面存在的问题，也是今天的金融机构需要注意的问题。

以史为鉴，方能知兴替。不忘历史，传承文化，是当代学者的责任。经济、金融研究，需要秉承大历史观。纵观历史，经济、金融发展是有规律可循的。金融创新能不能得到市场的认可，新的金融组织能否代表发展潮流，最终要看其对生产力发展的推动作用。

正如习近平主席所说，金融要服务于实体经济。近代票号的汇兑业务产生，解决了商人异地运送资金的大问题。在没有中央银行的时代，票号充当了准中央银行，一度独占优势。票号为官府、商号提供汇兑、融资，还积极支持近代工业、矿业、铁路等事业的发展，为近代经济发展做出了很大的贡献。

但是，曾经锐意进取的票号业，在发展几十年后，部分财东、经理就开始变得因循守旧、故步自封，实在是一件令人唏嘘的事情。这也给我们一个启示，在市场瞬息万变的今天，金融机构必须保持不断发展的态势。曾经的辉煌只是历史，可持续发展才是金融机构的核心竞争力。

笔者从2006年开始，进行金融史的专门性学习和研究，也开始关注票号相关研究。本书的一些观点，是在参考了清代档案、民国学术著作及期刊、报刊文章，借鉴了现代学者的学术成果，并走访了晋商故里，访问过票号业后人，在平遥、祁县、张家口等票号经营过的地区进行实地考察的基础上，得出的一些浅见。

另外，感谢张鹏飞、宁秀清、刘蔚、寇文韬几位同学在本书编写期间，进行了资料搜集、整理及校对工作。

学术需要探讨，本书作为抛砖引玉之作，希望得到各位学者的批评、斧正。

作者

2025年1月

目 录

第一章 票号的诞生 （1）
第一节 票号诞生前的中国金融生态 （1）
第二节 票号诞生 （19）
第三节 票号缘何出山西 （26）

第二章 票号的兴盛 （42）
第一节 票号业发展 （42）
第二节 票号的鼎盛 （63）

第三章 票号的衰败 （84）
第一节 票号衰败 （84）
第二节 票号衰败的原因 （107）

第四章 票号的经营 （143）
第一节 票号的业务构成 （143）
第二节 票号的盈利情况 （166）

第五章 票号的管理 （180）
第一节 票号的组织管理 （180）
第二节 票号的风险管理 （187）
第三节 票号的财务管理 （194）

第四节　票号的人力资源管理 …………………………………… (201)

第六章　票号的对外关系 …………………………………………… (216)
　　第一节　票号与政府的关系 ……………………………………… (216)
　　第二节　票号与其他金融机构的关系 …………………………… (239)

第七章　票号的影响力 ……………………………………………… (270)
　　第一节　票号对经济的宏观影响 ………………………………… (270)
　　第二节　票号对金融市场的影响 ………………………………… (275)
　　第三节　票号对近代民族工业的影响 …………………………… (286)
　　第四节　票号的社会影响 ………………………………………… (293)

附录：票号业大事记 ………………………………………………… (310)

参考文献 ……………………………………………………………… (321)

后　　记 ……………………………………………………………… (330)

第一章

票号的诞生

一般认为,票号诞生于清代中期,具体为道光初年。票号的产生,有多方面的原因。经济方面,商业发达到一定程度,大额交易频发,需要金融支持。金融方面,落后的银两制度,增加了交易成本,金融业发展需要改变这种状况。

第一节 票号诞生前的中国金融生态

一、落后而混乱的货币体系

(一) 落后而复杂的称量货币制度

1. 落后的称量货币制度

清代中国的货币制度以白银为本位,但与西方银本位不同的是,中国的银本位是称量货币制度,也就是银两本位制,而西方的银本位是银币本位制。

银两本位是以白银的重量"两"为价格标准,实行银块流通。银币本位则是国家规定白银为货币金属,而且要求白银被铸成特定形状的银币,银币的重量和成色也会严格规定。银币本位制规定了形状、重量和成色，意味着规范化。

之所以说称量货币制落后，是因为同时代的西方国家普遍采用计数式的银币本位制，更加方便，节约成本。而中国的称量货币制在交易中因为手续烦琐，会拖慢交易速度。

2. 复杂、不便的清代银两制度

首先，银两使用不便。大的银锭，如十两、五十两的银锭，不仅沉重，而且体积较大，不便携带。小的银锭，如滴珠，要随时称量确定价值，也不方便。

其次，鉴定烦琐。比之于西方规范化的银币本位制，中国的银两本位制没有统一形状、重量、成色，这意味着交易中需要称重量、看银色，才能判断银锭的价值，不同的银锭形状也增加了识别难度。

称量、流通的白银形态有银锭，也有碎银。碎银形状、重量不定，需要进行称重来确定所代表的价值。银锭虽然有一定的规范，但各地银锭的重量、形状、含银量各有不同，想要准确判断价值，还要考虑不同种银锭的成色（含银量）。当时有外国人描述中国的"看银师"："此外还有看银师，他们也是外商不能缺少的人，……可以看到成堆的白银正在被检验，同时听到一批一批的白银在铜制天平上倒进倒出的铿锵之声。……一块块的银锭与银元在入库前必须鉴定过秤。……这些金银的成色及价值仅由看银师或承铸金银的罏房加盖戳记，予以保证。"[①]

当时的金融机构有关于"看金成色""看银成色"的口诀：

看金成色

十成金，赤色。九成金，紫色。八成金，黄色。七成金，青色。六成金，中黄色。五成金，黄色。

看银成色

看银要看系道，底面活放，要对。如元宝至下火，不过九七八色。元

---

① W. C. Hunter: The "Fan Kwae" at Canton, PP. 56—60.

宝饼子，有顶银，甲（夹）开是烧黄，黄口。次者不卦（挂）霜，如卦霜者，九八。中定（锭）有库中定，高。余者，次之。羊肚，有库羊肚，有高花羊肚，九八色。水花羊肚，九七色。看银砖查口（岔口），九七色，是平常羊肚。有宗九五银，红查口。

九九银青系查，白口。九八银细灰查，白口。九七银猪肝查，微黄口。九六银粗灰查，微黄口。九五银炉灰查，微黄口。九四银炉灰查，多红色，微口。九三银青白查，黄口。九二银青白查，少黑鬃眼黄口。九一银白查，黄口。九成银将黄查，大黑鬃眼，亮黄口。八九银微黄查，黄口。八八银微黄查，细黑鬃眼，老黄口。八七银细白查，老黄口。八六银微黄查，微有黑鬃眼。八五银微黄查，维有红鬃中，有菊花心①。

三十样口

正白口十成，雪花口九九，镜面口九八，飞樊口九七，云白口九六，水白口九五，淡白口九四，粉白口九三，食盐口九二，淡黄口九成，水黄口八九，凉黄口八八，毫黄口八七，鹅黄口八六，木黄口八五，姜黄口八四，灰黄口八三，青黄口八二，正黄口八成，直黄口七七，薰黄口七五，老黄口七三，金黄口七成，古色口六五，枣瓢口六成，紫黄口五五，香色口五成，紫红口四成，真红口三成，猪血口一成②。

银锭的平色也比较复杂。例如，平有官平、市平（民间的私平）的区别，官平中最重要的是库平，是清政府收支银行所用的衡量标准，而各省制定的库平还有可能和户部的库平不一样，根据1902年的数据，最大的是广东库平，最小的是宁波库平。库平如何运用，我们可以参考一个例子，《马关条约》赔款中，规定的库平是一两约等于37克③。关税涉及的关平因各地海关银号不同而不同。另外还有漕平、钱平、司马平、公砝平等。

色是含银量，例如清代金融业内讲的"九九二色"就是指含银量992‰（千分之九九二），九七色就是97%。

---

① 史若民，牛白琳．平、祁、太经济社会史料与研究［M］．山西古籍出版社，2002：556.
② 史若民，牛白琳．平、祁、太经济社会史料与研究［M］．山西古籍出版社，2002：616.
③ 戴建兵．中国近代银两史［M］．中国社会科学出版社，2007：70.

最后，辨识困难。清代的银两不是全国统一的样式，各个地方主要流通的银两名称有时候差别很大。这些繁杂的货币知识，一般只有专业人士才能全部掌握。

表 1-1　　　　　　　　　清代部分地区周行银色情况

地名	周行银色	地名	周行银色	地名	周行银色
周口	"足宝银"为主	清江	周行"二大宝银"	寿阳	"足宝银"为主
周村	"宝银"为主	杭州	"杭锭银"为主	交城	"镜宝银"为主
烟台	"公估白银"为主	黑龙江	"大翅宝"为主	文水	"足宝银"为主
西安	"足纹银"为主	锦州	"锦宝"为主	长沙	"用项银"为主
兰州	"足纹银"为主	吉林	"大翅宝"为主	赊镇	"足纹银"为主
三原	"足纹银"为主	宽城	"大翅宝银"为主	徐沟	"足纹银"为主
张家口	"足纹银"为主	凉州	"纹银"为主	榆次	"足纹银"为主
归绥	"口宝银"为主	保定	"足宝银"为主	扬州	"二七宝"为主
包头	周行"杂宝银"	忻州	"足宝银"为主	彰德	"足宝银"为主

资料来源：笔者根据黄鉴晖《山西票号史料》第700—701页整理。

（二）混乱的货币体系

虽然清代的本位货币是白银，但实际上，铜钱在民间大量地被使用。具体来看，官方、大额交易用银，民间、小额交易用铜。因此，也有学者认为清代的货币体系，实际上是银铜复本位制。

还有一些纸币在流通，虽然清政府发纸币不多，但也间断性地发行过官票和宝钞。钱庄、银号的钱票、银票也在充当着类似纸币的职能。云南一直到清代还在使用贝壳货币。此外还有来自外国的银元，也在中国沿海的商业交易中流通。康熙年间，流入中国的常见外国银元有双柱、威尼斯银元及法国埃居[①]。

美国人雷麦在《外人在华投资》一书中也做了分析："（旧）中国未曾根据复本位制或辅币本位制将铜银两种币制统一。有时也用金为货

[①] 姚遂. 中国金融史［M］. 高等教育出版社，2022：155.

币。"他认为,旧中国的币制算是一种"并行"本位的币制。之所以形成这样的状况,雷麦认为:"中国各地货币的不同,犹如各地风俗的不同一样。……中国人并不愿意把事情弄得杂乱无章,不过因为国大人众,偶然搞成这样罢了。"①

二、相对落后的金融机构体系

世界最早的银行诞生于西方,一般认为,16世纪威尼斯银行成立,代表着近代银行业诞生。而在中国,银行是一个舶来品,直到19世纪40年代,丽如银行出现,中国才有了银行。

票号出现之前,中国的金融机构体系主要包括当铺、钱庄、银号等,这些机构主要经营信贷、兑换。

(一) 当铺继续发展

当铺又名"典当""当店"等,是办理财物抵押贷款的机构。典当业究竟何时起源,学界争论不一,可以确定的是,"典当"一词最早见于《后汉书》。至于典当行业,有人认为,南北朝时候的质库就算得上是独立典当机构,而当铺这个说法,至少在宋代就出现了。明代典当发展迅速,甚至明中叶后,一些官僚也涉足当铺。

清代当铺继续发展,曾经还出现过官营当铺的潮流。清代前期,当铺规模和数量都得到了发展。当铺的资本差异很大,从几十两到几万两不等。数据显示,康熙二十四年全国当铺有15080家,乾隆年间当铺家数增加到22781家,增长幅度51%。

从性质来看,当铺是放贷机构,但是当铺只做抵押贷款业务。客户需将物品押到当铺,而当铺要对物品先进行估值,因而,当铺形成了一套较为完整的资产评估方法。有学者在平遥发现了典当"教科书",收入了

---

① 〔美〕雷麦. 外人在华投资 [M]. 商务印书馆, 1959: 24—25.

表 1-2　　　　　　　　　　康乾年间全国当铺统计表

行省或地区	康熙二十四年（1685年）		乾隆朝（1736—1795年）	
	家数	占合计（%）	家数	占合计（%）
全国合计	15080	100	22781	100
直隶	4532	30.05	1967	8.57
江苏	3014	19.98	1333	5.96
山西	2562	16.98	4695	21.00
山东	1122	7.44	874	3.91
浙江	1118	7.41	1126	5.04
陕西	812	5.38	1482	6.63
安徽	608	4.03	887	3.96
河南	474	3.14	555	2.48
广东	260	1.72	2688	12.02
湖北	220	1.45	424	1.86
福建	190	1.25	1726	7.72
湖南	84	0.55	138	0.61
江西	76	0.50	335	1.50
广西	6	0.03	197	0.88
甘肃	—	—	1625	7.27
贵州	—	—	1500	6.71
盛京	—	—	439	1.96
云南	—	—	402	1.80
四川	—	—	297	1.33
吉林	—	—	91	0.40

资料来源：笔者根据黄鉴晖：《明清山西商人研究》，山西经济出版社2008年版，第156页内容改制。

《平遥当商留存文稿》，这份文稿让我们看到了旧式当铺评估资产的经验。该文稿内容包含丰富，资产估价的大类有珠宝类、宝石类、玛瑙类、铜器类、古瓷五大窑、新高瓷窑、锡器类、看金成色、看银成色、看木器类、毡合毛绒类、绸缎绫丝绢闪锦罗类、纱类、各夏布类、绣衣类、朝衣类等。以宝石抵押为例，当铺有一套详尽的抵押物评估方式：

……凡看宝石，须辨真假，颜色有水头者，真宝石。其光在外必要坐，坐，有有色，有提色。其贵者，在瓜瓤，又，又有水头者，此为全石，值二三百换。但有提色，无坐色，而瓜瓤者，闷红者只值二三换。有坐色，而无提色者，此乃不全之石也。

字母绿、绿石，其石雌雄成对者，大者曰雌，小者曰雄。其青色、碧色上苍蝇虼蚤斑，粉皮叶蜘蛛网，其色有五样，按金、木、水、火、土五行之色，又有贴锦纹，金星照太阳，其润光有一线重者，值四五十换。大者，难定其类，不可一概而论。

玫瑰红石，小的不足分数，值二三千换。……水鲜红石要有坐色，有提色，有瓜瓤，有水头者，有二三钱重，值五换……碧牙洗石，有茶淡色，有紫水晶。……有一两重，值七八十换……①

清代前期，典当业的发展达到了空前的地步。据统计，乾隆十八年，全国共有当铺一万八千零七十五座，国家财政收到典税共计九万零三百七十五两。到了嘉庆十七年，全国当铺数量达到二万三千一百三十九座，典税十一万五千六百九十五两②。清前期，典当业发展迅速，与盐商、木商一同成为显赫一时的三大行业。

但是，当铺的剥削性很严重，康熙年间，湖广总督喻成龙在《檄谕郡县条规》中要求禁止当铺的"肥进瘦出、按日加三"③。当铺的过度剥削，无理由地过分贬低抵押物，过高的利率，这些都是当铺在近代金融发展中逐渐边缘化的重要原因。

（二）钱庄、银号占据金融市场主导

钱庄又名"钱铺""钱店""钱肆"等，钱庄的基本业务是货币兑换，涉及不同货币的兑换，并附带评定金银的成色和重量。资本规模大的钱庄也做存放款业务。

清初还出现了"银号"，有学者认为，银号可能是由银铺发展出来的。

---

① 黄鉴晖. 平、祁、太经济社会史料与研究［M］. 山西古籍出版社，2002：547.
② 曲彦斌. 中国典当史［M］. 九州出版社，2007：46.
③ 《同治》长沙县志卷一九//叶世昌. 中国金融通史［M］. 中国金融出版社，2002：583.

当时银号和钱庄的业务其实差不多，人们习惯把规模大的叫"银号"，小的叫钱庄。也有一种说法，北方把信用机构常叫做银号①。从地域情况看，北京、天津、沈阳、广州等地习惯叫银号，江浙一带习惯叫钱庄，西北兰州等地则不论规模大小，都叫银号。从业务上看，钱庄、银号没有太大区别，都是货币兑换机构，日常办理金、银、铜钱的兑换，钱庄、银号发展后期也开始做存放款，但在清代前期，还是以兑换为主。

钱庄、银号在清代得到了迅速发展，尤其康熙朝以后，在商业较发达城市，普遍开设了钱庄、银号此类的机构。据统计，乾隆五十一年到嘉庆二年（1786—1797 年），已有钱庄 124 家；康熙年间到道光十年（1830年），北京开设的钱庄有 389 家。② 到 18 世纪，钱庄、银号就已经成为当时中国主要的金融机构。在票号诞生前，钱庄、银号之所以能占据市场主导地位，原因是多方面的：

首先，商品经济的发展。康熙以后，中国经济持续发展，商业越来越发达。金融最初产生，就是为了服务于商品交换，物物交换不便，才有了固定充当一般等价物的货币。因此，商业繁荣必然催生金融业的发展，表现在金融市场上，就是金融工具增多、金融机构增多。相比于当铺，钱庄、银号为商业服务的功能更显著。

其次，也是因为复杂的货币体系，多种类的货币的客观存在，使货币兑换业务频繁而复杂，人们对专业的货币鉴定和兑换需求很大。尤其是与外国贸易的增长，沿海很多地方还出现了外国银元，人们的货币兑换需求更大了。

（三）印局、账局经营放款

1. 印局

印局是放款机构，印局放款叫做"放印子钱"，主要放款对象是个人，

---

① 彭信威. 中国货币史［M］. 上海人民出版社，2019：708.
② 张国辉. 晚清钱庄和票号研究［M］. 社会科学文献出版社，2007：2.

期限一般都是短期。因为催债者每日登门讨债，还清时盖印记，所以被叫做"印子钱"。印局是一种高利贷机构，盘剥很重，虽然能救急，但是也给债务人带来沉重的利息负担，当时人评价，借印子钱如同"割肉医疮"。

在清代，政府是严格禁止官吏放"印子钱"的。康熙二十年，《兴利除弊条约》中记载："驻防满兵，皆系禁旅大臣统帅，戍守纪律，自是严明，断无纵容旗丁盘债、虐民之事。但地方无籍徒映射旗势，或串同苦独立营，厮狐假虎威，狼狈为奸，违禁取利，及印子钱各色，盘算估折，稍不遂意，鞭挞横加，小民无可如何，殊干法纪。"

虽然印局放的印子钱是高利贷，当时人也多有批评。但是，它的存在于当时的金融环境来讲，还是有必要的。清代人张焘在《津门杂记》中记载："天津民贫地瘠，有无缓急，非此更无法设施。且有贫民日中所入，仅敷糊口，而谋食之外，不暇谋衣。是以春夹秋棉，两季衣襟，俱借印子钱制造。如借钱十千或八千，则分一百日清还，每日还钱一百或一百二十文不等，如遇阴雨，翌日补足。"说明了当时天津很多贫民无法满足饱暖基本的生活条件，有人连添置春秋衣物都需要借印子钱。"春秋两季，周而复始，无之则民不称便。"当地人民换季衣物都要靠印子钱来解决，没有印局，就会让有需求的人民感到不便。

2. 账局

（1）账局的产生。账局（账庄）也是放款机构，主要放款对象是商家。最初，账局是由山西商人创办的。有一种说法是，晋商开拓万里茶路，远途贸易格外需要融资。尤其是晋商从南方贩运茶叶到俄国，往往需要几个月的时间，而且最初的贸易不允许用白银支付，只许以物易物，所以，晋商从俄国用茶叶换回皮毛，要一直运回国，在京城卖给官宦贵族及富户，才能拿到现银。这中间的过程较长，商家需要金融资本借贷援助。

（2）账局的分布。账局的地理分布上有个特点，就是几乎只在北方经营。其原因如下：

首先，京师、天津、张家口等地发展，确实需要大量资金融通。始办账局者为山西商人，而京、津、口等地是晋商的经营重地，自然会成为账局云集之地。

其次，账局最初诞生，就是因为远途贸易中商人需要资金周转，当时，北方商人普遍商业经营周期较长。例如，在清代，丝、茶、棉布等大宗商品，其主要产地在南方。北方商人远离这些产品的原产地，交通运输不易，导致商品周转期长，对融资的需求增加。

(3) 账局的放款。账局放款多以一年为期，"五六月间，各路货物到京，借者尤多"[①]。账局一度对商业影响很大，时人评价："若界期全行收起，更不复借，街市一旦成空。盖各行店铺，自本者十不一二，全恃借贷流通。"从这一段描述，我们可以知道，当时京师很多商铺都依赖账局的融资，如果账局收紧银根，很多商家就不得不歇业，出现"街市成空"的现象。

账局除了放商业贷款，还发放对官吏的贷款。这里的官吏包括候选官吏和在职官吏。清代的李燧在《晋游日记》中记载了乾隆六十年（1795年）账局对官吏的放款，他首先指出："汾（州）、平（阳）两地，多以贸易为生。利之十倍者，无如放官债。富人携资入都，开设账局，遇选人借债者，必先讲扣头。以缺之远近，定扣之多少。"汾州、平阳商人都是晋商，"选人"即候选官吏，"扣头"是传统金融机构在放款的时候，不全额发放，而是扣除一部分后放贷给客户，这里描述的现象，以候选官吏将要任职的时间远近来定"扣头"，其实是一种风险管理的考量。离任职期越远，扣头越多，这是因为更长的等待任职期，增加了不确定性，导致了更多的融资风险。

至于为什么候选官吏进京后会借债，其原因在《晋游日记》中也给出了答案："措大需次有年，金尽裘敝，甫得一官，如贫儿暴富，于是制赴任之行装，购上官之礼物，狎优伶则需缠头之费，置姬妾则筹贮屋之资。拾犹挥金如土，及凭限已促，不能不俯首于豪右之门，明知为鸩毒也而甘

---

① 《请筹通商以安民业折》，咸丰三年三月二十五日，《王侍郎奏议》卷三。

之。"① 这些候选官员要做赴任的准备，还要打点上司，甚至还有纳妾、打赏"优伶"的费用，种种"挥金如土"的奢侈享受，导致他们最终依赖账局借贷生活。

候选官员们倾向于选择账局借贷的原因也是多方面的，虽然账局给候选官吏贷款利率不低，但是账局有自身的业务优势。例如，账局有"三不还"的说法：未到任丁艰者不还，革职不还，身故不还。毕竟，账局放款给候选官吏，对他们还款的期望就在于他们任职后，在职务上获得的明面上或者隐形的各种收入，如果没有到任，自然缺乏还款来源。账局发放给官吏的贷款虽然利率高，但也有人性化的一面，候选官员不止是未任职不用还款，被革职和身故也不用还，能为这些官吏留下在外的体面。不过，这种优待，只限于对官吏放款，毕竟在封建社会，官吏是属于特权阶层，即便暂时没有任职，或被革职，未必没有下次任职或者重新起复的机会，即便身故，他们也可能会有亲族子弟、同窗旧友进入仕途，过度索债，可能会激起文人士大夫们的不满。

即便如此，朝廷中依然有官员对账局深表不满，原因是有官员欠账局巨款，丢失了官家体面。例如，《清圣祖实录》记载："有人奏江宁府知府善庆负欠京债，累至五万余两，本年陶澍据控咨行顺天府，提取京城恒泰成账局之王允恭、张克昌等赴江质讯，应从中究办等语。"

按理说，涉事官员欠账局债务，那是他个人生活行为，朝廷兴师动众去追究，似乎有些小题大做。但是，朝廷给出的理由也确实值得担忧："知府有表率之责，负债既多，又安望其洁己奉公。"官员本人明面的收入就是俸禄，知府在清代虽然是四品官员，品级不低，但在清朝，官员俸禄并不优厚。如果家中人口众多，又养着幕僚，再考虑官场人情往来，仅仅靠俸禄，要维持体面生活也非易事。但是，官员欠下巨债，仅靠有限的俸禄是不可能还清的，朝廷担心的是，他们欠下商人巨款，会受制于人，导致官商勾结，无法做到廉洁奉公。

---

① 李燧. 晋游日记 [M]. 山西人民出版社，1989：69.

三、票号诞生的条件具备

(一) 商业的繁荣

前清时期,安定的社会环境为经济与商业的繁荣奠定了基础。商人们的活动范围及商业规模不断扩大,这意味着商业交易需要的货币量也在迅速扩大。

金属货币本身的重量成了交易的不便之处。这一问题,其实在中国历史上也多次出现过。唐朝有了飞钱,宋代有了交子,都是商业规模扩大后,为了便于交易,而选择更加轻便的货币携带方式。清政府在纸币问题上比较谨慎,前期发行纸币较少。

动辄数千两、数万两的交易,需要的银两是比较沉重的,不仅搬运困难,还可能招人觊觎,发生押运风险。康乾年间,山西出现了负责押运银两货物的镖局,当时人注意到"由边口至晋,向多贼匪,中途被劫,盖非一次矣。爰有以保镖为名者,出遇西商,则由镖局着人护送,厚索获资,究之护者护,而劫者劫,一旦失事,亦不过徒唤奈何![①]"虽然镖局出现了,但是费用很高,而且也不能完全保障安全。这就为后来汇票的出现埋下伏笔,商业发展需要更便利的结算方式,以及更轻便、安全的货币携带方式。

(二) 晋商崛起

山西人自古有经商的传统,早在春秋时期,山西商人就已经开始活跃。两汉时期,山西商人已经在边境关市与北方少数民族进行贸易。从山西灵石县挖掘出的 16 枚罗马古铜钱[②]可以推测,在西汉时期,经丝绸之

---

① 商有戒心 [N]. 大公报, 1902 - 12 - 21.
② 张星烺. 中西交通史料汇编(第一册) [M]. 中华书局, 1977: 27.

路，山西商人的贸易已经与古罗马有所联系，这些古罗马币有可能是西域商人来汉朝经商留下的。

三国时期，魏国的河东（山西部分地区）出产盐铁，加之地理优势，经济上也较为繁荣。《中国商业史》记述："鲜卑之人尝诣并州（山西部分地区）互市。①"当时，山西的临汾、洪洞是有名的商业城市，此处的商人经常与狄人、匈奴人开展贸易。

北魏时期，山西与中亚及更远国家有了商业联系。在太原考古中发现的4世纪后出现的拜占庭金币和波斯银币②，就是最好的实物证明。

隋代，国家统一，社会繁荣，商业发展，与突厥和西域关系愈来愈密切。《括地志》记载"汾州灵石县有贾胡堡"，西域商人常年在这里从事贸易。

唐朝是中国历史上著名的盛世，经济发展，商业繁荣。当时交通发达，从长安出发，有四条干线，其中北路经太原，从娘子关出，至北京。唐代交通的便利，进一步推动了山西商人在国内外贸易的发展。山西的沁水、阳城等地盛产丝绸，当时被朝廷列为贡品，远销西域各国。除了丝绸，山西人与西域进行贸易的还有铜器和纸张。

宋代结束了五代十国的混乱局面，天下重归一统。北宋时期，西夏、契丹等少数民族政权相继崛起。山西地处中原和北方少数民族的边界地区，拥有独特的贸易优势。《中国商业史》记载："圣宗乾亨（契丹皇帝年号）间，驰居庸关税，以通山西市易。③"当时的互市以茶马贸易为主。山西商人还从海路与高丽（朝鲜）贸易，河东（山西部分地区）与朝鲜的贸易以进口商品为主，主要是人参和贵重药材。

元代，国家统一，结束了长年的战乱，国内建立起了完备的驿站体系，海运也已畅通。当时，山西的太原、大同等地因商业繁荣吸引了不少国内外商人前来。晋商向国外卖出的货物多为丝绸、瓷器、棉布及金属制

---

① 陈灿. 中国商业史 [M]. 商务印书馆，1926：44.
② 渠绍淼，庞义才. 山西外贸志 [M]. 山西省地方志编纂委员会办公室印行，1984：3.
③ 陈灿. 中国商业史 [M]. 商务印书馆，1926：44.

品，买入的外国货物主要是珠宝、香料等奢侈品。

然而，真正开启了明清五百年晋商辉煌的契机是明代"开中法"，这一政策极大地推动了晋商的发展。

明代，山西手工业、商业进一步发展，山西的太原、平阳等地成为全国有名的商业城市。山西的丝质手工业品形成了专业化生产。晋商在海外经营的领域也十分广泛，高丽、朝鲜、印度、南洋等地都有晋商足迹，还有的去到阿拉伯地区、地中海东部，甚至有人远赴欧洲、非洲[1]。繁荣的商业造就了明代晋商的辉煌，《晋录》中评价当时山西的富商："平阳、泽潞豪商大贾甲天下，非数十万不称富。"

表 1-3　　　　　　　　明代在全国各地经商的山西人[2]

姓名	籍贯	去何地经商	资料来源
王诲	蒲州	从仲兄服贾沧冀	（明）张四维：《条麓堂集》，卷二八
王世周	蒲州	命伯子服贾	
王恩	蒲州	货游南北足迹半天下	
张遐岭	蒲州	始商关陇，南五岭番禺	
沈江	永乐	携巨资，游关陇扬越	
覃贵隆	云中	游贾江淮间	（明）王家屏：《复宿山房集》，卷二五
张自成	五寨	其父训为商入蜀	乾隆年间，《宁武府志·余录》，卷一一
韩玻	永济	商于淮以病殁	光绪年间，《永济县志·节孝》，卷一四
王珂	高平	服贾远出扬子江	乾隆年间，《高平县志·孝义》，卷一四
马珍	右玉	行商苏州殁于旅社	雍正年间，《朔平府志·人物》，卷一〇
刘复礼	安邑	七世孙泽商于淮	乾隆年间，《解州安邑县志·人物》卷八
朱姓	汾州	商关中	雍正年间，《山西通志》，卷一四五
张国纪	绛州	业商贾	
孙统	绛州	客三原	
韩杰	绛州	业贾游吴越	
赵纨	绛州	贾西宁	

---

[1] 渠绍淼，庞义才．山西外贸志［M］．山西省地方志编纂委员会办公室印行，1984：10．
[2] 黄鉴晖．明清山西商人研究［M］．山西经济出版社，2008：64．

续表

姓名	籍贯	去何地经商	资料来源
张真	绛州	少贾于秦	—
张荣魁	太平	商游秦陇	道光年间,《太平县志·人物》,卷一一
王升宇	凤台	贸易京师	乾隆年间,《凤台县志·孝义》,卷九
王海	阳城	从父贾河南	乾隆年间,《阳城县志·义行》,卷一〇
王重新	阳城	去为贾资雄邑中	
周伦	长治	父经商客死于郸县	乾隆年间,《长治县志·孝义》,卷一四
贾人	襄陵	万历中贩于海外	光绪年间,《襄陵县志·方闻》,卷二二
李大经	临汾	正德年少贾于外	乾隆年间,《临汾县志·孝义》,卷八
张继仲	清源	父商于外	雍正年间,《山西通志·孝义》,卷一四一
张希鲁	沁水	少游商	
霍一楠	沁水	父客秦	
孙镇	蒲州	客杭	
王三鉴	蒲州	商天津	
杨一魁	盂县	少商辽东	

进入清代,山西商业进一步发展,晋商的足迹遍布全国,延伸到世界其他地区。在京城,晋商的经营也可谓举足轻重,晋商的富有也得到了朝廷的关注。

晋商的组织性相当强,其中较为瞩目的就是山西会馆。商人们捐资修会馆,在此聚会、商讨,团结互助,相当于同乡、同行组织。山西商人走到哪里,就把会馆修到哪里。山西会馆之多,是其他商帮所不及的。有些会馆是行业组织,会馆名称里能看出行业所属:

平遥颜料会馆,明代创立,位于京师,为平遥颜料、桐油商人所建;
造纸同业,位于京师,为山西造纸商人所建;
布商会馆,雍正年间创立,位于京师,翼城布商所建;
账庄商会,光绪年间创立,位于京师,账庄商人所建;
山西汇业公所,光绪年间创立,位于上海,山西票号商人所建;
汇元庄商会,光绪年间创立,位于京师,票号商人所建;

有些商会是同乡组织，名称中有家乡地名：

临汾乡祠，明代创立，位于京师，临汾纸张、干果及杂货商共建；

临襄会馆，明代创立，位于京师，临汾、襄陵油商所建；

临汾西馆，明代创立，位于京师，临汾商人所建；

潞安会馆，明代创立，位于京师，潞安铜、铁、锡、炭商人创建；

太平会馆，清初创立，位于京师，太平县商人建立；

襄陵南馆，清初创立，位于京师，襄陵县商人建立；

河东会馆，雍正年间创立，位于京师，河东烟商所建；

浮山会馆，雍正年间创立，位于京师，浮山商人所建；

晋翼会馆，乾隆年间创立，位于通州，翼城商人所建；

盂县会馆，嘉庆年间创立，位于京师，盂县氆氇商人所建；

山西会馆（天津），位于天津，在天津经营的山西商人所建；

山西会馆（奉天），位于奉天，在奉天经营的山西商人所建；

山陕会馆，位于山东聊城，为山西陕西人共建；

山西会馆（安徽），位于安徽亳州，在安徽经营的山西商人所建；

山西会馆（南京），乾隆年间创立，在南京经营的山西商人共建；

全晋会馆，乾隆年间创立，位于苏州，为山西钱商所建；

山西会馆（苏州），位于苏州，翼城商人所建；

山西会馆（上海），嘉庆年间创立，位于上海，山西商人所建；

晋业会馆，嘉庆年间创立，位于上海，山西商人所建；

山陕会馆（广州），位于广州，山西陕西商人共建；

山陕会馆（佛山），乾隆年间创立，位于佛山，山西陕西商人共建；

山陕会馆（汉口），康熙年间创立，位于汉口，山西陕西商人共建；

山西会馆（程度），位于成都，山西商人建立；

山陕会馆（天水），位于天水，山西陕西商人所建；

三晋会馆，位于陕西凤翔县，曲沃商人所建；

山西会馆（开封），乾隆年间创立，位于开封，山西商人所建；

山陕会馆（洛阳），康熙年间创立，位于洛阳，山西陕西商人共建；

路泽会馆，乾隆年间创立，位于河南洛阳，山西潞安、泽州府商人所建；

山陕会馆（南阳），乾隆年间创立，位于赊旗镇，山西陕西商人共建①。

……

还有的晋商会馆是以"关帝庙"为形式的。关帝庙供奉的是关羽，晋商之所以供奉关羽，除了因为他是山西历史名人，被民间称为"武圣人"之外，还有一个重要的原因是，关羽信守承诺，能够承载晋商的诚信精神。很多晋商在外地经营，就把修建关帝庙当作团结同乡的一个机会，共建关帝庙，共拜关帝庙，看起来是祭祀活动，实际上也是会馆活动。晋商在各地建立了不少这样的会馆性质的"关帝庙"：

关帝庙（多伦），乾隆年间创立，山西商人建立；

关帝庙（湖北当阳），位于当阳县清溪，山陕商人共建；

关帝庙（湖北石首），康熙年间创立，位于湖北石首县南门外，

新关帝庙（湖北随州），康熙年间创立，位于湖北随州南关东街，山西商人建立；

……

正是晋商的崛起，开创出多条商路，积累了大量的财富，才为票号业开创提供了足够的资金来源，晋商遍布各地的商业网络也为后来汇兑业务的形成提供了组织基础。

（三）民信局成立，书信邮寄畅通

票号最初的业务是汇款，某地票号开出汇票，由客户带到异地票号支取现银。这意味着，票号必然要在不同地区设立较多的分号，才能更好地

---

① 黄鉴晖. 明清山西商人研究［M］. 山西经济出版社，2008：301—303.

解决客户异地携款的问题，也意味着票号比任何金融机构更需要及时维持内部的信息互通与往来。

在没有电话、电报等近现代通信设备的古代，只有书信可以传递信息。票号内部的资金调拨命令、业务通知、信息共享及总号的指令下达，都需要靠书信支持。因此，只有近代邮政体系建立起来，票号业才可能出现。

中国邮政发展历史可以大致分为两个阶段，古代邮驿和近代邮政。殷商时期的"来鼓"是有据可考的最早的有组织的通信活动；秦朝统一后，建立了以咸阳为中心的驿站网，制定了相关律令；汉朝称为"邮驿"，元朝称为"站赤"，明清时期统称"驿站"。汉代的驿站，发展到了丝绸之路上。唐朝时，驿站网络已经比较发达，还分为陆驿、水驿，陆驿有马匹，水驿有船只。但是，这些邮驿、驿站是国家层面推动的，主要目的是官方政令、文件传递。

清代嘉庆之前，民间依然是书信不很畅通的状况。但是，随着工商业发展，商人及外出做工的民众急需顺畅的通信环境。浙江宁波的商人抓住商机，在嘉庆道光年间创办了民信局。

《清稗类钞》记载："其主其伙大都皆宁波人，东西南北，无不设立。水陆以舟，陆路以车，以急足。南北交通最早，故设局尤伙。"民信局的分支机构很普及，"大而都会，小而镇市，皆有其足迹矣焉"。当时的民信局不仅邮寄书信，也邮寄银钱和物件，如有遗失，还会补偿[①]。

要知道，票号最初的业务是通过汇票进行汇兑，总号与分号之间，不同分号之间需要大量邮寄工作信函来调度资金、办理业务，畅通的邮寄服务，是汇票业务的重要基础之一。

---

① 黄鉴晖. 明清山西商人研究［M］. 山西经济出版社，2008：203.

第二节 票号诞生

关于票号起源，说法不一。有说明中叶的，有说明末清初的，有说清代的。实际上，这种分歧的产生，笔者认为，是当时金融机构称谓上的混乱。纵观整个清代，即便是朝臣奏折中提到传统金融机构，也常常是混淆的，一会儿把票号说成银号，一会儿把钱庄与票号、银号混同，还有分不清账局和银号的。

一、票号起源之争

（一）隋末唐初说

这种说法的主要主张者是清末的一个著名的外国传教士——艾约瑟博士。他认为，山西票号起源大约是公元 600 年，也就是隋末唐初[①]。但笔者认为，这位外国传教士对中国历史和中国市场的了解可能有些误解。这就像外国学者看到中国的冥币就推断中国古代没有纸币，只有祭祀用品一样，把误解当成了结论。艾约瑟的观点并无史料支持，只有推断，可以认为是一种假说。

（二）明中叶说

有人认为明中叶就有票号，只是经营规模较小，直到清代以后，票号才被认可。上海《银行周报》有东海先生《记山西票号》一文，认为山西票号"始于有明中叶"，之所以不为人知，是因为"当时成立未久，势力

---

① 陈其田. 山西票庄考略 [M]. 商务印书馆，1937：1.

犹尚薄弱"①，又因为"李闯之乱"被消灭殆尽。

但是这种说法，作者本人也不确定，他坦承："既无官家文书可考，更无私家记载可证。"这种说法，也可以认为是一种传言。

（三）明末清初说

还有一种说法是"明末清初说"，认为票号来源资本是得自明末李闯王。顺治年间，李自成兵败，金银带不走，都埋在了山西，后来被当地人发现，作为票号原始资本，因此票号出山西②。

这种说法其实源自民间传说，并无史料证据。笔者认为，这种民间传说，杜撰的成分很大，它其实是否定了山西商人历代的资本积累。晋商从西汉就开始参与丝绸之路的生意，作为民族边界，山西自古就有丰富的商业史。明清晋商崛起的契机是明代的"开中法"，山西商人在全国各地经营盐业、茶叶、丝织品等货物，早已积累了相当的商业资本。票号商人发横财起家的说法也只是个传说。

（四）清代说

本书采用多数学者认可的说法，道光初年，雷履泰创设"日昇昌"票号，此为票号之始。卫聚贤发表在《中央银行月报》的文章收录了史梦麟的《票庄起源记》中的说法："查票号首由平遥日昇昌之总理本城雷履泰翁创办，昌记原本京货生意。"③雷履泰起初是帮助其他商人，"将其银拨免，书立票据兑京使用"，也就是利用日昇昌在各地的总号、分号为其他商人提供便利，一地分号收现银，开出票据（汇票），顾客持票到日昇昌另外一地的分号去兑现银。这样避免了长途携带现银的不便和风险，而受益者也会适当给予好处费，也就是最初的汇款费。据说雷履泰发现做汇兑业务很有前景，当机立断，把日昇昌颜料铺改为了日昇昌票号，专做汇兑业务。

---

① 东海. 记山西票号［J］. 银行周报，1917（7）-（8）：5—6.
② 东亚同文会. 中国经济全书（八）［M］. 南天书局，1910：100—101.
③ 卫聚贤. 山西票号之最近调查［J］. 中央银行月报，1937（3）-（7），连载.

二、票号的出现及初步发展

清代，由于经济与商业的发展，交易所需要的银钱越来越多，大额支付和银两运送不仅搬运现银麻烦，而且很不安全。当时，山西商人在京城做生意的很多，年终账期需要把大宗款项运回到山西，为了安全，商人们往往要高价雇佣镖局来押镖，但也不能完全避免发生意外。后来山西商人开始有人做起了汇款业务，为那些需要长途运输大额银两的商人提供便利。

（一）早期的票号

一般认为，道光初年，大约1823年，山西商人的日昇昌票号成立，标志着票号业的建立[①]。《清稗类钞》中提到："日升昌为票号之中创设最先者，最初营业为颜料行……道光初改汇兑业。"[②]

日升昌票号的汇兑业务大获成功后，其他山西商人也开始设立票号。早期几家票号均为平遥帮，有日昇昌、蔚泰厚、蔚丰厚、蔚盛长、新泰厚、天成亨、日新中。19世纪30年代，祁县帮出现一家票号——合盛元票号。

表1-4　　　　　早期票号设立情况（1823—1837年）

帮别	票号名称	始营年代	来历
平遥帮	日升昌	1823年左右	颜料铺
	蔚泰厚	1826年	绸缎布庄（又说系账庄或纸店）
	蔚丰厚	1826年	绸缎庄
	蔚盛长	1826年	绸缎庄
	新泰厚	1826年	绸缎庄
	天成亨	1826年	布庄或货行
	日新中	1838年	—
祁县帮	合盛元	1837年	茶庄

资料来源：山西财经学院：《山西票号史料》，山西经济出版社，2002年版，第638—658页，笔者改制。

---

① 票号出现的年代尚有争议，有人认为是道光初年，也有人认为是嘉庆年间。
② 徐珂. 清稗类钞第十七册［M］. 商务印书馆，1917年.

汇兑这种方便的金融服务受到了商人们的青睐。道光八年江苏巡抚陶澍于在《为请暂借铜本易换制钱以平市价的奏折》中描述："苏城为百货聚集之区，银钱交易全籍商贾流通。向来山东、山西、河南、陕甘等处每年来苏置货，约可到银数百万两……自上年秋冬（道光七年）至今，各省商贾俱系汇票往来，并无现银运到。"①

（二）票号的组织

1. 票号的基本组织情况

票号在历史上也被称为"票庄"，陈其田在《山西票庄考略》里描述："山西票庄大小几十家，联成一系统，并无什么严密的组织，这也是中国旧式经济制度的一种反映，纯粹以地方色彩及利益关系，形成平遥、祁县、太谷三帮……平常票庄人对'帮'的解释是以总号的所在地为'帮'的区别：总号设在平遥就是平帮，总号设在祁县就是祁帮，总号设在太谷成为太帮或谷帮。"②

票号的出资人称为"东家"，有时是一人，有时是多人。一般股东发起设立票号前，要先找到适合的经营者，"股东访得大掌柜③，彼此心意相投，订立合同，由股东将资本一次拨足，议定共同遵守的号章以后即可开设"④。在经营上，票号实行的是"东伙制"，东家平日不问票号经营事宜，经营权交给经理，各项事务由经理全权处置。东家一般只在年终决算时候阅览账簿，在三年一次的大账期，评论经营情况。

这种出资人与经营者"两权分离"的组织结构，是山西票号的一大特色，它既保障了出资人的利益，也保障了经营者的经营权力。尤其是在出资人（财东）本身不善商业的情况下，避免了经营中外行乱指挥的情况。

---

① 《江苏巡抚陶澍为请暂借铜本易换制钱以平市价的奏折》道光八年四月初八日，《朱批》财政金融货币，卷号 54.
② 陈其田. 山西票庄考略［M］. 商务印书馆，1937 年.
③ 大掌柜即票号总经理。
④ 《通志馆未刊稿》（丙）金融机关，（一），《上海的旧式金融机关》，4 页，见《山西票号史料》585 页。

而经理、掌柜们拥有相当的经营自主权，不受或少受掣肘。当时的人形容这种制度"以礼招聘，委以全权，专采用人莫疑，疑人莫用之旨"①。

2. 票号的人员情况

票号人员构成一般有经理（掌柜）、副经理、营业、账房、信房等。具体到总号、分号，还略有不同。各票号人员组织结构大同小异，一般如下：

总号：

经理，一人，统筹全号事务，俗称"大掌柜"。

协理，一人，协助经理统筹全号事务，俗称"二掌柜"。

营业，三四人，俗称"跑街"，探听市场金融动向，常驻本市，有时也派往他地。

账房，四五人。

信房，三四人，各分号遇事者皆得通报总号，而总号须一一答复。

练习生，一二十人，联系写账、跑街或誊写信件。

分号：

经理，一人，主办本分号事务。

副经理，一人，协助经理办理本分号事务。

营业，一二人，副经理兼任一席。

账房，一二人。

信房，一二人。②

（三）票号的资本

票号资本一般由十几万两到二三十万两不等。早期一些票号是由之前的颜料铺、绸布庄、茶庄、杂货庄等改组的。平遥李家、介休侯家、祁县渠家这些大票号商人，动辄投资数十万两白银，在当时，他们开设的票号

---

① 颉尊三. 山西票号之构造［A］.∥卫聚贤. 山西票号史［M］. 说文社，1944，附录部分.
② 范椿年. 山西票号之组织及沿革［M］. 中央银行月报，1935（1）：208.

算得上资本相当雄厚的金融机构。

表 1-5　　　　　　　　早期票号创办及资本情况

	票号名称	始营年代	来历	资本	股东姓名及情况		首任经理姓名及情况	
					股东	情况	经理	情况
平遥帮（总号在平遥）	日昇昌	1823年	颜料铺	银股、人力股各30，（中期达30万两）	李箴视	平遥人，捐职知府加四级赏戴花翎	雷履泰	平遥人
	蔚泰厚	1826年	绸缎布庄①	9.5万两（中期达35万两）	侯崇基	介休人	毛鸿翙	平遥人
	蔚丰厚	1826年	绸缎庄	17万两（中期20万两）	侯崇基	介休人	阎永安	平遥人
	蔚盛长	1826年	绸缎庄	20万两	侯崇基 王培南②	介休人 平遥人	郭存祀	汾阳人
	新泰厚	1826年	绸缎庄	约16万两	侯崇基 赵一第	介休人 平遥人	侯王晋	平遥人
	天成亨	1826年	布庄③	中期6万两	侯崇基 马铸 张天德堂 李养贤堂 武秉乾堂 刘从俭堂	介休人	李 公	名号乡里不明
	日新中	1838年	—	日昇昌出本	—	—	—	—
	协和信	1853年左右	—	—	王栋	榆次人	李清芳	平遥人
	协同庆	1856年	—	12万两	王栋 东秉文	榆次人 平遥人	陈平远	平遥人
	百川通	1860年	—	30万两	渠源浈 渠源洺 渠本立	祁县人	武大德	平遥人

① 一说为账庄，又一说为纸店，此处有争议。
② 另有小股东数家。
③ 一说货行。

续表

	票号名称	始营年代	来历	资本	股东姓名及情况		首任经理姓名及情况	
					股东	情况	经理	情况
祁县帮	合盛元	1837年	茶庄	6万两	郭源逢 张廷将	祁县人 祁县人	渠寿昌	祁县人
祁县帮	大德兴	1851年	茶庄	—	乔锦堂	祁县人	—	—
祁县帮	元丰玖	1859年	—	10万两	孙 郅	祁县人	王封晋	平遥人
太谷帮	志成信	不详	绸缎杂货庄	3.4万两	负纯管堂 曹福善堂 等共19家	太谷人	孔宪仁	太谷人
太谷帮	协成乾	1860年	—	6万两	吴道仲 张堂村 孙阜年 杜资深堂 房印宾 安立志 侯 姓	太谷人 太谷人 太谷人 太谷人 太谷人 文水人 太谷人	吴士廉	祁县人

资料来源：笔者根据黄鉴晖《山西票号史料》第638—659页内容编制。

（四）票号的汇兑业务

《山西票商盛衰之调查》描述："凡各商往来银钱，皆为之接收代汇，其法出一支付之票，持之所汇地之分号或联号，如数兑取现银。"也就是说，商人把银钱存入票号，票号为之开具汇票一张，商人持汇票到目的地的票号分号或联号，就能取出现银。

这是票号产生之初的主要业务，汇兑产生的手续费叫做"汇水"，是票号经营初期的主要收入来源。

汇票票式如图1-1所示。

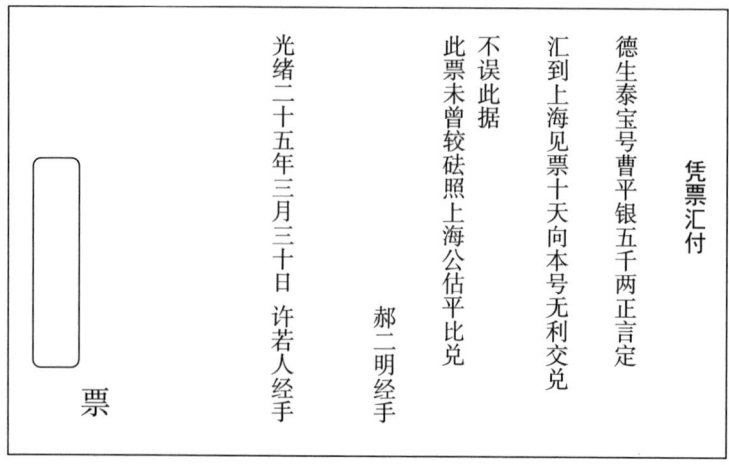

图 1-1　汇票票式

第三节　票号缘何出山西

明代中后期，中国出现了资本主义萌芽，商品经济更加发展起来。清代，全国各地出现多个商帮。为何不是其他商帮创立票号？票号为何出自山西？这是值得深思的问题。

一、地理优势

（一）陆路交通便利

在近代海洋运输大规模崛起之前，陆路贸易是运输的主要方式。山西地处中原交通要塞，自古有"表里山河"的说法，山西有些地理要塞自古是兵家必争之地。在陆路运输为主要运输渠道的明清时期，晋商可以说是异军突起，创造了五百年财富神话，这与山西特殊的地理位置、四通八达的陆路运输渠道有重要的关系。

(二) 民族边界

山西自古都是中原农耕文明和北方游牧文明的交界之处,杨家将守雁门关的故事流传至今。北方游牧民族生产牲畜和皮毛,中原汉族生产农产品、手工业品,双方的供给和需求能够互补。

早在西汉时期,就有山西对外贸易的记载。汉初,山西商人就开始和北方匈奴进行贸易,地点常在长城脚下边境关市。《汉书》提到:"匈奴自单于以下皆亲汉,往来长城下……汉使马邑人聂翁壹,间阑出物,与匈奴交易。"而且,山西商人还参与"丝绸之路"贸易,沁水、阳城一带的丝绸非常出名,不仅被列为贡品,还被输出到西域各国。虽然后来出现南帮票号,但票号业中,资本来源属于山西人的还是占多数。一直到1893年,山西商人开设的票号还占到整个票号业的89%。

表1-6　　晚清各年票号户数发展统计(1861—1893年)　　　单位:户

年份	山西商人开设	山西省以外商人开设	总计	山西票号占比(%)
1861	14	—	14	100
1865	20	2	22	91
1874	24	2	26	92
1883	27	3	30	90
1885	24	3	27	89
1893	25	3	28	89

资料来源:张国辉:《中国金融通史》,中国金融出版社2003年版,第436页,改制。

二、经济发展客观结果

(一) 明清山西商帮形成

晋商一般是指明清五百年间的山西商人。为何山西人自古行商,却只有明清五百年格外令人瞩目？号称"海内最富"的山西商帮是因何形成？这要追溯到元代末年。

明清时期，山西受到战火、瘟疫影响相对较少，人口增长比较稳定，逐渐成为人口大省。而某些地区在元末经历了十余年的战争，人口损耗严重。《明实录》记载："中原诸州，元季战争受祸最惨，积骸成丘，居民鲜少。"[①] 此后就有了著名的"洪洞大槐树"移民，朝廷多次把山西的人口分散到饱经战乱、瘟疫而人口大幅减少的地区。但即便如此，山西的人口还是不断增长。人口大幅增长就带来了一个问题，人均生产资料不足。

在农业为主的中国古代社会，土地是最重要的生产资料。耕地是有限的，而人口不断增长，就意味着人均耕地面积不断减少。《明实录》记载：明洪武十四年（1381年），官方统计为：山西有户56240，口4030454[②]，俨然为人口大省，当时的山西是全国典型的"人稠地狭"之区域。在生产资料不足的情况下，可以靠技术进步提高生产力。但是中国在元代以后科技进步就变得缓慢了，农业技术创新也很少，耕地不足的问题无法得到根本解决。一旦人口增长率超过了粮食生产增长率，土地就无法养活过剩人口了。

表1-7　　　　北方5省户均人均田地统计（明洪武二十六年）

省　别	户	人	田地（亩）	每户均田（亩）	每人均田（亩）
全国统计	10652870	60545812	850762368	79.86	14.05
北直隶	334792	1926595	58249951	173.99	30.23
山东	753894	5255876	72403562	96.04	13.78
山西	595444	4072127	41864248	70.31	10.28
河南	315617	1912542	144946982	459.25	75.81

---

① 中央研究院历史语言研究所. 明实录（卷176）[M]. 中央研究院历史语言研究所，1990：2670.

② 中央研究院历史语言研究所. 明实录（卷140）[M]. 中央研究院历史语言研究所，1990：2217.

续表

省 别	户	人	田地（亩）	每户均田（亩）	每人均田（亩）
陕西	294526	2316569	31525175	107.04	13.61
北方五省合计	2294273	15483709	348989918	152.11	22.54

资料来源：梁方仲：《中国历代户口、田地、田赋统计》，上海人民出版社1980年版，第340页。

从表1-7中可以看出，在北方5省中，山西的人口排第二，但户均亩数、人均亩数都是倒数第一。这个问题在明末清初已经变得相当严峻，我们从表1-8可以看出，清顺治十八年，山西人均耕地数量减少到4.49亩，而到了清雍正二年，更是减少到了4.42亩。

表1-8　　　　　　　　历代山西人均耕地

年代	人均亩数
明洪武二十六年（1393年）	10.28
明弘治四年（1491年）	9.54
明万历六年（1578年）	6.29
清顺治十八年（1661年）	4.49
清雍正二年（1724年）	4.42
清乾隆三十一年（1766年）	5.12
清嘉庆十七年（1812年）	3.95
清光绪十三年（1887年）	5.31
民国二十年（1931年）	4.66
1949年	4.88

资料来源：孔祥毅：《金融贸易史论》，中国金融出版社，第27页。

很多人无地可耕，就形成剩余劳动力，这些剩余劳动力就只能寻求其他谋生途径，比如从事手工业或者经商。山西不仅人均耕地少，土地还贫瘠，对于有些人来说，"走出去"就成为不得不选择的道路。民歌《走西口》就反映了当时山西人为了求生计，背井离乡的现象。于是，明清时期，山西的商业就开始迅速发展起来。

咸丰时《汾阳县志》记载："晋省天寒地瘠，生物鲜少，汾阳尤最。

人稠地狭，岁之所入，不过秫麦谷豆。此外一切家常需要之物，皆从远省商贩而至。①"《五台新志》也记载："晋省以商贾为重，……土狭人满，田不足于耕也……致富在数千里，或万余里外。②"

《中俄早期贸易考》中分析，"山西人之足迹不仅限于恰克图，即新疆、满、蒙诸地之贸易，鲜不为彼等所垄断；盖以山西地味瘠薄，气候干燥，不宜于发展农业，故多有远离乡土除外贸易者"③。

一些经营成功的山西商人带着相当的财富"荣归故里"，买房置地，富甲一方，引起更多人追随效仿，逐渐形成了以经商为荣的风气。山西商人的活动有全国性特点，而这就为后来票号的全国通兑铺垫了基础。

另外，清代的山西商人在全国都算得上信誉卓著。以太谷为例，卫聚贤在《山西票号史》中描述太谷的经济繁荣："各路运汇来之现银，先集中太谷办收交，开利率，悉以太谷为先为准。又省库所收之银，其元宝上有太谷县孟家银炉所印的'孟合'二字，即当做十足银钱使用而不化验，可知太谷县在当时经济势力之大。④"一般收到现银会看银色，而官方能直接把太谷金融商人的银元宝按十足银记账，足见山西商人的社会地位和公信力。

（二）商业发展的客观结果

金融为商业服务，商业繁荣的地方就会有金融的发展。明清期间，晋商在全国各地活跃，哪怕是原本没有城市的蒙古草原，晋商来了，就催生了城市的出现。内蒙古地区现在还流传着"先有复盛公，后有包头城"的说法。因此，率先在山西商人中出现票号，就不足为奇。这是商业资本向金融资本的转化，是商业发展到一定程度都会出现的现象。

从经济学供求理论出发，就是需求决定了供给。长久以来，如何长途

---

① 咸丰《汾阳县志》卷7，杂识。
② 光绪《五台新志》卷2，生计。
③ 刘选民. 中俄早期贸易考 [J]. 燕京学报，1939 (5)：200—206.
④ 卫聚贤. 山西票号史 [M]. 说文社，1944：2—3.

运送银两，困扰着商人们，落后的货币制度增加了商业成本和风险。虽然一般的商人并没有想到开设一家汇兑机构来解决问题，但是潜在的需求一直存在，等着一种创新金融工具的出现，使人们醍醐灌顶一般顿悟。

虽然第一家票号日昇昌最初只是出于帮助同乡才发明了票汇业务。但是，这种业务一经推出，就获得了商人们的青睐。它满足了商业发展的需求，减少了资金运送的风险；它也符合金融发展的规律，那就是为商业交易提供便利，降低资金成本和时间成本。

三、晋商精神

自古以来，山西就有远路行商的传统，天津《贸易报告》（1866—1868）中记载，"有麻雀之处就有山西商人"，当时的晋商在国际上有"伟大的商人和旅行家"的说法①。

（一）吃苦耐劳

山西人的吃苦耐劳在清代是很有名的。清朝的纳兰常德在《行国风土记》中记载，"塞上商贾，多宣化、大同、朔平三府人，甘劳瘁，耐风寒"。

纪晓岚的《阅微草堂笔记》描写："山西人多商于外，十余岁辄从人学贸易，俟蓄积有资，始归纳妇。纳妇后仍出营利，率二三年一归者，其常例也。"② 当时山西商人外出经商两三年不归是普遍的现象。

时人评价，"晋人之善于经商，其特性在于有耐力"③。陈篡在《蒙事随笔》中记载："绵绵斯道，几不逢人。自米盐薪水，无不咸备。百里逢井，数日不见人为常事。水味则苦咸而外，腥且臭，浊且涩，犹宝如玉

---

① 渠绍淼，庞义才.山西外贸志［M］.山西省地方志编纂委员会办公室，1984：1.
② 〔清〕纪昀：《阅微草堂笔记》，卷23。
③ 〔清〕冯济川：《山西乡土志》，引自山西省史志研究院编：《山西旧志二种》，中华书局，2006年，第61页.

液……五月中旬以后,至中元日,无风不异赤道。若艮地狂飙,披裘不及,则冷如隆冬。"晋商是沙漠、戈壁、草原上的常客,严寒酷暑是家常便饭,更不要说遇到盗匪,还有生命危险。

有些晋商的商号在张家口、天津、绥远、汉口、扬州、成都、长沙等地广设分号,经营遍及大半个中国。还有的国际贸易商人走向了海外,北走俄国,东渡东瀛,南达南洋。例如,太谷曹家从事国际贸易,不仅有对俄贸易,还间或采办英国、法国、德国等西方国家商品。

(二) 诚信精神

金融业经营的不仅是货币,还有信用,而信用的基础是信任。一家金融机构能够成功,不仅要看资本是否雄厚,业务是否符合市场需求,还要看它能否取信于人。明清时期,晋商的诚信精神是赢得了各方认可的。他们提出了"以诚取信,以仁取利"的理念。这种诚信精神后来发展为一种文化现象,甚至延伸出一种新的信仰——关公崇拜。关公是山西人,晋商四处经商,也把关帝庙修遍全国,甚至修到海外。只因关公历史上以信义著称,于是成为山西商人崇拜的对象。晋商在各地组织商会,建设会馆,建立同业组织,大家共同集资修建关帝庙,谁要是不讲诚信,商会的其他同乡就会阻止他拜关公。可见,诚信义利的价值观已经成了山西商帮的行业共识。

曾经有晋商不惜亏本也要维护信誉,有的在经营不善时,主动寻找、通知债主,如数归还欠债,然后关闭商号,只为了确保合作方不蒙受损失。

晋商遗存的《行商遗要》是对商人的道德劝导,其中有这样一句:"为商贾,把天理,常存心上。不瞒老,不欺幼,义取四方。"[①]

正是晋商一直以来的诚信传统,才让人们敢于相信,在山西人的票号

---

① 史若民,牛白琳. 平、祁、太经济社会史料与研究[M]. 山西古籍出版社,2002:481—482.

存入银两，只带走一张薄薄的纸（汇票）就足以运转财富。

（三）勇于创新

晋商多年经商的经验和对市场的敏锐把握，使他们能够发现新的需求和盈利空间。他们看到了传统的落后的银两制度下押运银两的种种弊端，用转账结算加信函传递的方式，革新了资金转移的方式。

当然，除了敏锐的眼光，创新还需要勇气。对于最初的票号商人，他们从颜料铺、绸缎庄抽出资金，设立票号，创新盈利模式，做前人没有做过的事情，这是担着很大风险的。

附件 1-1

票庄起源记[①]

查票号首由平遥日昇昌之总理本城雷履泰翁创办，昌记原本京货生意，北平商人贩运货物至天津销售，所卖款项，时受滞碍，每逢行市，咸不能济急。雷翁商业精通，思索深远，因与同乡京官商议，由皇家派赴天津收买白米运京储仓，名曰老米者，将其银拨免，书立票据兑京使用，初无得贴，继而占期贴费，货帮亦绩作汇。有时过远者，尚做隔年期，概未误事，是以信用耀于中外，各省名胜大埠，均设分庄。嗣后改办者，开设者，以祁太平三县居多。

注：史梦麟，1936 年手稿。

附件 1-2

山西票庄起源歌[②]

莫打鼓来莫打锣

听我唱个因果歌

那李闯逼死崇祯帝

那文武百官一网罗

那闯将同声敲夹烙

霎时间金银堆积满严阿

冲冠一怒吴三桂

借清兵驱贼出京都

---

① 卫聚贤. 山西票号之最近调查 [M]. 1937.
② 《申报》编辑部. 最近之五十年 [M]. 上海申报馆，1923：3.

贼兵舍不得金银走

马上累累"没奈何"(大块金银)

一路追兵潮涌至

把金银向山西境上掩埋过

贼兵一去不复返

农夫掘地富翁多

三百年票庄称雄久

不成交法孰磋磨

相传是亭林青主两公笔

这一桩公案确无讹

注1：出自《五十年来国事丛谈》，见1923年上海《申报》五十年纪念册《最近之五十年》。

注2：此为民间歌谣，无史料证据。

附件1-3

平遥帮票号创办及资本情况表

票号名称	始营年代	来历	资本	股东姓名及情况		首任经理姓名及情况	
				股东	情况	经理	情况
日昇昌	1823年（道光初年）	颜料铺	银股、人力股各30，（中期达30万两）	李箴视	平遥人，捐职知府加四级赏戴花翎	雷履泰	平遥人
蔚泰厚	1826年	绸缎布庄①	9.5万两（中期达35万两）	侯崇基	介休人	毛鸿翙	平遥人
蔚丰厚	1826年	绸缎庄	17万两（中期20万两）	侯崇基	介休人	阎永安	平遥人

---

① 一说为账庄，又一说为纸店，此处有争议。

续表

票号名称	始营年代	来历	资本	股东姓名及情况		首任经理姓名及情况	
				股东	情况	经理	情况
蔚盛长	1826年	绸缎庄	20万两	侯崇基 王培南①	介休人 平遥人	郭存祀	汾阳人
新泰厚	1826年	绸缎庄	约16万两	侯崇基 赵一第	介休人 平遥人	侯王晋	平遥人
天成亨	1826年	布庄②	中期6万两	侯崇基 马　铸 张天德堂 李养贤堂 武秉乾堂 刘从俭堂	介休人	李　公	名号乡里不明
日新中	1838年	—	日昇昌出本	—	—	—	—
协和信	1853年左右	—	—	王　栋	榆次人	李清芳	平遥人
协同庆	1856年	—	12万两	王　栋 东秉文	榆次人 平遥人	陈平远	平遥人
百川通	1860年	—	30万两	渠源浈 渠源洛 渠本立	祁县人	武大德	平遥人
乾盛亨	1862年	—	10万两	冀以和	介休人	武开升	平遥人
谦吉升	1862年	—	10万两	李大全 高　某 雷　某	平遥人 陕西人 安徽人	李续庚	平遥人
蔚长厚	1864年	布庄③	中期15万两	常　某 毛鸿翙 侯崇基 乔　某 王　某	浑源人 平遥人 介休人 平遥人 大同人	范积善	平遥人
其德昌	1862年	布庄	—	冀以和	介休人	宋聚源	平遥人

① 另有小股东数家。
② 一说货行。
③ 一说茶庄。

续表

票号名称	始营年代	来历	资本	股东姓名及情况		首任经理姓名及情况	
				股东	情况	经理	情况
云丰泰	1862年	—	—	杨玉科 范缙	曾任提督总兵 平遥人	白庚李	平遥人
松盛长	1879年	—	—	英朴	苏州粮道	程绪	平遥人
祥和贞	1873年	—	—	云丰泰	—	—	—
义盛长	1873年	—	—	不详	—	—	—
汇源涌	1881年	—	14万两①	渠源潮	祁县人	段启祥	文水人
永泰庆	1892年	—	6万两	毛履泰 祁某	平遥人	段启祥	文水人
永泰裕	1901年	永泰庆失败后另组	10万两	毛履泰	平遥人	段启祥	文水人
宝丰隆	1906年	—	13万两	乔英甫 许涵度 赵尔丰	介休人 河北人，四川藩台 川边大臣	宋聚奎	平遥人

祁县帮票号创办及资本情况表

票号名称	始营年代	来历	资本	股东姓名及情况		首任经理姓名及情况	
				股东	情况	经理	情况
合盛元	1837年	茶庄	6万两	郭源逢 张廷将	祁县人 祁县人	渠寿昌	祁县人
大德兴	1851年	茶庄	—	乔锦堂	祁县人	—	—
大德通	1884年由大德兴改组	—	6万两，中期达12万两	乔锦堂	祁县人	高钰	祁县人
元丰玖	1859年	—	10万两	孙钰	祁县人	王封晋	平遥人
三晋源	1862年	—	20万两	渠源浈	祁县人	武呼之	文水人

① 一说六万两。

续表

票号名称	始营年代	来历	资本	股东姓名及情况		首任经理姓名及情况	
				股东	情况	经理	情况
巨兴隆	1862年	—	10万两	载和流 杜 某	祁县人 祁县人	王德宏	祁县人
存以公	1862年	布庄	6万两	渠宝廷 渠源浈 张祖绳	祁县人 祁县人 祁县人	頡鲜五	祁县人
兴泰魁	1875年	—	—	翟前阳	祁县人	钱 某	—
长盛川	1884年	茶庄	16万两	渠源潮等	祁县人	—	—
大德恒	1881年	—	6万两	乔锦堂	祁县人	阎竹甫	祁县人
大盛川	1889年	钱铺	10万两	大盛魁 张廷将 史孝敬 王 伸	在张家口 祁县人 — 太谷人	頡匹麟	祁县人
大德源	1888年	茶庄	10万两	乔兰三	祁县人	张孝以	文水人

太谷帮票号创办及资本情况表

票号名称	始营年代	来历	资本	股东姓名及情况		首任经理姓名及情况	
				股东	情况	经理	情况
志成信	19世纪20年代	丝绸杂货庄	3.4万两	贠纯管堂 曹福善堂 等共19家	太谷人	孔宪仁	太谷人
协成乾	1860年	—	6万两	吴道仲 张堂村 孙阜年 杜资深堂 房印宾 安立志 侯 姓	太谷人 太谷人 太谷人 太谷人 太谷人 文水人 太谷人	吴士廉	祁县人
世义信	1893年	钱铺	30万两	杨生泰	太谷人	罗长汗	祁县人

续表

票号名称	始营年代	来历	资本	股东姓名及情况		首任经理姓名及情况	
				股东	情况	经理	情况
锦生润	1903年	—	6万两	曹师宪 常安生	太谷人 榆次人	张子宽	文水人
大德川	1907年	—	20万两	常万达	榆次人	侯铭	太谷人
三和源	1875年	—	—	常氏	榆次人	—	—
大德玉	1885年	茶庄	22万两	常立训	榆次人	常恽	—

太原帮票号创办及资本情况表

票号名称	始营年代	来历	资本	股东姓名及情况		首任经理姓名及情况	
				股东	情况	经理	情况
义成谦	不详	—	6万两	张缵武	—	—	—
巨兴源	不详	—	3.2万两	刘锦堂 王鹤龄 王鉴	阳曲人 阳曲人 阳曲人	贾世源	—

南帮（非山西人开设的总号设在其他城市）票号创办及资本情况表

票号名称	总号所在地	始营年代	来历	资本	股东姓名及情况		首任经理姓名及情况	
					股东	情况	经理	情况
天顺祥[①]	云南	1865年	—	—	王兴斋 万伊年	云南人 云南人	—	—
阜康[②]	上海	1863年	—	—	胡光墉	浙江人	—	—
杨源丰	天津	1884年	—	—	杨谷山	北方人	—	—
源丰润	上海	1883年	—	—	严信厚	—	陈子琴	浙江人
义善源	上海	1895年	—	3万两	李经楚 席志前	李鸿章侄子 洞庭山人	王筱斋	花旗银行买办
晋益升	上海	不详	—	—	刘斋棋	江西人	熊石秋	刘斋棋女婿

① 又名同庆丰。
② 又名胡通裕。

续表

票号名称	总号所在地	始营年代	来历	资本	股东姓名及情况		首任经理姓名及情况	
					股东	情况	经理	情况
大庆元	上海	不详	—	—	—	—	—	—
源丰润公记	广州	1910年	源丰润歇业后以地方公款作股者组成	—	广东省地方财政	—	李锡恩	—

注：根据黄鉴晖《山西票号史料》第638—665页内容编制。

附件1－4

论号商汇兑之便

向来外省解京各款，皆用现银，委员赍解，到京投兑，给批销差。自同治初年，各省军务渐次肃清，征解之银不敷原额，且有协拨他省之款，解京者实亦无几。而各路游勇遣兵，往往啸聚打劫，为害行旅。

委员领解钉鞘之银，多或十万八万，少则二三万，随从之人无过亲信家丁三数人，舟车趱赶，不免疏虞。况此等委员往往有捐纳，到省未经引见验看者，听鼓经年，资斧乏绝。而大宪以部定新章，凡未经引见验看之员，札委差使与例不合，故不能遽当优差。

于是辗转恳托，某干解银差使，冀于部费等项中稍为撙节，以及程费一切截长补短，或匪赢余数百金，于兑交之后办理引见验看而出。

窃谓此等人员其本意将借差使以自图上进，设起程之后川资有所浪费，则赢余之银必不敷办理正事之用，而谓其在路时肯多雇人夫以资获卫耶。

北方陆路之上，响马贼匪时出时没，虽际承平根株未能尽绝，股商旅之有辎重者，必雇用镖客以保无虞。此等保镖之人素习拳勇，每有绝技，仓卒之间盗或眼识其人，即翻然避去。长途深夜，重载晓行，群盗矗之不敢即时下手，而车辆乃可安然过境。

然所以酬镖客者，其资亦不菲也。委员解银进来每万两不过三百金，大宪未免有情，即此一差可以应酬两三人之情托，公派均分，且须缴用，安得有余，以雇镖客。

自创办交商汇兑之法，然后委员之干系较轻，不过于解费中听出汇费，余则一车一仆路上之所需耳。随身衣物之外，一亟公牍，藏诸枕箱，既轻且便，无现银重累之苦。故谋得此差者，虽不敢曰十分优，亦不得谓为十分苦矣。

……

注：《论号商汇兑之便》，载于《申报》1885年7月25日。

第二章

票号的兴盛

票号的兴盛,一方面是因为金融创新满足了市场需求,极大地方便了商业贸易,推动了经济发展;另一方面与清代后期的政治格局变化也有莫大的关系。

第一节 票号业发展

谈到票号业的发展,有几个问题需要探讨:票号发展的关键契机有哪些?票号的经营地域是如何拓展的?票号的资本实力、业务能力如何增强的?

一、票号发展的政治契机

从19世纪50年代到清末,是票号发展的黄金阶段。在这段过程中,票号经历了几次重大发展契机。

(一)农民起义影响与票号汇兑

太平天国运动中,起义军占领了很多地方,客观上使得官方财政收支调拨之路被阻断。其他民间起义，例如捻军的影响，也使得部分地方政府运送现银困难。于是，地方政府想到了用票号的汇兑业务代解饷银。有官吏上书说明："自军兴日久，道路梗塞，始改用银号（此处指票号）汇兑。"① 当时人评价："一纸之信符遥传，百万之巨款立集。"

19世纪50年代后，票号得到了很大的发展，从地域上看，票号在北京、天津、张家口、济南、西安、三原、开封、周家口、奉天、扬州、江宁、苏州、芜湖、屯溪、河口镇、汉口、沙市、长沙、常德、湘潭、重庆、成都、广州等近30个城市设立了分支机构。

汇兑官款使山西票号获得了来自官方的资金甚至政治支持，从此，票号业开始飞速发展，分支机构和业务规模都得到极大拓展。

（二）洋务运动与票号

19世纪后半叶，清政府开展洋务运动，大力开展了海防建设，这笔经费主要由各省承担，资金的汇兑由票号负责。

例如，光绪九年，浙江巡抚奏片记载："据护理浙海关宁绍台道瑞璋详称，自光绪八年五月十六日起至八月十九日第八十八次结期满止，所取四成华洋各税除遵章分款提解外，应解南洋海防经费四万三千九百二十二两二钱六分六厘，照数兑足，详给咨批，发交号商胡通裕循案汇兑，于光绪八年十二月十五日领解起程。②"

光绪十四年，户部拨补海军衙门银两一事："拟拨闽海关银二十四万两，……解交海军衙门兑收……备文分批发交号商新泰厚等承领，定限五月二十日由省起程，解赴海军衙门投纳。"③

光绪十九年，闽浙总督奏片记载："饬委前解京饷委员候补知县俞振鸾，督同号商蔚长厚，汇解海军衙门投纳。所需号商经费，查明汇解京饷

---

① 《两广总督瑞麟等折片》同治六年三月二十三日，《军录》财政经费，卷号36。
② 《浙江巡抚德馨奏片》光绪九年二月初一，《军录》财政，捐输，卷号31—33。
③ 《福州将军杨昌浚为汇解海军衙门银两奏折》光绪十四年五月二十日，《军录》洋务运动，海军，卷号491。

成案，每百两给银五两三钱。"① 每百两银给汇费五两三钱，其费率为 5.3%。

而且，票号不仅为洋务运动提供了汇兑业务，还提供了融资。光绪六年，穆图善等人的奏折中提到："先购柏尔来铁甲一船，专储台防调拨等因。……以为船价、保险、辛工各项之用，解由北洋大臣李鸿章汇付……奈今洋税垫款累累，库无存银可动，而船为要需，势难刻缓，只得暂向号商设法挪借……"②

（三）甲午战争与票号

甲午战争后，中国和日本签订了《马关条约》，对日赔款达到 2 亿两白银，后来，又增加了所谓的"赎辽费"3000 万两。清政府财政空虚，不得不向外举债，筹集赔款，因此从俄国、法国、英国、德国借入大量资金。这些向外国的借款，每年都要支付巨额的利息。户部无力负担，只得摊派到各省。各省以盐斤加价、地丁货厘附加等方法筹款，之后汇款到上海用于还债。

在此过程中，各地票号的大宗汇款业务大量增加，有些票号包揽了部分省份的该项汇款业务。以下是一些主要票号包揽部分省份债款汇兑③的情况：

四川——上海：协同庆、天顺祥

云南——上海：同庆丰、天顺祥

广东——上海：协同庆

广西——上海：百川通

浙江——上海：杨源丰、源丰润

安徽——上海：合盛元

---

① 《闽浙总督谭钟麟奏片》光绪十九年五月二十八日，《军录》洋务运动，海军类，卷号 830。

② 《穆图善等筹款购买铁甲船银定期汇寄折》光绪六年四月初六日，《军录》洋务运动，海军类，卷号 121。

③ 孔祥毅. 金融贸易试论 [M]. 中国金融出版社，1998：124.

江西——上海：蔚盛长

湖南——上海：乾盛亨、协同庆、蔚泰厚、百川通

陕西——上海：协同庆

福建——上海：蔚泰厚、源丰润

河南——上海：蔚盛长、新泰厚、日昇昌

山西——上海：合盛元、蔚盛长、日昇昌、协成乾

（四）庚子事变与票号发展

1. 慈禧西行中设行宫在票号

光绪二十六年，八国联军入侵北京。慈禧太后带着光绪帝狼狈出逃，路过山西时，曾设行宫于祁县大德通票号。经理高钰的信件中描述："皇太后、皇上于七月十八日出京西巡到陕，由东口而绕山西。护驾者系瑞、庄、肃、庆四王爷，薄、伦、兰三公爷，贝子贝勒四位，刚起英三大臣，余不甚缺。闻不日即抵太原，鄙县已有传单，令办皇差，刻已安置有绪矣。"①

由于受到了晋商的周到款待，清朝皇室表示满意，下达谕令，令京饷改汇山西票号，之后汇兑庚子赔款，也由票号来办理。

2. 清廷对票号的重视

为了尽快恢复经济，朝廷还专门颁布旨意，令票号返京复业，巡视中城御史奏折中肯定了票号的重要作用："市面流通，视各票号、银炉以资周转。……号商去秋银业回籍，臣等于今春咨会山西抚臣，转饬该商起程，入夏以来，稍稍到京。……此市面逐渐复旧之情形也。"②

《中外日报》也报道过："闻顺天府及都察院顷有公文至浙江、山西等省巡抚，饬讯催在京开设票庄之商人克期来京，规复旧业，以便官民云

---

① 《大德通票号经理高钰光绪二十六年八月初五日给王静轩信》。
② 《巡视中城御史文琜等折》，光绪二十七年六月初七日//义和团档案史料（下）[M]. 中华书局，1959：1254.

云。故凡家有汇票者，无不闻之喜悦云。"①

光绪二十七年（1901年），清政府与外国侵略者签订了《辛丑条约》，向各国赔款共计4.5亿两白银，连清政府官员都惊呼："数额之巨，旷古罕闻。"如此巨额赔款，朝廷也承认"就中国目前财力而论，实属万不能堪"。

但是，腐朽的清廷惧怕外国势力，硬着头皮也要支付赔款："和议既成，赔款既定，无论如何窘急，必须竭力支持。"清政府从国库收入拿出一部分支付赔款，其余赔款摊派给各省负担，朝廷要求"各省值此艰巨，尤当勉为其难"，由各省按期汇款支付。这些巨额汇款也成为票号的业务。

朝廷的具体分摊方案最终确定："自光绪二十四日起加增边防经费一款，向未有漕省份循案解部漕折一款，以上约共银三百余万两，全数提出，均留做赔款外，尚有一千八百余万两，即摊牌各省，责令按期报解。其数目如何分配，应该省份大小、财力多寡为断。"拟派情况为：

江苏省二百五十万两

四川省二百二十万两

广东省二百万两

浙江省一百四十万两

江西省一百四十万两

湖北省一百二十万两

安徽省一百万两

山东省九十万两

河南省九十万两

山西省九十万两

福建省八十万两

直隶八十万两

湖南省七十万两

---

① 北京饬传票商 [N]. 中外日报，1901-04-02.

陕西省六十万两

新疆省四十万两

甘肃省三十万两

广西省三十万两

云南省三十万两

贵州省二十万两

计共一千八百八十万两。朝廷要求："必须在本省司关道局凑足分派之数，如期汇解，不得少短迟延，致有贻误。"① 这些巨额汇款业务，朝廷要求通过票号汇兑。

3. 庚子后票号声誉大增

票号这次的发展契机，不仅仅因为得到了清朝皇室的赏识，还因为票号在庚子之乱中扶持了商业，对经济稳定起到了积极的作用。李宏龄在《山西票商成败记》中描述："庚子内乱，天子西巡，大局岌岌，各商停滞，而票商之持券兑现者，上海、汉口、山西各处云合雾集，幸赖各埠同心，应付裕如。至是之后，信用益彰，即洋行售货，首推票商银券最足取信，分庄遍于通国，名誉著于全球。"

二、票号地域扩张

（一）票号商帮扩大

日昇昌票号创立后的几年里，陆续又有几家票号设立，新设的票号也都是平遥商人的票号，后来出现了祁县、太谷商人设立的票号。到19世纪50年代，初步形成了平（遥）、祁（县）、太（谷）三帮的格局。也就是说，经营票号的山西商人主要来自平遥、祁县、太谷三地。起初，平遥帮票号多为绸缎业和颜料业转营，营业重点在正西、西北和长江一带；祁县

---

① 户部：《奏新定赔款巨期急应合力》。

帮多为茶叶庄改营，重点则在正北和东北；太谷帮是后起的票号商，向长江一带、广东发展①。后来，在商业繁荣的地区，各票号竞相开办分号，逐渐就没有了明显的地域差别了。

不过，不同的票号还是有各自的优势，有的重在繁盛都会，有的重在商业市场，有的重在开拓南方，有的重点放在北方。"大德玉之在燕北，大德通之在秦陇，百川通之在川滇，蔚丰厚之在西陲，尤为发展，几有独占之势。"②

（二）南帮票号兴起

1. 南帮票号设立与发展

票号业起初都是由山西人垄断，在当时形成了"南钱北票"的说法。即北方人办票号，南方人办钱庄。不过后来，北方人也开办了很多钱庄，南方人也开始办票号，就打破了"南钱北票"的经营模式。

第一家南方商人的票号是阜康票号，由浙江人胡光墉（胡雪岩）创办，初创时间在1863—1865年。后来又陆续出现了胡通裕、天顺祥、杨源丰、源丰润等总号设在南方的票号，形成了"南帮票号"。这些票号不仅总号在南方，出资人和经营者也多为南方人。

阜康票号，由胡光墉（胡雪岩）创立于1863年，总号在上海，经营二十年左右。其分号设立在北京、杭州、扬州、福州、汉口、镇江、宁波、长沙等地。

天顺祥票号，由王兴斋等人创立于1865年，总号在云南，经营五十多年。其分号在北京、重庆、成都、汉口、上海等地。

杨源丰票号，由杨谷山创立于1884年，总号在天津，经营八年。其分号在北京、杭州等地。

源丰润票号，由严信厚创立于1883年，总号在上海，经营二十五年左

---

① 陈其田. 山西票庄考略 [M]. 商务印书馆，1937：109—110.
② 东海. 记山西票号 [J]. 银行周报，1917（7）：21.

右。其分号在北京、天津、广州、福州、杭州、宁波、汉口、香港、新加坡、厦门、琼州、汕头、保定等地。

义善源票号，由李经楚等人创立于1895年，总号在上海，经营十五年。其分号在江宁、芜湖、汉口、南昌、香港、汕头、广州、北京、天津、济南、保定、营口、汴梁、杭州、镇江、清江浦、徐州、长沙、五河、正阳关等地。

晋益升票号，由刘裔棋创立，分号在北京、天津、汉口、江西等地。

另有上海的大庆元、广州的源丰润公记，资料不详①。

2. 两帮票号区别

（1）股东身份不同。山西票商投资人多为民间商人，例如，日昇昌的东家是李姓财东，"蔚字五联号"背后是侯姓财东，大德通、大德恒票号主要股东是乔姓财东。

而南帮票商主要投资者是官僚或与官僚联系密切之人。如阜康票号投资人"红顶商人"胡光墉曾任左宗棠征西军的上海采运局道员，义善源票号的大股东李经楚是李鸿章的侄子，源丰润票号主要股东严信厚曾做过李鸿章幕僚。

（2）经营特色不同。山西票号资本主要来自民间商人，长期来看，其主要服务对象是工商铺户，虽然也有不少官款业务，但比之于南帮票号，官款业务的占比没有那么高。南帮票号有深厚的官方背景，很容易吸收官款。

山西票号在全国各地设立分号，而南帮票号多是在京都和南方重要城市设立分号，经营重点在南方，有的在北方只有京都一地有分号。

（三）汇通天下

到1893年，全国票号（总号）达到27家②，包括：

---

① 黄鉴晖. 山西票号史料［M］. 山西经济出版社，2002：663—665.
② 黄鉴晖. 山西票号史料［M］. 山西经济出版社，2002：466.

平遥帮 13 家：日昇昌、蔚泰厚、蔚丰厚、蔚盛长、新泰厚、天成亨、协和信、协同庆、百川通、蔚长厚、乾盛亨、永泰庆、其昌德。

祁县帮 7 家：合盛元、大德通、大德恒、三晋源、存义公、长盛川、大盛川。

太谷帮 4 家：至成信、协成乾、大德玉、世义信。

南帮 3 家：天顺祥、杨源丰、源丰润。

清末最后的十年里，除了经济发达地区外，票号分号还发展到西北边陲及东北一带，如西藏、宁夏、长春等地也有了汇兑业务，还有的票号将分支机构延伸到海外。各票号的分号遍布 95 地，达到 475 个[①]。

表 2-1　清末票号在全国各地分号家数统计（95 地 475 家分号）

地名	家数	地名	家数	地名	家数	地名	家数
沈阳	9	保定	1	锦州	2	通州	1
安东	1	张家口	15	营口	9	兴化	4
黑龙江	1	泊头	5	长春	1	库伦	1
吉林	1	介休	6	北京	31	张兰镇	3
天津	24	文水	1	恰克图	1	宗艾	1
苏州	13	平遥	13	上海	22	汾阳	3
镇江	3	大同	4	淮安	2	河口	2
扬州	5	交城	1	徐州	1	祁县	19
亳州	1	曲沃	5	南京	2	归绥	12
安庆	1	开封	8	芜湖	1	禹县	1
正阳	1	洛阳	1	济南	3	周家口	7
多伦	1	孟县	2	赤峰	1	道口	1
热河	1	清化	1	周村	3	怀州	1
济宁	1	西安	10	太原	13	沙市	11
太谷	22	长沙	9	忻州	5	湘潭	7
解州	4	常德	7	运城	3	成都	10
新绛	4	重庆	16	汉中	1	万县	1

---

① 黄鉴晖. 山西票号史料 [M]. 山西经济出版社，2002：469.

续表

地名	家数	地名	家数	地名	家数	地名	家数
三原	10	广州	9	兰州	3	汕头	1
宁夏	1	梧州	3	凉州	3	桂林	3
甘州	2	云南	1	肃州	2	贵阳	1
迪化	3	丰镇	4	福州	4	赊镇	1
厦门	5	泸州	1	杭州	1	巴塘	1
南昌	5	西藏	1	武昌	1	自流井	1
汉口	22	雅州	1	打箭炉	1		

注：摘自黄鉴晖：《山西票号史料》，山西经济出版社，2002年版，第468—469页。

票号业务规模也达到了顶峰，据不完全统计：从1891年到1911年，票号业的汇兑额达到了1亿5千万两之多①。卫聚贤的《山西票号史》中也评价："（票号）自光绪甲午后，为增盛时代，自庚子至辛亥为极盛时代"②。

表2-2　　　　　1891—1911年票号汇款统计　　　　　单位：万两

年份	汇款额	年份	汇款额
1891	2035255	1902	20468366
1892	7116352	1903	19246029
1893	2778448	1904	13612223
1894	8667634	1905	10645925
1895	7592411	1906	12345925
1896	7607642	1907	6372446
1897	7876642	1908	2676865
1898	5404461	1909	1925754
1899	10335235	1910	692752
1900	3008227	1911	1186610
1901	2767731		

资料来源：杨端六：《清代货币金融史稿》，三联书店1962年版，第133—134页。

① 杨端六. 清代货币金融史稿 [M]. 三联书店，1962：125.
② 卫聚贤. 山西票号史 [M]. 说文社，1944.

三、票号业资金实力增长

金融业中,资金实力是否强大,是客户很看重的要素之一,究其原因,是金融业特性决定的。金融业实际是经营风险的行业。客户存款的时候,在同样条件下,愿意存到资金实力雄厚的机构,这样可以减少对存款损失的担忧;客户贷款的时候,资金充裕的机构可以及时满足其资金需求。

(一)票号资本增长

初创期的票号,其资本额多为几万两到十几万两白银,数十万两的并不多。但是,到清末,资本额达到几十万两,在票号业就很常见,甚至还有超过百万两的。考察在北京经营的票号,多数资本都在20万两至40万两,超过50万两的有4家,超过百万两的有2家。

表2-3　　　　　　　　　清末北京票号资本额分类

资本额	家数	资本额	家数
10万两	2家	30万两	7家
15万两	1家	40万两	7家
20万两	6家	50万两	4家
25万两	1家	100万两	2家

资料来源:彭信威:《中国货币史》,上海人民出版社2015年版,第720页。

以锦生润票号为例,这家票号规模较小,但成长很快。1903年的资本额为3万2千两,1906年增加到6万4千两,短短三年翻了2倍。其盈利数1903年是7380两,1906年达到51948两,三年内翻了7倍。

表2-4　　　　　　　　　锦生润票号利润增长情况　　　　　　　单位:两

年份	资本	盈利		
		盈利数(一年)	为资本(%)	为上期(%)
1903	32 000	7 380	23.06	100
1906	64 000	51 948	81.17	703.9

资料来源:《中央银行月报》7卷1号,1938年1月,第28—29页。

（二）可观的利润增长

相比于其他行业，票号业的利润是相当可观的。各票号每次账期结算，每股分红最少几百两，一般也有数千两，多的时候上万两，日昇昌票号一个账期结束，每股分红最高可达一万七千两银。

表 2–5　　　　　　　　部分票号红利分配情况

票号名称	每股红利分配数额			备注
	最少	一般	最多	
日昇昌	数百两 咸丰十年约512两	4000—8000 两	1.6万—1.7万两	
蔚泰厚	—	5000—6000 两	1.2万两	
蔚丰厚	数百两	6000—7000 两	1万余两	
蔚盛长	—	—	1万两	
新泰厚	—	7000—8000 两	1.5万两	
天成亨	1000 余两	3000—6000 两	1.2万两	
协同庆	—	8000—9000 两	1.4万两	
百川通	—	1万两左右	2万两	
乾盛亨	—	3000 两	—	
蔚长厚	—	—	7000—8000 两	
其德昌	—	—	2000 两	
大德通	850 两	3000 两	1.7万两	
元丰玖	—	—	3000—4000 两	
三晋源	—	—	6000 两	
巨兴隆	—	—	3000—4000 两	
存义公	—	—	1.57万两	
大德恒	—	7000—8000 两	约1万两	
大盛川	—	—	约1.1万两	
志成信	—	7000—8000 两	1.4万两	
协成乾	—	—	1.1万两	
世义信	—	—	—	未开过账，赔了20万两
大德玉	—	6000—7000 两	1.3万两	

注：笔者根据黄鉴晖《山西票号史料》第 639—661 页内容编制。

从大德通票号 1888—1908 年的资本金和每股分红情况（见表 2-6），可以看出，清末 20 年的时间里，该票号资本从 10 万两增加到 22 万两，翻了 2 倍；每股分红更是从 850 两增加到 17000 两，翻了 20 倍，可以说是惊人的增长。

表 2-6　　　　　大德通 1888—1908 年资本利润率变化统计

项目 年份	资本（两）			资本利润率		
	金额	股数	每股金额	每股分红	账期利润率（%）	年利润率（%）
1888	100000	20	5000	850	17.00	4.25
1892	130000	20	6500	3040	46.76	11.69
1896	140000	20	7000	3150	45.00	11.25
1900	160000	20	8000	4024	50.30	12.58
1904	180000	20	9000	6850	76.11	19.03
1908	220000	20	11000	17000	154.54	38.64

资料来源：黄鉴晖：《明清山西商人研究》，山西经济出版社 2002 年版，第 386 页。

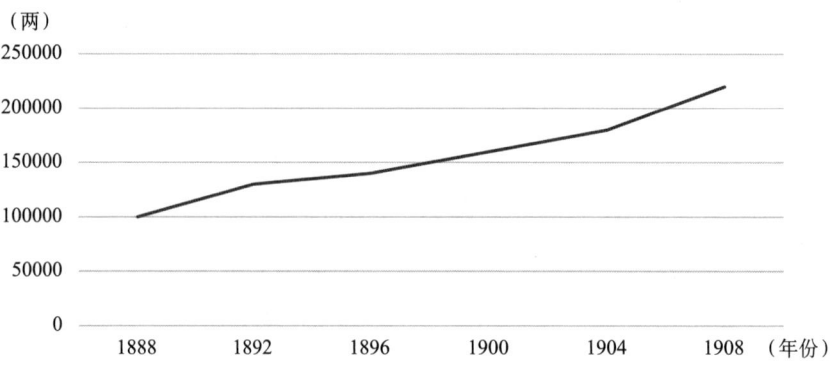

图 2-1　大德通票号资本额变化（1888—1908 年）

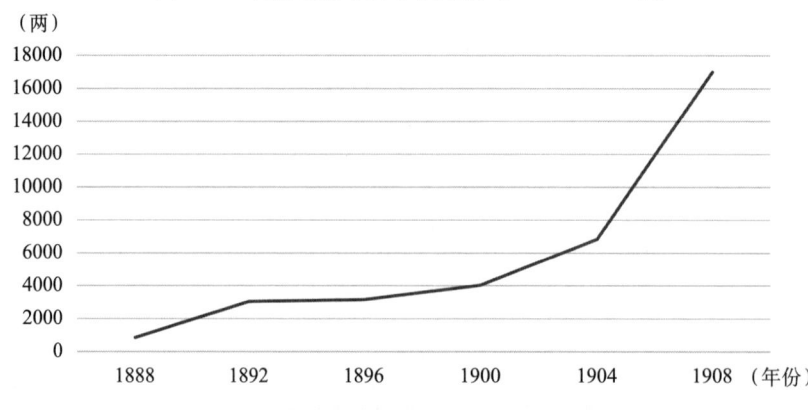

图 2-2　大德通票号每股分红（1888—1908 年）

四、票号的业务发展

(一) 票号业务范围、规模发展

票号业务的范围越来越大,从一般商业汇兑到税收、饷银汇兑,到收存官款、代理财政、给官府代垫资金、向政府借款及对工商业贷款等。而且,票号业务的规模也越来越大,例如,日昇昌票号一年的汇兑业务涉及银两收交可以达到 20 多万两。

表 2-7　　日升昌票号省城(晋)分号一年汇兑业务统计

光绪十三年(1887 年)十一月至十四年(1888 年)十月　　单位:两

城镇	收汇	交汇
京师	117972	9441
天津	6563	3381
平遥	2602	7480
汴梁	4884	3595
三原	2278	200
周家口	397	267
苏州	14215	2083
上海	5735	147224
扬州	9416	22776
广州	1713	1915
长沙	1713	1915
梧州	19	38
湘潭	28	—
沙市	—	858
桂林	1207	930
汉口	1649	3990
重庆	23536	205
成都	1469	14474
合计	209589	221569

资料来源:日升昌省城分号光绪十四年《银流水账》,见黄鉴晖《山西票号史料》,山西经济出版社 2002 年版,第 1084 页。

（二）引入新技术——电汇

票号经营者意识到了电汇更加高效，在晚清时期开始办理电汇业务。因电汇业务价格较为昂贵，一般为紧急汇款业务。

电汇的通汇区域比普通汇兑要小。当时虽然国内的电报局在各省都有设置，但并不是所有的经营机构都能为商业服务，有的专为公用。东亚同文书院1907年出版的《中国经济全书》记载了清末能够服务商人汇兑的电报局分布：

北京　天津　沈阳　铁岭　锦州　吉林　伊通州　宁古塔　珲春
紫竹林　泊头　保定
祁县　获鹿　张家口　济南　周村　德州　临清　潍县　沙河
胶州　青岛　莱州
登州　芝罘　威海卫　刘公岛　济宁　阿城
台儿庄　曹县　安山
南京　扬州　泰县　清江　徐州　海州　板浦　青口　南通
苏州　上海　常州　无锡　镇江　杭州　嘉兴　平湖　乍浦
湖州　南浔　绍兴　余姚　宁波
福州　马尾　建宁　泉州　厦门　涵州　漳州　广州　佛山
惠州　海丰　香港　深水埔
成都　资州　雅州　重庆　深山　夔州　万县　泸州　永宁　云滩
武昌　大治　铁山　汉口　武穴　荆州　沙市　安陆　荆门
襄阳　河口　宜昌　巴东　施南
长沙　湘潭　岳州
南昌　樟树镇　九江　吉安　赣州　萍乡　梅岭
安庆　殷穴汇　芜湖　庐州　大通　开封　紫荆关
太原　平遥　侯马
西安　龙驹寨　潼关　玉门　泾州

五、票号在地方经济中的重要地位

票号兴盛时,在很多地方都成为最重要的金融机构,不仅把持了金融市场,对商业发展的影响也十分重要。

(一) 票号在京师的重要作用

北京作为全国的都城所在,国家的财政收支都在这里集散,这里既是政治中心,也是财政枢纽。北京的金融机构比其他地方要更完备。

在没有银行之前,北京的金融业大多操纵于票号之手。北京是票号最为集中的地方,几乎各大票号都会在北京设立分号。尤其北京是官吏集中的地方,票号的大量官款业务有赖于结交各级官吏而获得。

宣统年间在京的票号有:蔚长厚、协同庆、蔚丰厚、大德恒、世义信、新泰厚、蔚盛长、锦生润、大德通、协成乾、存义公、合盛元、大德玉、大盛川、长盛川、中兴和、天顺祥、天成亨等。

票号对北京工商业影响也很巨大,很多商家靠着票号放款维持生计,曾经有过票号业收紧现银贷放,各行业都一时凋敝的情况,各商业从业者受影响的数以万计。而且,票号的业务开展会影响到市面上现银的多寡,从而影响到银钱比价,因而北京的票号经营格外受到朝廷的关注。

(二) 票号在上海的突出地位

在上海,票号被认为是"上海金融界先驱"。当时的上海"商贾辐辏,……一日出入,值银钱数千万百",是汇兑业务集中地,"凡银钱往来,各省之汇至上海,与上海至汇往各省,亦日必千数百万。[①]"如此大的汇款业务需求量,自然就成为票号业立足的坚实基础。

因为上海当时与各地的资金往来繁盛,票号数量格外多,比较重要的

---

① 论本埠票号禀请立案事 [N]. 中外日报,1898-09-14.

票号有：天顺祥、大德通、合盛元、中兴和、蔚泰厚、百川通、志成信、大德恒、日昇昌、存义公、蔚长厚、新泰厚、三晋源、源丰润、协成乾、蔚丰厚、协同庆、大德玉、蔚盛长。晚清时期，各省督抚开办商务，委员采办机器，都会到上海，各地官商汇款数额巨大，票号的存在意义重大。

另外，上海的钱庄因其资本金少，需要向外融资，票号常常放款给钱庄，助其经营。所以，票号业对于当地钱庄业也是非常重要的存在。票号一旦收紧银根，钱庄的融资就会遇到极大的困难。

当时的人对票号的安全性十分推崇，1898年《中外日报》曾评论说："本埠票号之设，为专行汇划之用。虽以数十百万巨款，凭于一纸，长途之中盗贼无虞，携带其便。"即便丢失了，还可以挂失，使客户不受损失。当地票号"认票又认人"的规定，充足地保障了客户的资金安全。票号业"规例之整肃严密，交易之公平信义，商旅无不称便"。

（三）天津的票号势力

在天津，票号发展较早，机构较多。票号设立之前，当地的主要金融机构是换钱铺和首饰店，换钱铺的职能主要是铜钱和银锭的兑换，偶尔做存放款，金额较小。首饰店兼营银钱兑换、熔制元宝等，收存款项只是副业。

票号设立后，金融业蓬勃发展起来，还带动了钱业的发展。时人评价："自票号之兴，……而本地换钱铺，亦随以发展，开天津之先河。……于是票号与银号之营业，因之特盛；而其势力亦因之特大。"[①]

1903年，曾经出现过部分钱庄经营危急，无法及时归还从票号借到的款项，公开恳求票号暂缓收款。《大公报》1903年3月28日刊登过《钱商环请维持银市禀》，文中提到，天津钱庄通益号、和盛益、恒隆号、桐达号、德昌厚、中裕厚、德信厚等声明，市面资金紧张，出现危机，"唯有仰求仁宪格外施恩将商等所借西南帮票庄各业短期及京交、申交之款展缓

---

① 杨荫溥. 中国金融论［M］. 黎明书局，1931：274—275.

数月。①"而当地大票号也确实在资金困难的时候,予以通融,并且努力维持资金链,"山西票号、南绅银行,将津郡通换银款提还原主者不下数千万金"②。

当地人也承认,"天津市面纯恃山西票庄之现银为之周转",一旦票号收回现银,"市面为之奇窘"。票号业在当时的天津金融业的资金实力是相当雄厚的,票号的现银收、放对整个市场影响至关重要。

天津的票号在全盛时期,被人评价,营业"特盛",势力"特大",可见其影响力。数据显示,1900年以前,天津市场资金大约6000万两白银是可以现款或信用提供给商家的,其中,票号占2000万两③。

(四) 垄断一时的重庆票号

以重庆为例,19世纪末,重庆有十六家票号,几乎垄断了当地的金融业务。重庆的票号从资本上看多为山西票号,只有天顺祥一家是南帮票号。每家票号都有10万两到30万两白银的资本,这些票号在必要时,会联合起来共同抵御其他金融机构的竞争。他们经手各省汇到北京的公款,还担任汇兑捐纳官职的款项,以及转发文凭、执照等事宜,如同半官方机构一般。

在业务上,票号不注重田产房契的抵押贷款,一般放款都是信用放款。借款时,往往不需要提供抵押物,只需要有一两个保证人就够了。但他们也有自己的方法防范风险,对于素无往来的商家,他们一般不会放款出去。票号的利率水平比其他金融机构都低,放款利息一般比钱庄要低2—4厘。当地商人间借款,月利一般为1分5厘,当铺长年在3厘以上。而票号最低的时候5厘,即便银根紧缩的时候,最高也只到3厘,也就是当铺的日常最低利率。

票号存款分为活期、定期两种。活期存款,有的计息,有的不计。定

---

① 钱商环请维持银市禀 [N]. 大公报,1903 - 03 - 28.
② 董事赵兴堂再请推缓天津市面各款禀稿 [N]. 大公报,1904 - 04 - 30.
③ 高春平. 晋商学 [M]. 山西经济出版社,2009:218.

期存款，要满一个月以上，才予以计息。因为官款来源充足，这些票号对吸收商民存款并不热衷。

当地的钱庄也要依赖票号的资金，只有取得票号信赖，才能与后者交易。一家票号通常与四五家钱庄有资金往来。票号在钱庄存入现银，对票号来说，一方面使其保管现银，另一方面也得到存款利息；对钱庄来讲，如同同业拆借，得到了资金融通的便利。所以，当时人评价："观夫票号之对于钱铺，常为保护之意。"① 这一时期的票号对于钱庄的意义，好像中央银行对普通银行的关系，有些"最终贷款人"的功能。由于票号作用太过重要，连官府都派兵为票号护送现金。

当地商家也争取与票号往来，一流的商家与票号能比较方便地得到融资；二流以下的商家则需要通过钱庄的介绍才有可能得到融资，而且还要介绍的钱庄充当保人。

当地的当铺虽然坐拥巨大资本，但是，如果当铺失信于票号，也有可能遇到银根紧张，求助无门的时候。所以在当地，比之于票号，当铺就成为一种次要的金融机关。

一直到清末，票号在当地都称得上实力雄厚、信誉卓著。当地人观察到，每逢固定结算日期，常能听到某某钱庄倒闭，而票号经营却十分稳健。

（五）汉口票号是重要的融资来源

汉口的主要金融机构是票号、钱庄、当铺。票号投资者负担的是无限责任，但是如果某个票号负债过多，无法清理，出于捍卫票号业整体声誉的考虑，则其他"同业者筹议填补，以维持票号之信用"。可见，票号业对信誉的看重以及行业的团结。

汉口的票号除了办理汇兑，还办理官方及私人的存款业务，同时向官

---

① 日本驻重庆领事馆代理事务池永林一明治四十年（1906 年）六月二十二日报告［A］.// 潘承锷. 中国之金融（下）［C］. 中国图书公司，1908：4.

银号、钱庄、大商号发放贷款。这些票号的资本金一般在20万两到40万两之间。

较为重要的票号为：蔚长厚、蔚泰厚、蔚丰厚、新泰厚、志成信、永泰昌、天成亨、协同庆、协成乾、中兴和、大德通、新裕厚、大德生、大德恒、存义公、三晋源、百川通、日昇昌、合盛元、长盛川、天顺祥、恒盛茂、兴隆全、永泰庆、大盛川、乾盛亨等[1]。

在汉口金融市场上，票号业是主要的资金支持者。1900年的第21期《商务报》刊载过《汉口商务局官商会议维持市面章程》，文中提到："汉镇市面，银根活源以西号票借为最巨，常有七八百万两"，这些资金是钱庄的主要融资来源，钱庄放款给商户也主要依靠票号融资。票号一旦收紧现银，必然影响全局。

（六）沿海地区的票号

在广州，最有名的票号是义善源、源丰润、日昇昌、百川通、蔚泰厚等。这些票号以官府业务为主。广州的票号经营以信用著称，当时人评价："其信用之厚足以凌驾地方银行而占极大之利益。"[2] 1900年前后，广州票号的声势甚至能凌驾于银行之上，可见其金融地位。

在厦门，票号以汇兑为主，兼营存放款业务。起初，票号对钱庄放款较多，利率一般在年利八九分。但因为后来钱庄倒闭比较多，经营风险较大，票号减少了对钱庄的放款。同时，对商家的放款增加了。厦门的大商人为了从事对北方的贸易，常要向票号贷款购买土货，贷款期限一般在4到6个月之间。在厦门主要的票号有蔚泰厚、新泰厚、蔚长厚、协同庆等，每家的资金有二三十万两。

福州的票号主要从事香港、上海的汇款业务。对香港汇款业务量最

---

① 日本驻汉口领事永野幸吉明治四十年（1906年）五月一日报告[A].// 潘承锷. 中国之金融（下）[C]. 中国图书公司，1908：32.

② 日本驻广州领事上野吉一明治四十年（1900年）六月十二日报告[A].// 潘承锷. 中国之金融（下）[C]. 中国图书公司，1908：68.

大，然后是上海、厦门、天津等地。这里的票号以承办官方业务为主业，负责厦门的海关税、厘金税及地丁银的汇兑。

（七）内陆城市的票号

在苏州，晚清的金融机构主要是票号和钱庄。苏州的票号有：蔚泰厚、蔚丰厚、蔚盛长、协同庆、志成信、协成乾、存义公、乾盛亨、日昇昌、新泰厚。苏州票号经营存、贷、汇业务，当地人评价："资本至厚，信用亦深。"在票号存款，按月计息，一千两本金的月利为五六厘，一年为七厘。

在长沙，经营的票号有：蔚泰厚、蔚丰厚、蔚盛长、天成亨、日昇昌、新泰厚、百川通、大德通、协同庆等。湘潭的票号有：日昇昌、天成亨、百川通、蔚泰厚、蔚盛长。

（八）偏远地区的票号

云南最早的票号是百川通和宝丰隆，这两家票号的总号在山西，分号开到了云南。后来，云南有了自己的本地票号同庆丰、天顺祥。创办人王炽于同治十一、十二年间，先是设立了同庆丰票号，后改组天顺祥票号，之后把分号开设到了北京、上海、成都、贵阳等地。在内蒙古，日昇昌等票号曾向蒙古部落发放贷款。

票号在很多地方都是极为重要的金融机构，甚至，在有些地区，人们把本地金融业分为"票号"和"本地帮"两大类，曲殿元在《中国之金融与汇兑》中描述："票庄营业以汇兑为主，本地帮以本地贷款及兑换为主。"可见在某些地方，票号一行足以与其他所有金融机构分庭抗礼。

第二节 票号的鼎盛

票号最鼎盛时期，一度在中国近代金融市场上占据主导地位。票号业者手握巨额资金，影响着当地商业，在很大程度上影响着当地利息、汇水行市。当票号业经营活跃的时候，钱庄、商户资金充裕，市场也跟着活跃。如果票号业收紧银根，则钱庄、商号都经营阻塞，步履维艰。

一、金融执牛耳

票号是在清道光年间才出现的，在漫长的中国金融史上，算是个新生儿。但票号业成长迅速，几十年的时间，就成为传统金融机构中的翘楚。

虽然之前中国金融市场上，钱庄、账局也颇有名望，但都不及票号业繁盛。"（票号）自光绪甲午后，为增盛时代，自庚子至辛亥，为极盛时代，每家存款多则七八百万两。"①

清人冯济川评述："票商，始于汾之平遥，厥后祁、太人乃仿之。其业者眼光极大，所定法律亦善。……是以初年仅日升昌等一二家，今则二十余家，而小票号尚不在其中，遍中国无不有分庄，近年且蔓延于外国焉。以一家言，若经纪完善，每年可获利息三十万金。②"

票号之实力雄厚，连官府都要向票号借贷。光绪二十年，户部"向京城银号、票号借银一百万两，备充饷需"③。到清末，户部欠各票号银两超

---

① 韩业芳：《山西票号皮行商务记》，1921年，油印本．
② 〔清〕冯济川：《山西乡土志》//山西省史志研究院．山西旧志二种 [M]．中华书局，2006：61．
③ 《户部议复侍郎廖寿恒请提各省公款归官借的奏折》，光绪二十年十一月二十九日，《度支部档案》，事务文书类，卷号266。

过七百万①。

不仅是在京城，在地方上，票号的金融势力也是非常瞩目的。在天津，"市面纯恃山西票庄之现银为之周转"②。在重庆，"（票号）均为山西人之专业……盖其先为拥有巨资之各富商所结合之团体……有不可拔之根底③"。在汉口，"银根活源以西号（山西票号）票借为最巨……一经西号收现，势必顷刻牵动全局④"。在广州，"（票号）信用之厚自足以凌驾地方银行而占极大之利益"⑤。在苏州，当地人认为票号"资本至厚，信用亦深"。日升昌票号在库伦向蒙古部落放款，合盛元票号经营足迹延伸至日本和朝鲜。

曲殿元在《中国金融与汇兑》中评述："票庄各省开设分号，南至新加坡，北至库伦，莫不有山西人足迹。各票庄又互相联络，互通汇兑，经营稳健，信用极佳，故公私款项，多赖票庄周拨。……故自乾嘉至民国初元，山西票庄执中国金融界之牛耳，约百余年。"⑥

虽然票号发展到后期，业务领域已经从单一的汇票业务发展到了存、贷、汇兼营的综合金融机构，但是，国内一般不把票号当作银行。然而，日本的学者在研究山西票号的时候，就把山西票号叫做"山西的银行"，他们认为一家经营存、贷、汇的机构，已经是实质上的银行了。滨下武志在著作中描述："中国商人可以使用传统银行（票号）的汇票。"⑦

当时的票号业之兴盛，已经到了妇孺皆知的地步，1879年《申报》描述："凡属晋省巨商所设银号（此处指票号）遍于天下者，……专以汇兑为营谋。……而贸易场中代为出票所在皆有，即妇人孺子亦知有所谓西

---

① 度支部急借商款之无效［N］. 大公报，1911-12-14.
② 拟设极大银行［N］. 大公报，1908-05-06.
③ 日本驻重庆领事馆代理事务池永林—明治四十年（1906年）六月二十二日报告//潘承锷. 中国之金融（下）［M］. 中国图书公司，1908：1—4.
④ 汉口商务局官商会议维持市面章程［J］. 商务报，1900（21），江南商务局版.
⑤ 日本驻广州领事上野吉—明治四十年（1900年）六月十二日报告//潘承锷. 中国之金融（下）［M］. 中国图书公司，1908：67—68.
⑥ 曲殿元. 中国金融与汇兑［M］. 上海大东书局，1930.
⑦ ［日］滨下武志. 中国、东亚与全球经济［M］. 社会科学文献出版社，2009：223.

帮。则其资本之雄，利益之多，若为各省居其操赢相提并论，诚有首屈一指者。"①

卫聚贤在其《山西票号史》中也曾说："（票号）自光绪甲午后，为增盛时代，自庚子至辛亥为极盛时代。"②

二、票号海外版图扩张

（一）票号向外发展

清末，各票号经营领域扩大到边疆，甚至海外。汇兑最远的地方，合盛元东至日本大阪、神户，蔚泰厚西达迪化，大盛川北至库伦，大德恒南至香港，还有的票号经营到南洋、新加坡及俄国的莫斯科。

滨下武志评价道："此前大陆的商人和金融业者们没有海外冒险的经历。"他把票号的海外经营称作"冒险"，也可以看作对票号商人们锐意进取精神的一种肯定。日本学者奥田乙治郎曾评价中国票号的仁川出张所说"起着海外华人网络的作用"③。所有票号海外机构中，最为著名的是合盛元在日本的机构。

（二）合盛元票号在海外注册成立银行

1. 合盛元在与外资银行竞争中受到启发

合盛元票号前身为茶庄，道光十七年（1837 年）改为票号，股东是山西祁县人，资本金 10 万两白银，分支机构遍布全国。

甲午战争（1894 年）爆发，东北局势混乱，合盛元票号的业务也受到很大影响。东北营口分号经理申树楷意识到，外资银行挤进中国金融市

---

① 劝捐晋赈论［N］. 申报，1879 - 07 - 10.
② 卫聚贤. 山西票号史［M］. 说文社，1944.
③ ［日］奥田乙治郎. 明治初年的香港日本人［M］. 台湾总督府热带产业调查会，1937：87.

场，票号正面临极大挑战。他注意到"中国在日本购买火柴、海菜、杂货等，日本在东三省购买豆油、豆饼、豆子等，以光绪三十三、三十四年汇兑最多，全年汇兑在二千万元以上"①。他特地雇了一个日本人当合盛元的"跑街"②，招揽起日本商人的生意。在努力挽救了营口分号生意后，申树楷萌生了向外发展的想法。

其实，不止是票号的经理有这样的想法，当时的有识之士也有这样的感慨："近来，环球大通，商务争盛乃观各国银行来吾邦开设者甚多，其晋之汇业一途亦与银行所司无异，然独不能出洋半步，良可慨也。"③

2. 合盛元在朝鲜、日本设立机构

光绪二十二年（1896 年）合盛元票号在朝鲜新义州设立了代办所，开始了国际汇兑业务，光绪二十六年（1900 年）改称合盛元支庄。此时，合盛元票号总经理贺洪如决定开拓海外金融市场。他认为：中日两国贸易越来越频繁，国人又大批留学日本，两国的国际汇兑大幅增加，在日本设立机构很有必要。

合盛元票号在决定赴日本发展后，很快就付诸行动。光绪三十三年（1907 年），合盛元票号在日本神户设立了"合盛元银行神户支店"。

该票号将设立情况禀报了清廷南洋大臣，后者就合盛元票号在日本神户设立机构一事上报外务部咨文。在咨文中，南洋大臣反映了来自商界的呼声，山西合盛元票庄总理（总经理）贺洪如禀称，银行是重要的商业机关，东西各国都很重视。银行营业的特点是，注重信用，融通有无，带来商业便利。咨文中指出，中外贸易开通以来，我国的商业融入世界竞争行列，各国之在我国纷纷设立银行。但是外国在华设立银行为了他们的自身利益，会做出对我国不利的事情，"不特列邦之财政籍以扩张，即我国之利权浸为所夺"④。

---

① 卫聚贤. 山西票号史 [M]. 说文社，1944：34.
② 孔祥毅. 合盛元票号的海外开拓者申树楷 [J]. 中国金融，2008（2）.
③ 合盛元创设日本东京、横滨、神户、大阪各处支庄告白 [N]. 大公报，1907 - 03 - 22.
④ 《南洋大臣端为合盛元于神户设庄给外务部咨文》光绪三十三年十月初五日，《清外务部档》卷号 2511。

咨文中提出，虽然中国也开始设立银行，但是"惜仅推行于内埠，未能增设于外洋"。我国商人对外的商业规模也逐渐扩大，而且近年来留学欧洲、日本的学生不下万人，如果"无本国银行，其存放汇兑无不仰外人鼻息，困难杂出，遑恤漏卮"。

南洋大臣肯定了票号商人为了海外银行建设所作出的努力："职商有见于此，是以不惮艰阻，遴派妥人，新设本号之分号于日本神户，照章呈由日官禀经日政府批准，业于本年四月三十日开业，定名曰合盛元银行神户支店。"

对于合盛元的信用状况，南洋大臣也予以盛赞："创始于道光十七年，迄今七十余载，所有委托往来，虽远隔川途，刻期时日，无不确守诚信。"他认为合盛元票号虽然没有"银行"的名称，但其实其职能已经实际等同于银行。因此，合盛元在日本设立银行体制的分支机构是适当的。他还在咨文中恳请，外务部照会日本政府，驻日本大臣能随时保护。并且提出，所有官吏出使经费及官派留学生的留学费用，由合盛元票号的上海本号随时汇兑。该咨文同时报外务部、农工商部查核备案。

农工商部为合盛元在日本设庄咨询外务部文中，也谈到："我华商在东西洋与南洋群岛者，实繁有徒，因无本国银行，不免仰外人鼻息。"该部已经认识到，华商在外如果没有本国金融机构协助，就会受制于人。而且"中国侨商贸易汇兑，向由外国银行经理，不但利源外流，即金融机关操之于人，商务已大生阻力"[①]。当时，我国商业与金融利益双双受到侵夺。该部认为，合盛元票号在日本神户等地设立分支机构，"为海外银行渐立基础，洵足以扩张商务，挽回利权"，已经把合盛元票号海外经营上升到我国"挽回利权"的高度了。

在合盛元票号向外扩张过程中，官方给予了大力的支持，不仅是外务部和农工商部，清廷驻日大臣还特意保护票号经营，对其开业办理事宜予

---

① 《农工商部为合盛元于日本设庄咨外务部》光绪三十三年十月二十三日，《清外务部档》卷号2511。

以优待。

合盛元票号在日本神户设立了"合盛元银行神户支店"后不久,又在东京、横滨、大阪等地设立了分支机构,从事国际汇兑、存款等业务。值得注意的是,合盛元票号在日本的机构注册为合盛元银行,这是中国人在海外注册的第一家银行。

合盛元票号还把在海外设立分支机构的事情,登报公告。1907年3月22日,该票号曾在《大公报》发布了《合盛元创设日本东京、横滨、神户、大阪各处支庄告白》,行文如下:

合盛元创设日本东京、横滨、神户、大阪各处支庄告白①

启者,近来环球大通,商务争盛,而国家特设专部鼓励讲求,唯我商人亦须及时起发,以图扩充。乃观各国银行来吾邦开设者甚多,其晋之汇业一途亦与银行所司无异,然独不能出样半步,良可慨也。(本号)有鉴于此,用特选派妥人,提出重款,先渡东洋各处创设支庄。奈彼之政令不准外人在东京私立此业,必报政府许可方准开办。于是自去秋东渡,迄今半载,案牍冗繁,信札寄款,各署报告,其费固不待言,尚蒙我国领事及诸友从中维持,而日政府始允我号载东京、横滨、神户、大阪等处开设。凡我同胞此后东游日本及从彼回宗国者,如兑银洋各项兼托办事件,皆可竭力关照,额外克己。如蒙光临小号,在中华各口岸皆有分庄,随地皆可接待。特缘远渡重洋,初创此业,恐未周知,而登报声明。此咨。

山西太原府祁县合盛元,寓天津针市街嘉兴里内。谨白。

当时,在日本的合盛元银行承揽了日本与上海、天津间的大量国际汇兑业务,涉及中国出使人员经费及官费生留学费,同时也为两国贸易提供金融服务。

合盛元票号其实还准备将海外机构延伸到南洋、西洋各地,但清政府倒台使票号业受到重创,合盛元票号在1914年歇业。虽然其海外经营很短暂,但也开创了金融机构"走出去"的先例。

---

① 合盛元创设日本东京、横滨、神户、大阪各处支庄告白 [N]. 大公报, 1907-03-22.

此后其他一些票号也在日本、朝鲜、俄罗斯等地设立了海外分支机构，如南帮票号源丰润曾在新加坡设立分号。

三、票号同业组织成立

一种商业发展到相当程度，就会出现同业公会或行会。行会的作用：对内，可以联络彼此感情，协商业务；对外可以抱团行动，互相帮助。

（一）票号同业组织的发展

一种行业发展到一定程度，从业者越来越多，就会自然地出现同业组织。成功的行业组织可以防止业内无序竞争，减少同行间的矛盾；也可以抱团行动，壮大行业声势。明清期间，晋商经营的成功，也跟同业组织有关系，晋商在各地经营中，常常建立商会，有固定场所进行聚会，商讨商业事宜。

票号发展到一定程度，也开始建立同业组织。日本东亚同文会编写的《中国经济全书》中介绍了票号同业组织（公所）的情况。当时在票号业内被称为"同业组合"的组织，是票号的同业公所。组织的成员包括票号资本家和总经理，由成员选定数人，作为"总董"，处理公所事务。凡是与外商交涉的事务，以及同业中交涉的事务，都由总董来裁决。同业共同事务，也由总董来提议。因为总董的产生是由同行推选的，自然得到了同业者的信任，总董提议或者裁决的事情，一般都能得到同业认可，很少有业内人士不服的情况。在营业方面，公所往往会共同制定基本的规则，例如汇兑的平色、汇水、利率等。如果违反公所共同制定的规则，总董会提议处罚。公所大会一般由总董召集，一般是一年三次，经常在春节、端午节和中秋节附近。每当集会之时，往往聘请戏班演戏，酬谢宾客①。

还有的票号同业组织会推举两三人作为董事，处理同行中的共同事务。组织每月按期集合同行商议事务，同行的一切纠纷都由董事裁决。有

---

① ［日］日本东亚同文会编，贺懿冕译. 中国经济全书（第八册）［M］. 南天书局，1910：171.

的地方，票号从业者会每天聚集在钱业公所，共同商定借款利率和汇划时价①。

日本学者根岸佶在《清国商业综览》第四卷中提到，汉口有一个票号公会，设在黄陂街长盛川票号胡同，不只是大票号及钱庄的集合场所，连外资银行也派人每天来这里集会，决定银两的行市利息和各地的汇兑行市。

1908 年，由蔚泰厚票号在陕西发起，联合票号、钱行、当商组织商会，在三晋会馆召开会议，拟定章程②。

这些同业组织的成立，对票号之间加强协作很有益处，在这些同业组织里，票号业者可以互通信息，可以一致对外，可以制定行业规则，也可以议定行市。

（二）知名票号同业组织

1. 山西汇业公所

早在光绪二年（1876 年），上海的二十四家票号就租赁一处小楼作为聚会之用。1879 年，上海的票号业者正式成立了票号业的行会——"山西汇业公所"，二十多家票号，每家集资银五百两购买一处行会地址，改建为公所。前面是关帝庙，后面是集会楼。参与的票号有：松盛长、谦吉升、乾盛亨、志成信、元丰玖、日昇昌、协成乾、蔚泰厚、云泰厚、兴泰魁、三和源、合盛元、协同庆、新泰厚、大德兴、蔚长厚、巨兴隆、百川通、蔚丰厚、协和信、巨兴和、存义公、三晋源、蔚盛长、汇源涌③。

该公所有两位董事，分别是大盛川分号经理和蔚盛长分号经理。汇业公所的作用是票号之间的联络，各票号每天相互派出"跑街"核对汇兑行情，此外，依靠公所，票号业可以团结起来，共谋利益。

---

① 潘承锷. 中国之金融（上）[M]. 中国图书公司，1908：38.
② 商会萌芽 [N]. 大公报，1908-11-13.
③ 1880 年上海"山西汇业公所"碑文正面，见卫聚贤《山西票号史》，135—137 页.

2. 北京汇兑庄商会

1904年，北京各商家纷纷设立商会。北京票号业和金银号共同成立了"北京汇兑庄金银号商会"，李宏龄、冯麟霈等被推举为董事①。

《创立章程》中说明，商会的设立，是为了联络同业情谊，广通声息。行业如果涣散，一定是因为同业恶性竞争。如果同业者能够经常相聚商议，各抒己见，是有利于行业利益增加的，"彼此信义相孚，不难通力合作"②。

商会确定每月初一、十五两日为大会之期，上午十一点钟聚会，下午一点钟散会，要求同业各家执事齐集到会。对行业内大事，大家公平决议。如果有重要大事发生，则由报告情况的机构告知商会董事，派发传单随时定期召开临时会议。商会要求传单派发要在会议召开三日之前。

商会还对借贷业务进行了一定的规范，如对不良贷款的处置："此后如汇款、借项逾期不归者，呈明地方官衙门代追。如该官衙门延不申理，准报商会据情禀报大部饬催。"

还有对汇兑的规范，如遇汇款业务退款不办的情况，一概不退还手续费："中国汇兑银两无论官商，立据后如有退款不办之事，议定不退兑费，偶有讲说行市大小者，过一天后另议，不得持前说为定论，以期不至多费口舌。"

在汇兑票据管理方面，主要关注了票据遗失的问题，票据遗失可以挂失，原票据作废，作假者严惩："中国汇兑银两收交以票、信为凭，往来以折条为据。如有遗失票、信、折条者，照例在本地方衙门存案归还，原立凭折作为废纸。但存案后或经中外持原凭据索讨，以及造假凭据窜改银数者，有此情事禀请究办。"

商会还对汇兑业务中涉及的银色问题进行了规范，要求以本地同行的银色收交，务必做到两不相亏。至于北京则以足色通行。商会注意到外国

---

① 商部甲辰年纪事简明表 [N]. 申报, 1905-03-04.
② 商务部批准北京汇兑庄金银号禀创立商会拟定章程请立案由 [N]. 大公报, 1904-06-13.

银行跟中方机构业务往来中，常常以交付低色银两的方式掠夺利益，而我方金融机构碍于其在华特殊地位："明知故收，日久成例，吃亏不少。商会规定，此后无论收银还是交银，务要做到足色，如有我方金融机构收入次色银，或者交人次色银两，要从重处罚。"

在市场准入方面，商会也有规定。商会认为，从业者过多，对行业发展没有好处，要求凡从事汇兑庄、金银号的从业者，都要参加商会。此后有新开商号，必须报告商会，要验明资本殷实，执事之人之老成，才会代为上报，等批准后才准许开张。

商会还对发行银票作出了限制，凡是发行银票的机构都要认真整顿。商会认为，行用银票，不仅仅是流通市面，而且要维持商业，要做到"见票发银"，而且必须"平色无差"。若贪图小利，失去信用，最后到银票不被认可，是得不偿失的。而且，商会注意到外国银行发行钞票带来的冲击，"现在洋票日见充斥，如华商信实相符，丝毫不苟，自必人人乐用华票，庶利权不致外溢，久之即可夺洋商之利权"。

而且，商会提醒会员要重视现金周转，"不可使银款缺乏有误之用，倘有贪利妄为，致现银缺乏，不敷开发所出之票者，则商会不认保护之责"。

商会对商家的经营风险管理也非常重视，"空盘不宜成作以归核实"。商会认为，经营生意应该量力而为，有效控制风险，才能真正获利。如果本小利微，还因生出贪念而作"空盘"，很容易亏损，甚至"倾家荡产，名败身亡"，还有"托名生意"也被批评为"形同赌博"。对于不听劝阻，执意进行"空盘"生意的商家，如果发生拖欠账目，商会"不与评论，更不为禀请大部理置"，也就是任其自生自灭，放弃不管的态度。

四、官僚投资票号

票号经营鼎盛时期，连官僚都参与到票号投资中，有的还独资成立票号。例如，云南总兵杨玉科曾投资云丰泰票号；宝丰隆票号的东家里有四川藩台许涵度、川边大臣赵尔丰；源丰润票号东家为李鸿章幕僚严信厚；义善源票号东家李经楚是李鸿章的侄子；苏州粮道英朴投资成立松盛长票号。

（一）杨玉科投资云丰泰票号

云丰泰票号设立于同治年间，主要投资人里一个是晋商范缙，另一个是云南总兵杨玉科。云丰泰在北京、天津、上海、山东、陕西、四川、广东、两湖等地都有分号。该票号在1881年歇业，经营不足20年。

《东华续录》记载："总兵杨玉科开设云丰泰银号（票号）。"两广总督张数声的奏折中也提到："前高州镇总兵降三级调用杨玉科……由滇请归湖南原籍，以身不在官……集族人凑资与山西平遥县商人范缙设一票号，藉资日用。"① 在这个奏折中，转述了杨玉科向朝廷解释，票号是在"身不在官"的时候创立的，并且"肆奉高州总兵之命，义不敢辞，拟收撤票号"。

（二）许涵度、赵尔丰投资宝丰隆票号

宝丰隆票号是一家典型的官商合办票号。1906年，四川藩台许涵度、川边大臣赵尔丰及晋商乔英甫（乔世杰）等人开办宝丰隆票号，总号设在山西平遥。票号资本二十六万两，银股十三股，每股二万两。该票号在山西、甘肃、北京、天津、上海、四川、西藏、云南等地设立了数十家分号。

因有股份在宝丰隆，赵尔丰利用职务之便，就把川藏官款专交该票号存汇，因此被人指摘，甚至朝堂上被弹劾。

（三）严信厚投资源丰润票号

光绪九年（1883年）严信厚创立源丰润票号，宣统二年（1910年）

---

① 《两广总督张数声等奏折附片》，光绪七年三月廿三日，《军录》军务类，卷号15。

倒闭，经营二十多年，分号有北京、天津、广州、福州、香港、新加坡等十余处。

严信厚，同治年间贡生，李鸿章幕僚，清末商业、工业资本家，曾投资面粉、纺织、榨油等产业。后来独资设立源丰润票号，该票号曾经一度经营声势浩大，营业非常成功。1910年票号倒闭时，欠下巨额公私债务，影响很大。

（四）李经楚投资义善源票号

光绪二十一年（1895年）①，李经楚等人创办义善源票号，在北京、天津、营口、长沙、广州、香港等地设立二十多家分号。该票号于宣统三年（1911年）倒闭。

李经楚是李鸿章侄子，曾做过邮传部右丞，《天津商会档案》记载："李右丞与江苏洞庭山人席志前，在沪创立义善源号，订立合同，李出资本规元银二万两，席出资本规元银一万两，作为三股，交周惠臣、焦乐山经理。是年冬月，李又加资本三万两，席又加增资本一万两，连前共合成七大股，订立续议合同，以备添设支号。"②

（五）英朴投资松盛长票号

光绪元年③（1875年），苏州粮道英朴创办票号松盛长。该票号在北京、天津等地设立分号十余家，但成立不久后就歇业了。

《清德宗实录》记载："江苏粮道英朴……于上海、天津、京城开设松盛长银号（票号），将海运公费发交生息。"

总体来讲，清代政府对官员开票号谋利的态度是持反对意见的。这种反对意见不是针对票号本身，而是杜绝官员与民争利，滥用职权，以权谋私。不止是投资票号，官员公开投资商号谋利，都会面临被朝臣弹劾的

---

① 一说光绪二十年。
② 《通报立案稿》，宣统三年五月十二日，《天津商会档案》业务类，1911年，卷号436。
③ 一说光绪五年。

风险。

官僚投资票号，这种现象的出现，说明了票号业在清代的巨额利润及其社会地位的重要性得到了全社会的认可。另一个重要原因是，票号的业务重点在官款经营上，这让拥有权力的官员看到了权力变现的机会。

五、票号商人社会地位提升

随着票号业务蓬勃发展，一定程度上改变了人们对于票号经营者的态度和看法。尤其票号兴盛的地区，很多年轻人以能进入票号为荣。再加上票号经营者为了争取官款业务，积极结交官场，常与各地政府部门打交道，无形中提升了票号业者的社会地位。然而，票号的财东和经营者们还不满足于此。他们渴望着更高的社会地位，比如拥有官身。

清末，因政府财政紧张，国库空虚，朝廷开始允许民间捐官。历次朝廷要求民间富户捐输，对于积极配合的富商，当地官员也会请旨为捐输有功的富商求朝廷恩典官职。虽然这些官职多为虚职，没有实权，但也有利于商人提升社会地位。

票号商人资金实力雄厚，有能力捐官。又因要争取官款业务，常结交官场，需要一个体面的身份，所以在捐官这件事上表现得比较积极。捐官的品级从监生、从九品到二品不等。

附件 2-1

南洋大臣端为合盛元于神户设庄给外务部咨文①

据江海关道瑞澂呈称，据山西合盛元票庄总理贺洪如禀称，窃维银行为商业交通之机关，故东西各国咸重视之，保护维持著于法律。其营业之性质，则以重信用，通有无，备缓急，便取携唯主义。

溯自中外互市以来，我国商业进而为世界之竞争，外人辇货东来，载资西去者日益加盛，而各国之在我国设立银行者遂相踵起。由此以推，则银行与商业之关系，良可烛见。然各国设立银行则其利在彼，不特列邦之财政籍以扩张，即我国之利权浸威所夺。

但及今为计，补救非迟，忻逢明诏特设农工商部，其所以提倡事业，体念商艰苦，无微不至。查我国向只有通商银行一区，近来户部、信成二银行均甫开办，然调盈济虚、商界获益，已非浅鲜。

惜仅推行于内埠，未能增设于外洋。况我国人之东西洋以及南洋群岛从事工商业实繁有徒，且近岁留学欧日之学生不下万人，固无本国银行，其存放汇兑无不仰外人鼻息，困难杂出，遑恤漏卮。以视外人之经商侨寓于我国者，即此一端，便利与否，相去远甚。

职商有间于此，是以不惮艰阻，遴派妥人，新设本号之分号于日本神户，照章呈由日官禀经日政府批准，业于本年四月三十日开业，定名曰合盛元银行神户支店。所以曰支店者，明属于本国旧有之商号，非特设也。幸蒙驻日大臣杨及本管领事加意保护，侨商亦加优待开业，未久信用甚坚，现又设立出张所于日本之东京，朝鲜之仁川等处。

将来查看情形，尚拟推广于西洋及南洋诸岛，以期实业之进步，用便华侨之取求。伏念本号设立于山西祁县，分号设于京师及各行省三十余

---

① 《南洋大臣端为合盛元于神户设庄给外务部咨文》，光绪三十三年十月初五日，《清外务部档》卷号 2511。

处，资本金计五十万两，公积金共六百五十万两，专理存放汇兑等事，创始于道光十七年，迄今七十余载，所有委托往来，虽远隔川途，刻期时日，无不确守诚信。是其初虽无银行之名称，而其职任实同于银行。今者，远涉东瀛，开设支店，则海外设立银行，职商力任其难，亦不可谓之憍矢。

谨将本国派驻日本神户本管领事证明书、日官证明书抄录，一通呈请鉴核批准立案，并求呈资外务必照会日本政府、驻日本大臣转饬所属随时保护，以重资本，而惟商务。唯事关创始，如荷官府提倡，尤足以资信用。所有出使经费及官生留学费，求恩准予由上海本号随时汇兑，其汇费当格外撙节，用效微忱，出自鸿施逾格等情，附抄银行营业认可书、证明书一纸到道。据此除批准立案并咨呈出使日本国大臣饬属随时保护外，理合录折呈析鉴核立案，并乞转咨外务部、农工商部查核备案，实为公便等情并请折到本大臣。

据此，除批呈折均悉，该商号合盛元现在日本开设银行支店，洵足开中国资本家竞争实业之先声，亟应优予提倡，以期进步。

所有该关汇日出使经费及宁省官生留学费，应准由该号随时妥为承汇，籍示维持。除饬宁学司移行各学堂及财政司一体遵照，并候咨呈外务部转咨出使日本大臣饬属认真保护及咨明农工商部查照立案外，仰即遵照办理，仍候抚部院批示，此批引发并咨行外，相应抄折咨明。为此，咨呈贵部，谨请查照，转咨饬属认真保护，望切施行。

附件 2-2

新建汇号公所碑记[①]

（碑文正面）天下之事，创始匪易，往往有图之经久不得，而忽得于

---

① 1880年上海"山西汇业公所"碑文，见卫聚贤《山西票号史》，136—137页.

一旦者。盖图事之赖有其人，而成事之必有其时也。申江为中外交易地，盛繁甲天下。汇业同帮贸易于此者，计二十四家，已历有年所矣。光绪二年丙子（1876）年春，赁有宝善街北路庆东兴楼之后内院一所，每遇神诞筵会及一切巨细者，皆诣此聚议。唯逼阛阓，喧嚣杂沓，既无以安神灵，而同人齐集亦形湫隘。屡欲别寻一区，殊未易得雅静地。今于光绪己卯（五年，1879年）孟冬购得上海县县洋泾浜第二十五堡头图英租界内徐氏花园一所，计地二亩零三厘七毫，酬价银九八元一万一千两，改创公所。前厅供奉关圣帝君、火德星君、增福财神、天后圣母、金龙四大王，岁时修祀，庶已可以安神灵乎。后厅则明窗净几，壮丽宏敞，筵会聚议咸适。内计房屋一十九间，曲槛回廊外，山石玲珑，竹园屈曲，楼阁之上，平芜人望，清风明月，悉成耳目之声色焉！其余林木荟萃，花草馥郁，皆得及时畅其生意。繁盛之区，得此静雅之地，殊非易！同帮各集银五百两，酬正价外，余用项详据，镌碑阴不赘。其昌之者为郝遵五、司马建良、要奉之、司马佩璋，成之者同志诸君子也。是为志。

赐进士出身诰授奉政大夫翰林院编修癸酉科山东副考官、丙子科会试同考官、顺天乡试同考官、起居注协修加四级记录六次陈学 谨撰 贡生郭宪章谨书

光绪六年五月十三日　　　　山西汇业合邦公会

（碑文背面）汇业公所创始缘由，前文已经叙明。兹将地亩址落以及一切费用，并捐资字号开列于左：

——计所置挂号基地二亩零三厘八分，东至浜岸，西至陆田，南至陆田，北至川洪浜半浜。

——计所置前面地一段五分六厘二毫，东至半浜，西至陆姓，南至大陆，北至本行地。

——计共地基二亩六分整，置价库平银六百七十五两整，税契费库平银二十两零二钱五分整。随有卖契一纸，税契连贴。

——计置其他前进平房，价值库平银五百七十两，契税费库平银一十

七两一钱整。随有卖契一纸，税契连贴。

——计置其他后进楼房一应等屋，价值库平银九百三十两整，税契费库平银二十七两九钱整。随有卖契一纸，税契连贴。一、计置其内古玩、椅、书画、假山、家伙、花卉、树木并自来水家伙一应杂物，价值库平银七千八百一十七两整。随有卖契一张。以上共费库平足纹银一万零五十八两二钱五分整。

另有陆望云、陆驿梅五分六厘二毫原卖地基契一张。顾秋宾租与广南行二亩零三厘八毫原海关道契一张抄契一张。

再，碑文正面所刻公所地基亩数计置立年月，与背面略有不符者，盖因正面刻之在县，税契在后，固属不同。唯恐后人视之猜疑，特此又镌。

松盛长、谦吉升、乾盛亨、志成信、元丰玖、日昇昌、协成乾、蔚泰厚、云泰厚、兴泰魁、三和源、合盛元、协同庆、新泰厚、大德兴、蔚长厚、巨兴隆、百川通、蔚丰厚、协和信、巨兴和、存义公、三晋源、蔚盛长各捐规银五百两整。

汇源涌续捐银三百两，嗣后再入公所者仿此。

候选从九任凝峡谨书

大清光绪八年五月十三日　　山西汇业合邦公立

附件2-3

北京汇兑庄金银号禀创立商会拟定章程[①]

商会之设，原所以联络同业情义，广通生息。中华商情向称涣散，不过同业争利而已。殊不知一人智慧无多，纵能争利亦属无几何，不务其大者而为之。若能时相聚议，各抒所见，必能得巧机关，以获厚利。即或一

[①] 商部批准北京汇兑庄金银号禀创立商会拟定章程请立案由[N]. 大公报，1904-06-13、14.

人力所不及，彼此信义相孚，不难通力合作，以收集思广益之效。兹定于每月初一、十五两日为大会之请，准于上午十一点聚会，下午一点钟散会，同业各家执事齐集到会，或有益于商务者，即可公平定议，禀请大部核夺施行。如同业中有重要事宜，尽可由该号将情告知商会董事，派发传单随时定期集议。唯所发传单，必须在会期三日之前。

中国汇兑银号，除汇兑银两外，间有与官家、商家通融借贷之事，息银多少各有不同，书立信据，书明归还日期，即应如期归还。此后如汇款、借项逾期不归者，呈明地方官衙门代追。如该官衙门延不申理，准报商会据情禀报大部饬催。

中国汇兑银两无论官商，立据后如有退款不办之事，议定不退兑费，偶有讲说行市大小者，过一天后另议，不得持前说为定论，以期不至多费口舌。

中国汇兑银两收交以票、信为凭，往来以折条为据。如有遗失票、信、折条者，照例在本地方衙门存案归还，原立凭折作为废纸。但存案后或经中外持原凭据索讨，以及造假凭据窜改银数者，有此情事禀请究办。

中国汇兑银两，应以本地之同行银色收交，一律两不相亏。北京向以足色通行。近有外行应交我行之项，搭凑低色银两，我行瞻徇情面，明知故收，日久成例，吃亏不少。此后无论收交，彼此务要足色，如有我行收入次色银，交人次色银两等事，均从严议罚核办。

开设商号宜慎之于拾。从事金银商号向只有三十余家，自庚子变后开设者争先恐后。何啻倍蓰。今既立商会，凡有业此者，均应在会。嗣后有续开者，亦必报明会中，由职商等验明资本殷实，执事之人之老成，始行代为报部，候批准后方许开张，以昭划一。

交库上兑须益加郑重也。从前上兑只有十家，今则纷纷自行到库呈交银两，然尚未见有平色渗差之弊，若行之日久，续有开增之号，难保不别生弊端，鱼目混珠，亟宜防范。今拟已经交库之号，概行照旧，不议更张；此后新开之号，必由会中共同酌核，始行代为报部，候批准后方许一律到库呈交银两，以专责成。

出银票之商家宜认真整顿。行用银票，不唯流通市面，宜且维持商业，见票发银必平色无差，即可望其通用。甲用于乙，乙用于丙，周流转使裨益良多。若争小利，致票不同行，甚非计也。现在洋票日见充斥，如华商信实相符，丝毫不苟，自必人人乐用华票，庶利权不致外溢，久之即可夺洋商之利权。更须周转得宜，不可使银款缺乏有误之用，倘有贪利妄为，致现银缺乏，不敷开发所出之票者，则商会不认保护之责。

空盘不宜成作以归核实。经商贸易本属量力而为，果能尽心生理，必获利焉。正无烦妄作营求，但买卖货物之帮，本小利微者偶生贪念成作空盘，虽为到处皆然，而究其实在获利者间或有之，亏拆者则不可胜数，甚至倾家荡产，名败身亡。托名生意形同赌博，朝廷早鉴于斯，例禁已久，正所以体恤商情，奈此风迄今尽息。金庄亦为出入货物之帮，交易无市，有无空盘之作，无从查知，兹公定章程各宜自慎。嗣后凡有因空盘生意致生轇轕，以及拖欠账目者，商会不与评论，更不唯禀请大部理置。

附件 2-4

票号在重庆是重要的金融组织

重庆商部主要之金融机关，不过票号与钱铺两种。公估局为辨别块银之真伪，在金融上虽为不可缺之一机关，而其业务则为营业之补助。又所称为当铺者，坐拥巨大资本，有以物品抵押者，取例定之息银，而贷以相当之款。当铺有时有失信于票号钱铺者，银根亦未尝不因此紧急。是以当铺虽不失为金融上之一机关，而其对金融市场也，究在间接之地位。

至此等金融机关办法之如何，苟稍阅中国关于商业之书，即不难备知其事。金融上主要机关之票号与钱铺其作用之如何？二者实互相关系。在重庆之金融市场，苟有所谓金融季节者，则于如何之时季？有如何情形？而至有逼迫之情势，不能不就金利高下，兑汇情形，通用银洋及铜钱市面之变运等略述之。

票号之业务，为汇兑、借银即存款之三种。其汇兑仅为信用手行之买卖，彼与贸易业有密切关系之其他事业，其业银行者皆不承办。盖交通之不便，航路之危险，运行事业终觉不易实行。其所承办之汇兑，票号与全国重要之地皆有分号，无分号者与他店相交易，至绝无连联之地，则通共有联络之各地，而使为其中之继续，故深得流转之便。

借款以无抵当之信用贷借为限，只须得一二之保证人而已。盖票号之借款，每在常时交易信用之深厚者，其推广交易而博流较之益者，务必著实坚固为主。其借款分即期与定期二种，无犹如上海至所谓预约借款者（即先行出票，俟通知后，再贷以款也）。定期借款之期间，通例以三节核算，而有时亦有一月、二月或三月结算一次者，但最长之期限为一年。其以季节为期限者，必于每节之前四五日结清之。每月结算者，则于十四日、二十九日，或晦望等清理之。

存款亦分即期、定期之两种。即期有取利者，亦有不取利者。定期存款，满一月以上，给予相当之利息。

重庆票号同于内地各处，均为山西人之专业。属于外帮者，仅有天顺祥一路。盖其先为拥有巨资之各富商所独擅之性质，确守旧惯习，务在著实，牢持以守为进之计。平日非有交易者，必币轻于借出；其对于素无往来者，偶有图其重利，而几至虚牝之一掷者，其例亦仅见而不多。职是之故，业务范围亦随狭隘，本于对人对物之借出，遂置于第二位。而以自己为本位。且利于各处银色银秤之上下，而其本业有便其出卖汇票之势者，亦此等经营自然之结果也。……唯存款即为附带之业务，则于收集普通银行性质之存款，而即以之为借出之款，利其出入之息，为其营业之主要部分者自觉不同，故初不以存款之增多为希望也。

……

钱铺有相当资本而为票号之所信者，始得与票号为交易。一票号每通四五家之钱铺，而结合为之保管银锭，俟需要时应付之约，除去有不便之事情外，使钱铺利用其所保管之银，钱铺当票号之索取时，付还以改铸之新票。钱铺于此保管之银，所定之利息常低，盖其保管及存款，同业者为带有即期借款之性质。其于信用确实之钱铺，以兼营倾销业为其一种目的，故其所托为保管银两，固不待言，且又赖其接济以资流转，而已亦因以稍扩势力之远因也。故第一流商贾辄与票号往来，而求其通融者，诚与钱铺无关。其第二流以下之商贾，以钱铺为介绍，必使其介绍之钱铺，立于保证人之地位，在票号兑汇之买卖，因其有无钱铺之居间，而价率不同，隐使钱铺利其拆息。而观夫票号之对于钱铺，常为保护之意义。由此观之，虽极似中央银行对于普通银行之关系。唯彼此每以个人之关系，头绪纷杂，必二者相待，而作用乃以完全。则谓之为联合经理之银行，亦无不可。钱铺既以第二流以下之商贾为目的，则其营业所采之方法，虽极敏捷，万一其所介绍之一家不幸倒闭，未始不为票号之累。然票号监视各钱铺之营业，自能加以警戒，即使偶有失懈，有关系者与其同业者不能为了弥缝，而票号放出之资本，究不止此一二家之钱铺，故其所及之祸，亦不至甚巨。每逢节期结算之际，往往闻某某钱铺之倒闭，而票号最近十年之间，统此十七八，除去招牌者不过二家。此两家亦非其营业之不善，以至于闭歇也，不过因庚子之变，接本店命令不得以而歇业耳。

  注：《日本驻重庆领事馆代理事务池永林一明治四十年（1906）六月二十二日报告》，见潘承锷：《中国之金融》下册，第1—4页。

第三章

票号的衰败

票号从创立到衰败，时间并不长，大约百年。曾经盛极一时的票号业，为何在清亡后，迅速衰败，是很多人都深思过的问题。票号的衰败，既有外因，也有内因，但内因始终是关键。

第一节 票号衰败

有些人看到"清亡票号亡"的表象，就简单地认为，票号是"靠山"倒了，所以衰败了。但其实，在更早时候，票号就已经开始衰落，甚至是票号在走向巅峰的时候，内部问题就已经暴露出来。

一、票号衰败

（一）票号业务失利

票号在1900年前后达到巅峰，但一时盛荣的表面之下，实际已经开始出现问题。当时的票号经理描述："乃自甲午、庚子以后，不唯倒欠累累，即官商各界生意,亦日见萧疏。"①

银行、官银号、钱庄与票号竞争承汇公款,对票号形成了很大压力。浙江一省的公款,几乎全都归于裕通银号及各钱庄;江西的公款业务也几乎是江西官银号包办;安徽的银号,在金融市场上地位也很重要。不仅官办银行加入竞争,招商局、厘捐总局、官钱局也经常代汇公款②。

此外,各省直接派委员解饷,也是常有的事。汇票在公款汇兑上的垄断被打破了,这也意味着票号在自己最擅长的业务领域逐渐失去统治地位。尤其一些大票号的倒闭,对票号业整体的社会信誉冲击很大。比较典型的有,清末源丰润票号和义善源票号倒闭案。

1. 源丰润票号倒闭

源丰润票号属于南帮票号,是严信厚投资的,总部在上海。1910年,源丰润票号危机影响之大,连官府都高度关注。宣统二年(1910年)七月初二,时任上海道蔡乃煌打密电给军机处、外务部、度支部、农工商部、两江总督及江苏巡抚,内容为:"自前月——六月——中旬,上海正元、兆康、谦余三庄倒闭后,市面空虚,岌岌不可终日,虽奉准奏暂借洋债勉为维持,而票号源丰润、德源、源吉钱庄等相继收挤,危机万分。③"电文中尤其重点关注了源丰润票号,该票号有十二个分号,影响涉及多个通商口岸,如果该票号倒闭,后果"不堪设想"。

源丰润票号的危急的导火索来自外部。在当时人看来,该票号本身行业地位是突出的,"经营汇业,分支十几余处,存放公私款目,为数甚巨,随时周转,务求信实"。一家本来地位牢固、颇有威信的票号突然陷入危机,市场各方也是措手不及的。

众人看到的情况是:"六月以来,钱庄纷纷倒闭,银根牵掣,市面为难,商号放款骤难收回,存款克期照付,各埠联枝汇票,尤为纷纷齐

---

① 李宏龄. 山西票商成败记 [M]. 山西太原监狱石印, 1917: 2.
② 陈其田. 山西票庄考略 [M]. 商务印书馆, 1937: 141.
③ 南桥. 上海金融史的一页 [J]. 海光, 1934 (7): 2.

集。①"事情的起因是钱庄纷纷倒闭,导致金融市场银根紧缩,对票号来讲,放款不可能马上收回,存款却要按期支付,立刻面临了资金困境。

具体来讲,资金问题是为源丰润下设的两家钱庄德源、源吉两分号所连累,到 6 月 15 日,德源钱庄欠中外银行及各票号、钱庄款项三百多万两,源吉欠一百多万两,这两家钱庄就欠债五百多万两。虽然源丰润的东家愿以家产抵押获得融资,但因为之前数家大钱庄倒闭,牵动整个市场,各金融机构都不敢放贷,所以,面临源丰润的融资请求,当时各"中西银行皆不受抵"。在金融市场融资无望的源丰润票号只得"乞援于沪道",希望上海当地政府给予援助。而"沪道"考虑到该票号与当地政府"关系甚巨",就答应帮忙维持,地方官府前后"维持款项"达到了三百多万两银②。当地官员还因此受到了严厉的谴责,但如果没有这些维持款项,上海钱庄将会有半数受到牵连。

很快,源丰润危机的影响就体现出来,不仅影响商界,还波及政界。时任上海道蔡乃煌被革职,原因是"贻误洋款",当年八月应付的对外国九月赔款二百万两,上海道"丝毫未备",还向朝廷发电报,希望大清银行拨借资金二百万两。上海道之所以出现财政问题,是因为"洋款项下百余万存款放各庄号",存放到票号是有存款利息可赚的,但是,当存款票号出现危机,财政资金就出现问题了。对于上海道报告的存放票号款项"万难提取"的说法,朝廷是非常不满的。度支部的大臣认为上海道来电是"无非恫吓要挟,似此狡诈,居心不顾大局",他们做出了严厉的惩罚:"实难再事姑容,相应请旨革职。"③

度支部的谴责是有道理的,上海道蔡乃煌确实存有私心。有人揭露,源丰润的东家曾经以荷兰银行的一个买办为担保,以南京劝业场的地皮、股票为抵押,向蔡乃煌借款一百二十万两。而蔡借公款放债,"坐收最优

---

① 源丰润沪号上商务总会节略补录 [N]. 申报, 1910 - 10 - 21.
② 源丰润搁浅之历史 [N]. 申报, 1910 - 10 - 18.
③ 度支部奏参蔡道原折 [N]. 大公报, 1910 - 10 - 15.

之回扣,可以饱私囊,遂不问其地皮、股票之价值如何,以款贷之"①。

蔡乃煌被革职一事又进一步加重了源丰润的危机。《大公报》揭示说:"上海源丰润倒闭之故,因已革上海道蔡乃煌骤向该号立提巨款,一时不能周转,致有此变。"蔡这种极端做法的原因是,被该票号牵连,"因以请拨款项之故,为度支部奏参革职大为愤恨"。也就是说,蔡乃煌逼提巨款,是压垮骆驼的最后一根稻草。时人评价:"源丰润票庄全国总分号共十七处,同日倒闭。一时连累而倒者,又不可胜记,推原其故,皆由于革道蔡乃煌与度支部负气,急提现款所致。既坑陷无数商人,又震撼度支部,遂令全国金融均为牵动,蔡乃煌洵可自豪矣。"《大公报》把源丰润倒闭归因为蔡乃煌一人,是用现象解释现象,没有看到问题的本质。为什么市场不好,其他票号不倒闭,源丰润却很快倒闭了呢?很重要的原因是业务结构问题和风险防范意识薄弱。

源丰润票号倒闭,还有一个间接的原因,就是"橡皮股票风潮",当年六七月间,曾在晚清股票市场上红极一时的"橡皮股票"暴跌,造成金融风潮,过度的金融投机极大地伤害了市场,很多投资人血本无归,一些参与了投机炒作的钱庄纷纷倒闭,连部分外资银行也深受其害。这一次风潮后的一段时间里,金融市场上资金紧张,连累到很多金融机构。

源丰润倒闭后,外欠白银一千七百万两②,而且多数是亏欠官款,不能轻易了结。因为上海分号倒闭,源丰润其他各地分号纷纷受到牵连倒闭,给多地金融市场造成了恐慌。

京都源丰润票号一直被认为是"京中极大之商号",受到上海分号牵连后,竟然派人到外城总厅呈禀请封,据说已亏欠外款六百余万两,当地警厅一边派人弹压,一边"请示民政部堂宪作何办理③",于是,京城银根大紧,"京师金融界顿觉为之恐慌"。

天津分号因为接到总号来电,说沪市紧急,周转不及,被要求停止收

---

① 源丰润倒闭之原因 [N]. 大公报,1910 - 10 - 15.
② 源丰润内外亏空数量 [N]. 京都日报,1910 年 904 号.
③ 都中钱商之恐慌 [N]. 大公报,1910 - 10 - 13.

解，清理归结。因为情况紧急，该号所有存欠款项来不及处理，于是，该号恳请天津商务总会妥为保护①。

广州分号因为在上海6月倒账风潮的时候，汇款数百万到上海接济，亏欠了广东官款六百余万两。上海分号倒闭后，广州分号也难以维持，所幸收放款足以相抵，所以向官府申请暂停交易，清算账目。

福州分号经营出现问题的时候，欠人六百余万两，"以人欠相抵，尚无不足"②。收到上海分号倒闭的消息后，"杭州得信，亦即宣布收账"③，杭州分号也随之关闭。其他各地分号也在上海分号出事后纷纷倒闭或歇业。

源丰润票号规模大，社会影响大，其倒闭带来的影响也非常巨大。在上海，源丰润票号等多家金融机构的相继倒闭，导致"商情异常紧急，银根周转不灵"。在广东，源丰润等多家金融机构停止收付，影响很大，"牵动银号歇业者竟至数十家，汇丰镑款亦几为牵连"，商业界普遍恐慌，"岌岌不可终日"④。上海的金融问题也影响到了北京金融市场的信心，"北京现钱极感稀少，而兑换比率已经上升到七十五六"。等源丰润倒闭后，京师钱庄"遽受拥挤"，在挤兑面前，这些传统金融机构无力招架，原因是"各号以所发纸票过多，一时殊难应付"。普通商人和民众也受到了金融恐慌的影响，《申报》报道："商民异常恐慌，又兼市井无赖籍端煽惑，以致商民存有纸币者，无不纷纷往取现钱。"⑤多家钱铺无法周转，纷纷倒闭。

2. 义善源票号倒闭

义善源票号也是南帮票号，是李鸿章侄子李经楚参与投资的，总部在上海。票号在1911年倒闭的时候，已经经营约二十年，分号在全国有20家，可以说影响广泛。

---

① 《源丰润票庄荒闭请维持保护卷》，《天津商会档案》业务类，卷号114。
② 闽省之源丰润 [N]. 申报，1910-10-20.
③ 大银号搁浅骇闻 [N]. 申报，1910-10-11.
④ 《广东布政使陈夔麟据官银钱局呈度支部禀》宣统三年四月初八日，《度支部档案》金融货币类，卷号0077。
⑤ 京师银市恐慌情形 [N]. 申报，1910-10-18.

义善源票号会出问题，是很多人始料不及的，毕竟在公众心中，义善源"从前资本甚富，人咸信任"，虽然是一家南帮票号，但与山西票号联络紧密，在客户和同行中都颇有声望。所以，当义善源倒闭消息传开，甚至有人怀疑"东伙合谋，意图诈骗①"。

还有一种说法是，从前一年源丰润票号收账后，义善源票号也岌岌可危，但是因为"局面过大，骤难收缩②"，才勉强经营。也就是说，虽然义善源倒闭是1911年的事情，但其实在1910年，义善源票号就已经注定难以为继了。

关于义善源的倒闭，连当时的人都很困惑，倒闭原因有多种说法，外界一度真相不明，《申报》曾分析："上海义善源倒闭，外间传说不一，有谓亏空甚巨者，有谓存放两抵实无亏空者。"

《大公报》也分析了上海的义善源倒闭的"远因"和"近因"，远因是前一年源丰润倒闭，导致上海"金融紧急"，义善源也大受影响。当时外界就有传言说义善源出现危机了，但因为"执事丁介侯竭力弥缝③"，才未被拖累，但是票号已经是"移东补西，左支右绌，已有岌岌不可终日之势"。

说到近因，与交通银行有关。义善源日渐空虚，之所以赖以维持，是因为有交通银行的接济。该票号与交通银行关系如此紧密的原因是票号股东李经楚是交通银行总办，靠着这一层人脉关系，义善源得以勉强维持一年。但是，李经楚私自转移交通银行款项弥补义善源的亏空，其实是拆了东墙补西墙，改变不了票号经营出现问题的事实。时人评论："李剜肉补疮本极竭蹶，邮尚杏荪复清查该银行出入款项，李不得将义善源所借交通款悉数移往交通，讵盛一面清查，一面即将交通与义善源往来断绝，于是义善源遂失周转之运用。"正是盛尚书介入清查，并隔绝了交通银行与义善源票号的资金往来，于是该票号开始周转不灵，很快倒闭。虽然票号东

---

① 义善源京号倒闭之又一说［N］.申报，1911-04-09.
② 义善源搁浅续志［N］.申报，1911-03-26.
③ 上海义善源倒闭之详情［N］.大公报，1911-04-09.

家李经楚也曾经努力维持，比如，听说盛尚书要清查交通银行款项，他竭力周旋，出巨资贿赂某位权贵为之解脱，但最终无济于事。

义善源票号倒闭的影响，没有源丰润那么大，因为该票号存款主要达官贵人和富户，普通商店来往较少，所以影响面比源丰润倒闭要相对小些。《申报》1911年3月28日的报道说："所缺者多系官款，故于市面无甚牵动，数日以来，人心安定。"

股东李经楚把自家的资产先行开单"缴部作抵"，票号欠交通银行二百二十万两，私产抵一百五十万两，由邮部派人查封，外城巡警总厅会同度支部共同商议维持之策，以免牵动市面。

连续两家大票号的倒闭给金融市场的持续冲击相当大，"源丰润闭歇于前，义善源搁浅于后，银根逼迫，商业萎靡"①。

总之，从19世纪八九十年代起，就开始有票号不断歇业，清朝灭亡后，更多的票号歇业、改组，无以为继。

表3-1　　　　　　　　票号结束营业情况

帮	名称	始营时间	结束时间	结局	备注
平遥帮	日昇昌	1823年左右	1914年	宣告破产	1922年复业，1932年改组为钱庄
	蔚泰厚	1826年	1921年	歇业	
	蔚丰厚	1826年	1916年	改组蔚丰商业银行	
	蔚盛长	1826年	1916年	停业整理	
	新泰厚	1826年	1921年	歇业	
	天成亨	1826年	1918年	改组银号	1921年新银号歇业
	日新中	1838年	1861年	歇业	
	协和信	1853年	1901年	歇业	
	协同庆	1856年	1913年	歇业	
	百川通	1860年	1918年	歇业	
	乾盛亨	1862年	1904年	歇业	

---

① 户部银行：《银行善后策》，《度支部档案》金融货币类，卷号105。

续表

帮	名称	始营时间	结束时间	结局	备注
平遥帮	谦吉升	1862年	1884年	歇业	
	蔚长厚	1864年	1920年	歇业	
	其德昌	1862年	1912年	歇业	
	云丰泰	1862年	1881年	歇业	
	松盛长	1879年	1880年	歇业	
	祥和贞	1873年	1881年	歇业	
	义盛长	1873年	1886年	歇业	
	汇源涌	1881年	1885年	歇业	
	永泰庆	1892年	1900年	歇业	
	永泰裕	1901年	1901年	失败后另组	组成后不久又歇业
	宝丰隆	1906年	1921年	歇业	
祁县帮	合盛元	1837年	1914年	歇业	
	大德兴	1851年	1884年	改名大德通	
	大德通	1884年	1940年	改组银号	
	元丰玖	1859年	1893年	歇业	
	三晋源	1862年	1934年	歇业	
	巨兴隆	1862年	1886年	歇业	
	存义公	1862年	1916年	歇业	
	兴泰魁	1875年	1884年	歇业	
	长盛川	1884年	1909年	歇业	
	大德恒	1881年	1940年	改组银号	
	大盛川	1889年	1929年	歇业	
	大德源	1888年	1892年	歇业	
太谷帮	至成信	19世纪20年代	1914年	歇业	
	协成乾	1860年	1913年	歇业	
	世义信	1893年	1921年	歇业	
	锦生润	1903年	1917年	歇业	
	大德川	1907年	1913年	歇业	
	大德玉	1885年	1913年	歇业	
太原帮	义成谦	不详	1913年	歇业	
	巨兴源	不详	1884年	隐匿账款被封闭	

续表

帮	名称	始营时间	结束时间	结局	备注
南帮	天顺祥	1865年	1916年	歇业	
	阜康	1863年	1883年	歇业	
	杨源丰	1884年	1894年	盘给源丰润	
	源丰润	1883年	1910年	歇业	
	义善源	1895年	1911年	歇业	
	晋益升	不详	1908年	歇业	
	大庆元	不详	不详	歇业	
	源丰润公记	1910年	1912年	歇业	

注：笔者根据黄鉴晖《山西票号史料》第638—664页内容改制。

（二）票号业衰落及金融市场改变

1. 大票号倒闭对市场的冲击

其实，在清亡前，就开始有个别票号倒闭。大的票号倒闭给市场、商家甚至官府带来的影响都是比较严重的。

以晋益升票号为例，该票号的倒闭，对外拖欠大量款项，其中还有大量官款亏欠，京都分号的掌柜也被送交官府追责①，市面因此震动。该票号倒闭时，拖欠公司款项如表3-2所示。

表 3-2　　　　　晋益升倒欠官商款项（不完全）统计

	官款					商款			合计
	学部	商部	生息款	民政部	江海关	川汉铁路	银钱行号	私款	
京师	19216	963		100000			49479		169658
天津								7000	7000
上海			50000		300000	53000	94505	632475	1129980
汉口							数万		
合计	19216	963	50000	100000	300000	53000	143984	639475	1306638

资料来源：〔清〕《民政部档案》卷号1509—367，卷号1509—376，《农工商部档案》庶务司经费类，卷号75。

---

① 票庄荒闭 [N]. 大公报，1908-11-21.

如此巨额欠款，对同业、商家都造成影响，甚至有京师官员因为利用职权强行取款而被拘留。《大公报》报道："有陆军部司员叶登弟、叶崇榘、左桐笙等因在（京师）外城前门东晋益升号存有私款三万金，惧其倒闭。遽行邀集多人，向前门东晋益升银号强取借卷现银共三万七千两，声称有部款存在该铺。唯强行取银之时，并无陆军部公文，经外城总厅以该司员等行为有害治安，已将左姓司员拘留，如何办法容再访登。①"该票号拖欠款项中，官款金额最大，尤其是京师分号欠各部官款数额很大。为了追回这些款项，官方多次发文，令晋益升其他分号连带赔偿。民政部曾把咨文发给了直隶总督，要求配合调查晋益升天津分号资金，用以抵偿京城分号的欠款："请饬属严追解京，备抵公款。"直隶方面回复电报表示，晋益升天津分号存欠互相抵销后，仍欠天津商号七千两银，该分号已经"无款追抵"，如果需要，可以把票号管事人萧世芬押解入京。

民政部再次发电报指示："为咨行事，案据外城巡警总厅申称：'据已闭晋益升号伙闵侣伯、陈茶轩禀称：该号东熊定保津京衣物家具，均由天津县会同天津总商会查封存储。又天津分号余存旧收各尾欠公化银二千〇七十八两三钱六分，并什物家具亦由京号伙萧世芬开单禀请天津县移存总商会在案。现在津号欠外各账，业经清理。京号亏钱公私款项为数甚巨，所有天津商会封存银两衣物，自应提京备抵等因。'据情申请转咨直隶总督札饬天津县移知天津总商会，将此项查封储衣物银两等件，提京备抵到部，相应咨行贵督查照可也。②"

晋益升东家熊石秋祖籍江西，民政部还致电给江西巡抚，要求查封熊石秋家产，以备抵偿公款。另外，民政部还曾经致电上海道、江汉关道，要求处置晋益升当地分号资产，用以抵偿其拖欠公款。

2. 票号业衰败对金融市场的改变

宣统三年（1911年）五月，御史陈善同奏折中描述："近年以来，京

---

① 市面平定后之余波 [N]. 大公报, 1908-11-21.
② 《民政部给直隶总督的咨文》宣统元年闰二月十九日，《清民政部档案》卷号1509—376。

城及各省商埠之银号、票庄，如东盛和、三怡、正元、裕谦、兆康、源丰润、义善源等纷纷倒闭，公私亏欠多或千余万，少亦数百万①"。由此我们可以看到，票号倒闭的严重损失，动辄百万、千万，数目惊人。然而影响还不止于此。"甚至一号庄倒闭，而大小钱铺从风而靡者数十家。"当时很多钱庄、钱铺是靠着票号的资金赖以生存，一家票号的倒闭，可能牵连几十家钱庄、钱铺。

当官吏清理"倒号之案"，先兑付洋款、官款，其余存款、商业欠款一概"置之不问"，我国商民在这些倒闭票号存款的，人人自危。由于当时的清政府没有相关的法律保护存款人利益，于是，很多商人、民众就从票号提款出来，存放到汇丰、道胜银行等外国银行，当时官方的统计，1910—1911 年，华人资本提取存到外国银行的，约有上亿两。陈善同感叹"全国金融遂尽操于外国人之手"。

二、走向没落的票号业

（一）清亡票号亡

1911 年辛亥革命爆发，这对票号业形成致命的打击。政治局势突变加上票号自身的问题，发展到极盛的票号业在此后急剧衰落，大多数的票号倒闭撤庄、清理歇业，还有的改组为银号、钱庄。极少数票号勉强支撑，但也挽救不了整个行业的没落。之所以有"清亡票号亡"的说法，就是当时人看到，清朝灭亡，票号受到的冲击最为直观。其他的金融机构也多少受到冲击，但没有一类金融机构是从极盛迅速走向衰败。

1911 年时，实存票号数量 26 家②。这 26 家票号中，平遥帮 11 家，祁县帮 6 家，太谷帮 6 家，太原帮 1 家，南帮票号 2 家。

---

① 《御史陈善同奏折》（宣统三年五月二十四日）//黄鉴晖. 山西票号史料 [M]. 山西经济出版社，2002：373.

② 黄鉴晖. 山西票号史料 [M]. 山西经济出版社，2002：551.

表 3 – 3　　　　　　　　　1911 年实存票号数量

所属商帮	数量	票号
平遥帮	11	日升昌、蔚泰厚、蔚丰厚、百川通、新泰厚、宝丰隆、协同庆、蔚盛长、天成亨、蔚长厚、其德昌
祁县帮	6	合盛元、大德通、大德恒、存义公、大盛川、三晋源
太谷帮	6	志成信、协成乾、锦生润、大德玉、大德川、世义信
太原帮	1	义成谦
南帮	2	天顺祥、源丰润公记

资料来源：根据黄鉴晖：《山西票号史料》第 551 页内容编制。

到 1921 年，票号仅剩 5 家，而且剩下的几家票号也是惨淡经营，影响力很微弱。1916 年，最后一家南帮票号年歇业，南帮票号退出历史舞台。1940 年，最后两家票号也改组为银号①，曾经盛极一时的票号业彻底消失。

表 3 – 4　　　　　　　　票号逐年改组歇业统计

年份 \ 家数	改组银行银号	歇业	本年残存合计
1911			26
1912		2	24
1913		4	20
1914		3	17
1915			17
1916	1	3	13
1917		1	12
1918	1	1	10
1919			10
1920		1	9
1921		4	5
1924	1		4
1929		1	3
1932	1		2
1940	2		0

资料来源：《山西票号史料》，第 550 页，笔者改制。

---

① 黄鉴晖. 山西票号史料 [M]. 山西经济出版社，2002：550.

（二）各地票号衰败情况

从各地具体情况看，票号的衰败都是非常快的。有些地方分号本来没有大问题，但也可能受到总号或其他分号牵连，影响名誉而不得不歇业。

1. 京师

辛亥革命后，成立了共和政体，票号经办清政府及官吏的业务全部断绝。而中国银行、交通银行等新式银行俨然已经成为国内金融机构主导，而外国银行汇兑业务快捷，也抢去了票号的主要业务。至于过去票号能从各地银两差异中赚到的收益，也因为银元的使用而消失。汇兑业务不便又导致了票号存款业务减少，而京师的票号与清政府关系最密切，受牵连也最多。于是，票号业很快就落到了"不足道"的地步。

2. 天津

在近代历史上，票号业曾经一度把持天津金融。辛亥革命后，南方的票号很快就纷纷倒闭，而天津的票号还存留了十几家。但是，存留的这些票号的业务范围都缩小了。本地钱庄和新式银行竞争激烈，票号已经成了强弩之末。

3. 上海

民国初年，上海还有二十多家票号，祁县帮有大盛川、大德通、合盛元、存义公、三晋源、大德恒；平遥帮有蔚泰厚、蔚丰厚、百川通、协同庆、蔚盛长、新泰厚、天成亨、蔚长厚、宝丰隆；太谷帮有志一堂、大德玉、协成乾、大德川、锦生润。民国初年以后，不时会有票号收歇，行业整体走上下坡路。

4. 山西

辛亥革命以后，秩序混乱，银根紧张，票号业迅速萎缩。原先在太原的票号中，大德通、大德恒、蔚盛长、日昇昌、合盛元、义成谦最有势力。民国之后，票号衰败，到1918年，除了大德通、大德恒，其他票号均已倒闭。残存的两家票号也早失去了曾经的重要地位，只做一些银行和邮局通汇地点以外的汇兑业务。

5. 其他地区的票号

重庆当地票号有南帮的天顺祥、仁和堂，山西帮的宝丰隆、三晋源、蔚丰厚、蔚长厚、大德恒、大德通、百川通等。辛亥革命以后不久，除了天顺祥外，其他票号都停业了。还有一种说法，当地票号实权转移给了钱庄，钱庄业取代票号而崛起。

在成都，辛亥革命后，各票号曾先后关闭，大量放款不能收回。有的票号在市场安定下来后，曾经复业，例如，蔚盛长、蔚泰厚、百川通、日昇昌、蔚丰厚、宝丰隆、蔚长厚等。但复业后的票号业也已经大不如前，逐步衰落。

广州闹革命最厉害，市面也受到很大影响，有些票号歇业，有的收拾账簿，跑到香港、澳门暂避混乱，后来看实在无法再立足，就歇业回老号了。

清末，陕西的票号分布在西安、三原、泾阳、凤翔、汉口、兴安、渭南、同州、潼关各地。辛亥革命以后，就只剩下西安、三原两地还有票号。当地票号衰败，钱庄资金实力又较弱，无法支撑，一时间市面资金周转都出现问题。于是，中国银行派人到陕西开设分行①。到1916年，西安的票号剩下蔚泰厚、大德恒、大德通三家勉强维持，其他票号都因为生意困难、营业亏损而陆续歇业了。

河南的票号在极盛之时有十三家之多，后来票号业衰落，每年有数家倒闭。河南票号收歇的原因有几点：（1）老号亏欠牵连分号；（2）本地分号营业出了问题；（3）市面混乱，人心惶惶，纷纷提款，造成挤兑。例如日昇昌等票号，本来并未亏损，完全因为挤兑而无法经营。到1915年7月，只剩下三家票号：大德恒、大德通、新泰厚②。而且，这三家也不再营业，只是收账还账而已。当地人感慨："数年前炙手可热之票商，今乃一败涂地。"

---

① 银行之开办［N］. 申报，1915-03-03.
② 河南票商惨状述闻［N］. 大公报，1915-07-03.

在甘肃，因为票号业衰败，当地一度汇兑困难，"各商每每以汇兑停止为苦"。维持到最后的几家票号后来也改组为钱庄。

在云南，1914年的调查数据表明，还在经营汇兑的有四家，同庆丰（天顺祥）、宝丰隆、兴顺和、百川通，有南帮票号，也有山西票号。但是这几家票号都只经营汇兑，存款、放款及银钱买卖一律不做，尽量收缩业务。

（三）票号业向北洋政府求助

有资料显示，到1913年底，著名的票号百川通亏损三十万两，二十多家票号平均亏损五十万两。各票号拟向北洋政府申请借款二百万两维持经营①。

票号业者反映，清亡后，各省兵变，商场无不受到影响，而票号受到的影响非常巨大。清亡后的两年里，各票号放出的款项能收回的不足一成，而各票号为了维持信誉，依然要对存款户照常付息提本。虽然票号的资本金雄厚，但是，两年内几乎没有多少生意可做，"有支出而无收入②"，形成死局。各票号集会商议多次后，由山西本号公举代表六人到京城与北洋政府磋商，希望向政府借贷资金，或者由政府担保向外商借款，度过难关。此后，票号业代表曾谒见财政部官员周总长，表达了希望政府帮助维持票号业的愿望。周总长虽然态度较好，认可票号业的重要性，但是还需要对有关手续进行详谈。此次举事的六名代表来自十四家票号：协成乾、大德川、锦生润、存义公、蔚丰厚、蔚盛长、宝丰隆、蔚长厚、协同庆、新泰厚、百川通、蔚泰厚、天成亨、日昇昌③。

财政部确实重视，也把相关情况上报给了当时的财政总长熊希龄。民国二年（1913年）十二月二十日，北洋政府国务院第三百二十八号文件做了批示："该商号经理汇业，信用久孚，祗以变乱叠经，遂致情形紧迫，

---

① 申报，1914-01-03.
② 山西票号维持商况之请愿［N］. 申报，1914-01-03.
③ 晋商赴京请维持汇业［N］. 申报，1914-03-22.

据陈恳予挽救各节,无论保商恤商,政府均应维持。唯值兹国家财政万分困难,能否设法图维,仰候函商财政、工商两部迅即妥酌办理。①"财政部第二百六十七号文件进行了批示,大意是之前商业环境不好是因为政局动荡,但是现在"大局安固",各商号极力维持,保全信用,情况自然会好转,希望代表们对各商号"热心慰劝可也"②。至此,官方的意见已经非常明确,政府财政困难,没有资金可以支援,希望票号商人们自己想办法维持。

北洋政府财政困难确实是个事实,清政府留下的经济基础本就是薄弱的,经历了西方列强数十年的掠夺,中国经济利益损失严重。在加上辛亥革命后,各省兵变,也冲击了经济秩序,商业、金融业都受到影响。但是,整个社会对票号业没有信心也是事实。票号业的问题,不止是受到政局变动造成的损失,更本质的问题是,已经失去了竞争力。有识之士们更希望看到的是,票号业改组为银行,而非在旧有机构制度下继续苟延残喘。

(四)民国时期勉强维持的部分票号

1. 蔚盛长票号勉强经营

民国时期还在经营的票号已经失去了曾经的优势和声望,有些只是勉强经营。例如,蔚盛长票号在民国三年(1914年)的营业状况就很不理想。

从表3-5可以看出,蔚盛长票号在民国三年的经营,不仅生意清淡,而且最终亏损。相比于票号极盛时候每家动辄上百万两的存款,该号全年一万多两的存款数额就显得非常小。比之于之前数万两银的年收益,民国三年全年收入770两,何其微薄。从表中细目可以看出,该号全年收入只有两项,利息收入和汇费。全部收入加起来尚不足以支付房租人工一项费

---

① 《山西汇商天成亨等号沥陈受战事影响商业颠危公恳救济有关文件》,《北洋政府档案》机关代号1027,卷号206。

② 《财政部皮肤山西祁太平商务分会总理范元澍文》,《北洋政府档案》机关代号1027,卷号206。

用。利息收入不过 492 两,"疲账"(不良贷款)却有 5825 两之多。最终经营一年,亏损近万两银。

表 3-5　　蔚盛长票号民国三年（1914 年）营业概况

汇款业务	全年收汇 33531 两： 汇往平遥 1159 两 太原 13 两 京都 5348 两 天津 4557 两 开封 6104 两 赊镇 3505 两 汉口 12815 两 上海 30 两	交汇 27111 两： 平遥汇来 3642 两 太原 2623 两 京都 8720 两 天津 1056 两 开封 3214 两 赊镇 201 两 汉口 6748 两 道口 907 两
存款	存入 12086 两	支取 15108 两
放款	放出 13589 两	收回 15603 两
营业收支	全年收入 770 两： 利息收入 492 两 汇费 278 两	全年支出 9813 两： 利息支出 749 两 疲账 5825 两 捐费 466 两 房租人工等 1158 两 请客酒席 214 两 杂使 1401 两
营业利润	合计	-9043 两

资料来源：蔚盛长《周口总结清账》民国二年十一月初一日至三年十月底。

2. 锦生润票号最终歇业

锦生润票号于 1917 年歇业，歇业当年业务规模比之前大大减少，年终统计，亏损严重。从下表可以看出，锦生润票号在兴盛时，业务量都在上百万两银；而歇业时，业务量只有三四十万两银，缩水了一多半。兴盛时，一年红利可达五万两白银，歇业时，亏损八万多两白银。

表 3-6　　　　　　　　　　锦生润票号营业情况

年份	资本（银两）	红利（银两）	业务	
			外该（银两）	该外（银两）
1906 年（兴盛时）	64000	51948.50	1113926.23	1061977.73
1917 年（歇业时）	72000	-84762.17	333626.84	418389.01

资料来源：《中央银行月报》7 卷 1 号，1938 年，第 28—29 页。

该票号因连年经营业绩的下滑，不断裁撤机构，1906 年兴盛时，机构 14 家，1917 年歇业时候，只剩下 8 家。

表 3-7　　　　　　　　　　锦生润票号营业机构

年份	分号所在地	分号数
1906	北京、天津、张家口、赤峰、锦州、喇嘛庙、凉城、沈阳、营口、获鹿、承德、祁县、平遥、忻县	14
1917	赤峰、沈阳、凉城、获鹿、喇嘛庙、北京、天津、张家口	8

资料来源：《中央银行月报》7 卷 1 号，1938 年，第 28—29 页。

3. 蔚丰厚票号改组银行

(1) 改组、招股。1916 年，蔚丰厚票号改组为蔚丰商业银行。该行于 1915 年开始筹划改组银行事宜，并发布了招股简章，向社会募集股本。

蔚丰厚票号在向财政部申请改组银行的文书中阐明了自身的优势，历史悠久，"自前清道光初年开创，迄今已历九十余年"，分支机构广泛，"通商大埠均设有分号"，资本雄厚，"已达壹佰万元"，信用卓著，"在商界久以信用著称"。而且其所受政治影响较小，"自前岁武汉军兴，商务窒滞，实业几有一蹶不振之势。唯商号向独注重西北汇业，系未经破坏省份，幸未受损失，故犹可照常裕如"。而且，该票号还强调了自身对"公家效力"的功劳，"在新疆、甘肃等处垫款济军，维持市面等"。

该票号还分析了改组银行的必要性，经济中遇到的问题是，"秩序大定，元气已复，而商界仍复观望徘徊，资本家采收缩主义，企业家少融通机关，商业无恢复之希望"。蔚丰厚票号认为"必得商民多设商业银行……上下相维，金融活泼……否则，中央银行既孤立无援，一切商业仍振兴之无望"①。所以，蔚丰厚票号准备改组银行，商股商办，定名为蔚丰商业银行，资本额三百万两，票号原有基本金占三分之一的股份，新招股份占三分之二，按股份公司办法，经营商业银行业务。

获得财政部批准后，该票号开始着手改组事宜，向全社会招集股份，《招股简章》内容如下：

一、本银行股本总额定为三百万元，分作三万股，每股一百元，缴纳股银的均按大银元计算。

二、本银行股本由蔚丰厚票庄购买一万股，即一百万元，其余添招新股，以上股款，均定一次缴足。

三、本银行俟新股缴足一半时，即行开始营业。但其余一半股额应当负责任，即暂由蔚丰厚票庄担任，以此项股额招足之日为止。

四、本银行股东会设于总行所在地，每年开常会一次，两年决算后开股东大会一次，会议规则另订之。

五、本银行招股事宜，由蔚丰厚各处分号经理之。认股者先行填写认股证书，当可就近缴股，先给收据为凭。俟开业后，再行换给股票息折。

六、本银行股东以本国人为限。

七、本银行股票皆为记名式。

八、本银行股东将股票如有买卖让与时，应至本行注册，更换新票新折方能有效。

九、本银行股东如将股票遗失，应自行登报声明，俟登报一月后，并无发生意外纠葛等情，再由股东觅妥实商号二家作保，方可补给新票新折。

十、本银行股本股息，以长年五厘起息。俟两年决算后应得红利，再行招集股东开会后均分。决算日期，以三月十号为期。

十一、本银行股本起息之期，除一号交股应算整月外；凡上半月缴股

---

① 《蔚丰厚改组商业银行卷》，见《天津商会档案》业务来，1916年，262号。

者，从十五号起息；下半月缴股者，以次月一号起息。

十二、本银行支付利息，均以每年六月、十二月为期。届时当由本行登报广告，先期不得支取。

十三、本银行每届付息及决算以后支取红利，或由总行或原认股处就近支付，皆听股东自便。

十四、本银行未成立前，凡关于招股及一切筹备费用，由蔚丰厚垫用。俟开业营业时，核实填给股票，以昭公允。

发起人：

李景铢 冯麟霈 梁纬堂 高景棋 邹日燧 侯腾云

张凤台 董翔 冀林书 赵唯熙 程恩培 张宗棋

杨增新 程文葆 樊德光 袁世辅 商增爵 宋罗槐

张 勋 陈 钰 王学曾 朱 瑞 雷多寿 王文魁

屈映光 张继隆 李宏龄 赵椿年 宁星圃 侯正效

马福祥 王炬曾 毛履福 董士佐 渠本翘 郝登五

……

蔚丰厚还在1915年7月27日的《大公报》发布过"天津招股广告①"：

本银行系蔚丰厚票庄改组，因已经成之信用，图营业之扩充，暂定资本金额为三百万元，照股份有限公司颁发，除就本票庄原有之基本金三分之一外，余添招新股三分之二，俟有半额即行开幕，总以步步踏实，不骛虚声为宗旨，先设总行于北京，再次第将各埠原有分号改设分行，籍以疏通全国之金融，而为商业振兴之基础。现荷当道诸公热心发起，纷纷认股提倡，并经妥订章程，禀准财政部立案，先行筹办，已于六月十八日在天津锅店街设立经收股处，凡有我国乐意投诸君，须阅本行各章程者，即请随时惠临本经收股处索取。津外如用函索取者，即将章程邮寄，或由蔚丰厚分号各地方索取亦可，并接洽可也。

天津锅店街，电话2114号。本经收股款处谨启

---

① 蔚丰商业银行天津招股广告[N]. 大公报，1915-07-27.

（2）蔚丰商业银行章程。从《蔚丰商业银行章程》① 中，我们可以看到，该行是纯粹的商业银行，由中华民国财政部批准成立，性质是股份有限公司，股东责任以所认购的股本为限。这一点比起之前的票号有了进步，之前票号实际上是无限责任的，一经破产，就要追究股东责任，只要股东还有财产，就要负担无限责任。而现代银行是有限公司制度的，投资人风险相较之前减少了，有利于激发投资积极性。

蔚丰商业银行总行设在中央政府所在地，这也是一种进步。之前的票号，是把总号设在东家的老家，在通商口岸设立分号。尤其山西票号，把总号设在平、祁、太这些山西内陆城市，分号设在北京、上海、天津、广州、汉口这些发达的城市或通商口岸，客观上导致总号经理人的见识跟不上时代发展。蔚丰商业银行总行选址在中央政府所在地，靠近权力机关，更适合把握形势变化，制定正确的经营策略。该行把已有分号改为分行，分布在天津、上海、汉口、长沙、平遥、成都、重庆、西安、三原、兰州、宁夏、迪化、绥远等地，新的分行，逐渐增设。

营业年限预设为，自经财政部核准注册开办之日起的三十年。三十年满后，再由股东大会决议，是否禀请财政部延长期限。银行的所有需要公告的事项都会通过所在地报纸刊登，这是信息公开化的一种进步。资本金三百万元，营业发达时，可由固定大会决议，禀准财政部招新股。

在职员管理上，总行设总理（总经理）1人，经理1人，监理1人，协理2人；分行设正副理事各1人。总理、经理、监理都由股东推荐，协理、正副理事则由总理、经理、监理协商推选。其余普通行员，由总理、经理、监理、协理协商任用。

银行的业务包括：各种定期、活期存款；各种定期、活期贷款；汇兑和押款、各种期票贴现、买卖生金银、信托业务、代收款项等。

银行的净利润按十成清算，公积金20%，特别准备10%，股东红利40%，员工酬劳30%。

---

① 《蔚丰厚改组商业银行卷》，《天津商会档案》业务类，1916年，卷号262。

蔚丰商业银行经过了验资，于1916年5月开始营业。该银行在数年之后歇业，主要原因是经营不善。

4. 日昇昌票号破产、复业、改组

在所有走向没落的票号中，日昇昌是最受关注的一个，不仅仅因为它是中国第一家票号，开启了票号业的里程碑，还因为其破产、复业及改组的过程相对较长，也较为曲折。

（1）票号破产原因分析。

1914年，日昇昌票号倒闭，引起金融街唏嘘不已。日昇昌作为第一家票号，在清亡后，勉强维持几年，终于还是宣告了倒闭。

1905年1月的《大公报》专门刊登了文章《晋省日昇昌倒闭之种种详情》，评论此事。文章首先盛赞日昇昌曾经创造的辉煌："营业之发达，实为同行之冠，各省设立分号二十四处，其殷实可知道。"文章也反思了一个问题，如此殷实的票号，为什么突然"一败涂地"？时人总结出来该票号衰败的原因有以下几点。

第一，经营布局不均衡。日昇昌经营的重点在南不在北，其在南省码头设分号最多，而辛亥革命对南方影响大，辛亥革命后的一段时间里，兵匪之乱造成很多商铺损失，日昇昌的南方分号也受到较多的冲击。

第二，资金布局不均衡。日昇昌之前的资金优先分配给南方的省份，辛亥革命后，各省纸币充斥，现金缺乏，如果从南部省份调回现金，往返路途遥远，每百两银亏损在三十两到六十两之间。

第三，资产结构错配。在辛亥革命时，日昇昌外欠债务大约五百万两，债权大约七八百万两，债权债务相抵，债权是大于债务的，按理说不会因为资不抵债而倒闭。但是，该票号的很多债权本金早已实际损失，无法收回，更不要说利息。究其原因，主要是不做抵押贷款，而进行信用放款，导致本金损失，没有第二还款来源。

第四，广西官款问题。广西官府催提银两太急迫，动辄派兵威吓。

第五，用人不当。该票号经理是郭斗南，副经理为梁怀文，如果单论能力资格，本应梁怀文任经理。梁怀文是公认的公正朴实，因为辛亥革命后组织过东家随意提取票号业务资金,而被东家厌弃,最终出号。因为梁怀文受到下属敬服,他的离去使得人心涣散。

还有北京票号经理赵帮彦,因为票号出现问题,托病回老家,一去不返。新任代理人侯垣资历很浅,难当大任,还因为给合盛元做保,受到牵连。侯垣一面被检查厅逼迫,一面被各路债主逼索债务,后来竟私自携带伙友、账目逃回老家。从此,百年老号日昇昌一败涂地。

(2) 破产清理。

京师票号关闭后,警察厅将该号在京城的房产封闭,又行文山西平遥县,要求知县提取该号的东伙执事人等。总号经理逃跑,北京分号经理及代理也不知所踪。最后,还是之前辞号的副经理梁怀文带人到京城料理债务①。

日昇昌京师分号的关逃牵连了上海、杭州分号也倒闭了。本来,上海前一年营业情况还算稳定,并没有到倒闭的地步,但北京分号巨亏,经理还关号逃跑,影响实在恶劣,上海分号被牵连不得不关闭②。杭州分号本来"尚堪勉力支持",但是受京师分号影响也关闭了③。其他分号也受影响陆续关门。日昇昌破产影响很大,农商部甚至因此通饬全国各商会。

(3) 复业、改组钱庄。

日昇昌票号清理人梁怀文在经过了一系列清理过程后,多方奔走,为票号争取复业的机会。但是,票号业整体没落,在加上此前破产种种情形,票号信誉大损,日昇昌票号重振辉煌终究是不可能的,1932年,日昇昌改组为钱庄。

5. 残存最久的几家票号

说到残存最久的票号有三家,分别是三晋源、大德通及大德恒。这三家票号之所以维持最久,有几点共性的原因:(1) 东家财力雄厚;(2) 经理管理能力强;(3) 分号营业状况较好。在清朝灭亡后,还存在了二十多

---

① 晋省日昇昌倒闭之种种详情 [N]. 大公报, 1915 – 01 – 23.
② 上年票号情况 [N]. 申报, 1915 – 02 – 24.
③ 地方通信——杭州 [N]. 申报, 1914 – 10 – 31.

年。虽然没有什么发展，还算能够维持。

（1）三晋源。

三晋源是山西祁县渠源浈创办，成立于同治年间，经营约70年，分号设立在北京、天津、上海、镇江、扬州、徐州、清江浦、南昌、汉口、沙市、重庆等地。因为资本雄厚，所以这家票号在经历了辛亥革命的损失后，也没有倒下。该票号历来经营谨慎，东家渠源浈总是嘱咐掌柜们要小心谨慎，千万不要为了"贪大利"而造成严重亏损。资本雄厚，在加上一贯的稳健经营，使三晋源能够挺过清末民初的混乱。但是，民国时期，三晋源业务经营也没有什么发展，后来逐渐衰落，在民国二十四年（1935年）歇业。

（2）大德通、大德恒。

大德通和大德恒是同属于祁县乔家的票号，乔家的票号一贯重视稳健经营，而且乔家资金实力雄厚，才使得两家票号维持最久。

大德恒在辛亥革命后，业务量下降，撤销了很多分号，后来只剩下几个分号，分布在北京、天津、沈阳、开封、安东、周村、济南、汉口。大德恒后来的生意不如大德通做得好，在九一八事变后，又撤销了沈阳、安东分号。七七事变后，分号只剩下北京、天津两处。1940年，该票号改为银号。

大德通票号在辛亥革命时，也受到很大冲击，但是，股东乔家资本实力强大，拿出百万两白银，帮助票号度过难关。在残存的票号中，大德通算是经营状况略好的，但也在收撤营业不好的分号。1940年，该票号改组为银号。

第二节　票号衰败的原因

票号迅速的衰落似乎是突如其来的，也有人说，清亡票号亡。从表面上看似乎是这样,但其实应该透过现象看本质,而不是用现象解释现象。

票号业务的衰败,原因是多方面的,既有内因,也有外因,简而言之,就是内忧外患。从哲学角度来讲,内因是决定事物发展的关键因素。票号自身存在的问题,才是票号没有可持续发展能力的核心原因。

一、票号衰败的外因

票号的衰败和所处的特殊时期有关系。票号的发展,伴随着中国封建社会的没落,和帝国主义势力的入侵。无论是内部的农民起义,还是来自外部的西方资本主义国家入侵,都使得腐朽的清政府更加脆弱,政局也更加动荡不安。再加上新式金融机构的竞争,金融市场风险的冲击,票号经受着越来越多的外部打击。

(一) 政局动荡冲击

1. 政局动荡导致经营无法维系

提到票号的衰落,有一种说法"清亡票号亡"。票号对清朝政府的依赖太深,存、放、汇三大业务种类中,各级政府、官员都是主要客户。一旦清朝覆灭,票号的业务就受到了巨大的冲击。

山西太谷"一家票号大约有二百万两贷放给清朝官吏。随着清朝的灭亡,这家票号也遭遇了困难"[1]。政局动荡中,客户不再信赖金融机构的信用,"盖由清室逊位,旧官吏一旦星散,所存票庄之款,一律提取"[2]。

总之当时的情况就是:"存款的人纷纷来提款,放出去的一点也收不回来,致使周转不灵,各地分庄纷向山西总号请拨款接济。但总号存款有限……各分号见总号无钱接济,有的歇业逃归,有的被控入狱。总号经理有一部分看见大势已去,籍故辞退……民国元年、二年时,债权人均到山

---

[1] 山西票号 [N]. 北华捷报,1915-02-27.
[2] 赵之香. 票庄遗事记略. 未刊稿 // 黄鉴晖. 山西票号史料 [M]. 山西经济出版社,2002:502.

西总号坐索。"①

政局动荡对票号经营的影响，从业务种类区分看，主要是对存款、放款的不同影响。对金融机构而言，存款是"硬约束"，而放款是"软约束"。储户提存，票号无法拒绝，否则就会发生"挤兑"危及，声誉大损，甚至倒闭，即便客户提前支取定期存款，票号也只能办理，客户受到唯一的惩罚就是利息损失。而放款业务中，票号对客户的约束是"软约束"。放款合同没到期之前，票号不能提前收回，哪怕是票号陷入困境，都不能要求客户提前还款。所以，在动荡的政局下，存款客户纷纷提出现金，而贷款客户经营难以维系，无法还款。票号在这两大类业务上，都面临重大困境。

2. 兵匪抢掠导致现金财务损失

辛亥革命的爆发，使中国陷入混乱，战争中各地发生了抢掠行为，也使部分票号损失惨重。

天津商会档案提到："去秋湖北起义，军务繁兴，金融机关一律停闭，虽百费支撑，亦勉为其艰……忽于旧历正月十四日夜间，兵匪抢掠，纵火焚烧，繁盛街区，倏成瓦砾，各行商业约有数千户财产荡然，各号同人约有数万家流离失所。"②

锦生润票号报告"商号被官兵带领土匪多人，手持快枪，砸门进院，入室行劫，将号内银钱衣物、家具等件搜抢一空"③。还有大德通票号报告"失单"④：

图章一套

账簿五本

由安东会津收聚来永一千零八十两汇票一张

由津会安东收孚兴成五千三百二十两存票一张

---

① 卫聚贤. 山西票号史 [M]. 说文社，1944：21.
② 《众钱商禀》中华民国元年五月，《天津商会档案》业务类，1912 年，卷号 150。
③ 《商号致商务总会文件》，《天津商会档案》业务类，1912 年，卷号 47。
④ 《赵芳斋请议书》壬子年正月十九日，《天津商会档案》业务类，1912 年，卷号 46。

隆兴当一千两借票一张

汇康元三千两借贷存条一张

汇恒同三千两借贷存条一张

汇恒同银钱折各一个

汇康元银折一个

瑞生祥银折一个

正金银行银折一个

益兴恒银折一个

益源恒银折一个

寄存益德王宅胡家大院房契一张

衣箱等共约估银三万两

来自山西的报告里提到："各路军队之驻大同者，计有七八营之多。本月十三号大同来电，言阳高防军陆军已于八月七号兵变，戕杀县令丁某，抢劫县库，扰及民宅，商绅各户掳掠一空，票号典当受劫甚惨。"①

（二）清政府纸币贬值损失

清朝覆灭，民国初年各省滥发纸币，票号持有各种纸币价值无法保障，因而损失惨重。《四川金融之困滞》中提到："革命之初，一切军政等费无出，滥发纸币……山西票号革命前在四川本握有金融全权，目前将收歇殆尽。"②

东海在《记山西票号》中记载，民国初年，各省纸币滥发，由于其币值无法保障，几乎只能在本省流通，而且换现洋时候还要打折扣。当时，湖南、江西、广东等省的纸币，甚至每千两只能兑付四五百两银，兑付比率有时还不足一半。凡是以北方资金投资南方票号的，想要收回之前的资

---

① 阳高天镇兵变确信 [N]. 新闻报, 1912-08-20.
② 四川金融之困滞 [N]. 大公报, 1914-08-05.

金送回北方的时候，就损失惨重。

经历过的人回忆道，"辛亥革命对票号是一个致命的打击，仅就百川通的汉口、长沙两庄而言，损失不下百万之巨。……长沙放出七十多万，最后因湖南官银号的票子毛折，连十万也没有得到"①。

（三）银行发展对票号的冲击

1. 外资银行侵夺票号利益

外资银行初到中国时，还没有影响到票号的利益。而且，当时外资银行在国内经营还要依赖票号的汇划业务。"外国银行之营业，颇赖山西票庄之臂助，而山西票庄信用坚卓，大小款项百无一失，故自今外国银行对中国票号、钱庄之信赖不替，全赖历年来信誉之卓著也。"②

19世纪六七十年代，外资银行开始办理对中国客户的业务，慢慢开始蚕食票号的经营领域。外资银行拥有更先进的经营理念和管理模式，相比之下，经营模式相对落后的票号已经开始暴露出经营中的问题。19世纪80年代，个别票号的倒闭已经出现端倪。而外资银行的经营逐渐向内地渗透，越来越多地跟票号竞争，而且表现出优势。到了19世纪末，票号在外资银行面前，已经开始仰人鼻息。对于外资银行压过本地金融机构的现象，连当时的政府官员都注意到了。

2. 官办银行兴起夺去票号部分公款存汇业务

有人认为："票号衰弱之起点，实在官银号及国内银行成立之始。"③ 19世纪90年代以后，中国通商银行、大清银行、交通银行先后成立，清政府扶持官办银行，相当多的政府业务就分到这些新式银行，票号的市场再次缩小。"户部、交通银行先后成立，各省官银号亦次第开办，票号作之公款生意已去大半。"④

---

① 《张仲权访问记录》，1961年7月//黄鉴晖. 山西票号史料［M］. 山西经济出版社，2002：489.
② 李培恩. 近百年来中国之银行［J］. 学林，1941（9）.
③ 杨荫溥. 上海金融组织概要［M］. 商务印书馆，1930：92.
④ 范椿年. 山西票号之组织及沿革［J］. 中央银行月报，1935（1）：8.

大理寺少卿盛宣怀筹办中国通商银行时就奏请："筹办中国通商银行次第开设,请饬下户部通行各省关,嗣后凡存解官款,但系有中国通商银行之处,务须统交银行收存、汇解。"得旨:"户部速议具奏。"①

户部银行设立后,户部又通知各省,凡设立户部银行之处,官款统交银行存汇。大清银行还接管了之前票号经营的海关官银号,涉及的票号为源丰润票号、义善源票号②。

李宏龄在《山西票商成败记》中感叹:"同治以后,东西洋各银行已渐次侵入,夺我权利。"他认为中西银行都拥有特权,是让票号业者无法相比的事情。"尤足寒心者,一遇倒账,外洋银行则凭借外力,大清银行则依仗官权,同属财产关系,而彼各挟势力以为凭陵。"他列举了丁未(1907年)营口东升和事件,同样是被拖欠款项,"银行收十成而有余,票号收五成而不足"③。

(四) 金融市场风险对票号的冲击

清末的金融市场动荡,对于部分票号打击也很大,轻则损失惨重,重则直接破产。1910年,上海橡皮股票风潮,多家参与的钱庄损失重大,甚至倒闭,与之有资金往来的票号也受到牵连。"上海市面钱庄倒闭,牵动汇号,以致金融阻滞,周转不灵。④"

1911年时,源丰润银号破产,牵连义善源票号,使其资金周转不灵,最终负债1400万两,不得不宣告破产⑤。

---

① 朱寿朋. 光绪朝东华录 [M]. 中华书局, 1958: 4115.
② 《度支部通阜司咨文》宣统三年七月,《度支部档案》卷号17。
③ 李宏龄. 山西票商成败记 [M]. 太原监狱石印本, 1917: 3—4.
④ 两江总督取缔银钱各庄条规 [N]. 申报, 1910 - 10 - 22.
⑤ 中国人民银行上海市分行藏义善源倒闭案档案//中国人民银行上海市分行 [M]. 上海钱庄史料. 上海人民出版社, 1960: 88.

二、票号衰败的内因

票号作为传统金融机构,诞生于封建社会的土壤之上,天然带着封建属性。不论是财东们守家在地的乡土观念,还是用人上的封建宗法制度痕迹,都受到了旧式经济制度的影响。票号经营结构的单一,也使票号经营无法有效分散风险,从而体现出经营的脆弱性。

(一)财东和部分经营者的思想守旧

1. 封建思想的束缚

票号所处的时代,中国社会是半殖民地半封建的状态,封建思想在方方面面对人产生着影响和束缚。封建社会最基本的思想之一,就是"四民"思想,把人分为士农工商四大类,商人在四民之末。统治阶级对商人的态度是既利用又打压。而商人本身一边以财富为荣,一边以商人身份为耻。所以,票号商人们花钱公关结交权贵,他们给皇家朝廷捐献,换来赏赐的品级、官身。虽然捐官得来的只是一个虚名,并无实权,但是能够提高宅院建造的规格,能够见官不拜,也会让票号商人们感到满足。

山西太谷票号商人曹家的宅院"三多堂"被誉为"民间故宫",就是因为家里有朝廷赏赐的二品身份,可以在建筑规格上摆脱封建统治者对平民的"小门小户"的限制,因而曹家大宅院以官员家宅设计的庭院就与普通商人截然不同。

南帮票号中的典范是阜康票号,出资人胡雪岩(胡光墉)给左宗棠提供军需物资而获得赏识,后者在慈禧太后面前为之邀功。太后高兴之下,就赏赐胡雪岩二品顶戴,还赐下黄马褂一件。从此胡雪岩身价大涨,被誉为"红顶商人",成为商界翘楚。

之所以会有"清亡票号亡"这种印象,是因为票号商人们对封建统治阶级过度依附、支持导致的。甚至大清都亡了,还有部分票号东家认为,清政府会卷土重来,就像1900年慈禧西行后又回归京城一样。他们认不清楚封建制度是落后制度，也不明白封建王朝的覆灭是必然的。正因为没有做好充分的准备，才使票号成为了封建王朝的陪葬品。

而且，有些票号商人在经商赚钱后，总觉得不安稳，他们会拿钱买地，成为大地主。这样，在"四民"身份中就跃迁了两个等级。然而这种票号商人眼中的身份跃迁，实质是商业资本转化为土地资本，资本主义经济倒退回封建经济。大量的买房置地，不仅把人锁死在土地上，失去开拓精神，还意味着辛苦经营、四处奔波的行商成为"躺平"收地租的封建剥削阶级。

2. 小农意识的影响

除了几家南帮票号外，山西票号的总号一般设在平遥、祁县、太谷等内陆县城，分号设在京城、上海、天津、香港等更加开放的城市。这与一般银行的总分行设立恰好相反，意味着总号的财东和大掌柜们对外界的变化不能及时了解，当在外的分号经理们想要推进变革的时候，就会受到来自总号的阻碍。

相比之下，外资银行选址的时候，总行一般设在上海、香港等信息丰富、交通便利、商业繁荣之地，分行首先考虑开放性强的大城市。这就使高层决策者保持着在见识和前瞻性上的优势。

票号东家把总号设在内地相对闭塞的地方，这其实是封建社会数千年来"守家在地"的小农意识影响下的决策。另外，"东伙制"虽然在所有权、经营权两权分离方面有优势，但也导致作为出资人的东家逐渐与经营脱节，丧失了竞争意识和危机意识。

甚至还有些财东后代耽于享乐，不思进取，不珍惜祖上辛苦开拓的基业，在财产挥霍一空后，潦倒街头。

3. 票号经营后期部分东家及经理不思进取

部分票号的财东和经理，没有居安思危的前瞻意识，没有意识到政治、经济环境变化的潜在风险。不得不说，他们已经没有了票号初创者们的锐意进取精神。

首先，他们对清政府苟延残喘的能力做出了错误的预判，没有意识到腐朽的清廷已经难以为继,而革命的力量会在一定事件激发后,形成摧枯拉朽的态势。人民已经学会开眼看世界,知道了封建王朝制度是落后的制度,一旦有人举起革命大旗,国人将无情抛弃压迫人民的封建王朝制度。与清政府捆绑过紧的票号,自然就成了王朝的陪葬品。

其次,他们没有对中国乃至世界经济、金融局势的宏观把握能力。例如,票号的利润中,有一部分是因为清朝货币种类、平色复杂而获得的,票号得到的是落后的货币制度红利。然而,货币统一是一个趋势,必将触动传统金融机构的利益。再如,过去的票号业在中国有着金融执牛耳的地位,是因为金融市场不开放。随着晚清金融市场逐步开放,金融业必将受到国际金融市场的影响。例如,金银价格已经不是国内金融机构能够操控的,伦敦、纽约的金银价格对中国影响很大。正如梁启超所说:"今日金银之涨落,不在一国之内,其主持者,伦敦也,纽约也。"①

最后,票号经营后期的故步自封。也许是因为票号经营前期发展迅速,太过辉煌,导致很多财东和经理认准了已经成熟的经营模式,一旦受到挫败,就不知该如何变通,甚至有的票号心灰意冷,提出"缩小主义"的消极应对方式。

典型的是宝丰隆票号,民国初年,该票号再经历政治动荡后,一蹶不振,总号要求部分分号停业,回顾辛亥革命时的情景,依然心有余悸:"不料辛亥之役,被害过钜,受病实深。信用随之而失,几乎一蹶不振。"该号对未来发展不报希望,"迄今三载,苟延残喘……以后我帮随风僵仆者,成所难免,倘再出事,不免骇人听闻,大有惊惶之势耳"。总号给分号的建议是小心谨慎:"谅兄等素明大义,自有持重宗旨,不因邪风摇动,不以乱言迷惑,立身中正,镇定守规,谨小将事,各尽乃心。"管理层解决问题的方法就是,以节约费用为名,撤掉多个分号:"刻将号事再加整顿,先裁冗庄,以节縻费,如西、常、泸、雅均在可裁之列,不日将由平致信,令伊等催收外款,一俟清厘有谱,即行收拾回平。所余之庄无多,

---

① 梁任公莅山西票商欢迎会演说词 [N]. 大公报, 1912 – 11 – 06.

祇可加意固守，以待转机。此后银两必能宽裕，往返抽调，自然流通，望兄等勿畏时艰任重，而具因循退缩之心。"① 该号还明确提出："非以缩小主义，不足以固基础。"于是决定关闭陕西分号："窃思我陕一庄，自兵燹以后，不唯街市疲败，而且生意冷落，实为无味之极，信到之日，请将陕庄住房辞退，移于钱庄后房号内，家具酌量出售，夥友中酌留一人，其余之夥，着其回里。"

另外，还有部分票号东家平日里养尊处优，不问号事，遇到问题不知该如何应对。虽然票号管理实行东伙制，东家不问日常事务，但是，遇到大事不决，或者突发意外，经理们还是需要请东家拿主意。或者，票号遇到经营问题，亏欠款项，债主诉讼连带号东。这时候，平日不问业务、不懂经营的东家们自然就无计可施。更有甚者，还有人染上鸦片烟瘾，生活奢侈堕落，颓废不堪。一旦遇到诉讼，这些昔日的富豪之家，就落得个变卖家产的境地，甚至无力清偿，成为阶下囚②。

（二）票号内部经营存在问题

1. 客户结构相对单一

票号的客户中，无论存、放、汇，各级政府和官员都为最重要的大客户，陈其田的《山西票庄考略》中分析，"放款对象以钱庄、官吏及殷实铺户为多，小商号及个人向不交易。"③ 这样的客户结构隐藏着脆弱性，意味着客户的数量较少，而且过于依赖少数客户。

从风险管理的角度看，业务结构、客户结构的单一，意味着无法有效分散风险。毕竟，业务的集中，也意味着风险的集中。

2. 信用放款的隐患

票号放款，主要是信用放款，很少做抵押。"放款时立定借据，只凭

---

① 宝丰隆票号民国初年第二十三次信.1904 年 12 月 12 日//黄鉴晖.山西票号史料 [M]. 山西经济出版社，2002：1231.
② 山西票商盛衰之调查 [J]. 中外经济周刊，1925（7）：119.
③ 陈其田. 山西票庄考略 [M]. 商务印书馆，1937：133.

信用，不收抵押。"① 抵押是信贷业务的第二还款来源，没有抵押的放款业务，一旦客户资金出现问题，没有办法依靠处置抵押品来补偿。

从贷款管理理论角度看，客户的资金是贷款的第一还款来源，而客户提供的担保，是第二还款来源。票号经营，太注重人的要素，过度信赖客户，这意味着票号自身放弃了更多的还款来源。客户出现信用风险的时候，票号的损失无法得到足够的补偿。

3. 资金来源与运用的错配

票号的资金来源与运用长期存在问题，很多票号都是"北存南放"，有的票号从北京一带吸收资金，然后在南方放出资金，一旦市场出现问题，资金来源和资金运用就会出现严重的不匹配问题。受到辛亥革命的影响，各地发生动乱，商业秩序被破坏，资金很难收回。在当时，能将本金收回的已属侥幸，至于收回利息，更是绝难办到的事。

晚清的票号对于大额存款一向重视，例如，百万元存款付给三厘利息，也就是每年付利息三万六千两。辛亥革命后，各地市场一度陷入混乱，资金不能流通，一边是放款利息收不回，而另一边是存款利息照付，不少票号因此蒙受巨亏而倒闭。

4. 人力资源管理问题

旧式组织"重人不重法"，掌柜、经理权限过大，缺少监管，兴盛的时候，因人获利，衰落的时候，掌柜、伙友"捐款潜逃、伪造账目"②，无法挽救。而且在经营后期，票号人员已经丢掉了前辈勤俭耐劳的美德，花天酒地，奢侈成风。伙友所穿衣料从纱罗到皮毛，皆为号中供给，公开应酬，纸醉金迷，也是屡见不鲜，甚至有"赌博宿娼"也从号中公款支付。其骄奢淫逸之风，使时人感叹，即便没有新式银行兴起，"其（票号）失败已在想象中"③。

这个问题的背后其实是东伙制的弊端。东伙制其实就是"两权分离"，

---

① 陈其田. 山西票庄考略 [M]. 商务印书馆，1937：134.
② 陈其田. 山西票庄考略 [M]. 商务印书馆，1937：43.
③ 李渭清. 山西太谷银钱业之今昔 [J]. 中央银行月报，1937，6（2）：190.

它确实调动了经理和伙友的工作积极性,财东放权,让经营者能够灵活应对市场和主动开拓市场。但是,如果缺乏有效的内部控制和监管,则财东长期放手不管的结果就是,分号的实际经营者出于"天高皇帝远"的放任状态。无论经理还是伙友,都不代表出资人的利益,这些分号陷入了"内部人控制"的僵局。

三、票号业改组银行失败

(一) 错失参与官办银行机会

其实,票号业曾经也有过参与官银行、银号的机会,却因守旧而错失了。民国时期学者杨荫浦分析说:"当袁世凯为北洋大臣时(光绪二十九年),招晋商办直隶官银号,晋商拒不奉命;既又有创办户部银行之建议,复招晋商入股,晋商又未之应。及大清、交通两行成立,所有官款悉数由两行汇存,而票号乃大受其影响,使不得不归于晋商之眼光短浅,不知是何时代需要。"①

户部在准备创立银行的时候,诚意邀请北京各票号的东家,商议入股事宜,而各票号的负责人们"力陈此举之无利,决不承当此重任"②,不仅不合作,还明确表示反对。尤其是光绪三十年,户部尚书组织大清户部银行的时候,请票号出入组织,北京经理们多数赞成,但总号经理墨守成规,"不惟不敢入股,即人位亦不令参加"③。

(二) 票号经理人发起合组银行倡议被否决

李宏龄等京都票号经理人纷纷发起合租银行倡议,他们看到了票号极盛之下的隐患,认为只有合组银行才是出路。

---

① 杨荫浦. 上海金融组织概要 [M]. 商务印书馆, 1930: 93.
② 北京票号反对 [N]. 大公报, 1904 - 04 - 19.
③ 范椿年. 山西票号之组织及沿革 [J]. 中央银行月报, 1935 (1): 9.

1. 合组银行的必要性

（1）票号经营环境恶化。

票号经理中的有识之士已经意识到来自银行业的挑战会越来越严峻，"至于外资银行渐将及于内地，所有商家贸易，官绅存款，必将尽为所夺"。他们注意到："外人之素习商战，更非我所能敌。"他们也发出了告诫："此数年来之陈迹，亦以后事势所必至，非晚等之过虑也。……盖开办银行，如押款担保等事，票号所不便为者，银行皆照例为之，倒账可无虑也。"①

（2）认识到银行制度的优势。

票号经理人们在和外资银行打交道过程中，首先注意到银行的股本雄厚，是因为股份公司公开募集资本金制度的优越性。他们感慨说："票庄乃一姓之本，即使合股亦不过三五家合开。"但是，银行资本"不下数百万之多，皆由集股份而成，股非一人，东非一姓"②。如果想要壮大资本规模，就要效仿银行制度。

2. 合组银行的具体设想

李宏龄等人商议了初步的想法：

——每家各出资本三五万两，作为有限公司。

——集股本五百万，每股一百两，每月四厘行息。除同帮入资本外。

——银行应名为晋省汇业银行，悉遵票号做法，略改其不便之处，以合银行规则。

——公举熟悉商情、声望素孚之人充经理。昨与渠楚南观察面商，楚南甚为欣允。

——银行成立后，除内地繁盛各处均占分庄外，可渐推及各国商埠，以保本国利权③。

这些票号改革的倡导者们提出了制度改革方式，成立有限公司式的银

---

① 李宏龄. 山西票商成败记 [M]. 山西太原监狱石印，1917：2—3.
② 李宏龄. 同舟忠告 [M]. 山西太原监狱石印，1917：67—68.
③ 李宏龄. 山西票商成败记 [M]. 山西太原监狱石印，1917：4.

行；设想了向公众募集五百万股本；提议了银行名称"晋省汇业银行"，传承了票号初始业务的特点；提议了经理人选和银行选址，甚至他们有着更为宏大的雄心壮志，要在各国商埠开分行，以此保护国家金融权利，彰显出了爱国情怀。

汉口、广东、成都等地分号经理们也纷纷声援，表示赞同。但是，总号的守旧人士却不以为然，甚至还解读出了"阴谋论"，误会提倡票号改革的经理们是想获得私利，尤其批评了李宏龄，"银行之议系李某自谋发财耳，如各埠再来函劝，毋庸审议，径束高阁可也[1]"。于是，合组银行事宜就烟消云散了。

（三）社会舆论期望票号合组银行的呼声

1. 社会舆论的劝说

其实，当时不仅是票号内部有改组银行的呼声，很多社会上的有识之士也积极呼吁。1904 年，《南洋官报》曾刊登《劝设山西银行说帖》。文中首先提出票号所面临的危机，"票号之生意，视商务为盛衰。未有商务衰，而票号能存者。中国近年以来，市面萧条，银根紧急，商务已不可问。票号生意遂因之不能久持"。

该文建议票号"别开生面，另立根基"，并预言，如果不能改组银行，只在短短数年之后，票号东家就会因为无利可图，不得不"收庄回里"，最后"坐吃山空"。而且文章还指出了票号可能存在的人事管理问题，一旦经营困难，员工人心涣散，"伙友知号业将收，急于自谋，群思趁机攫取"。最终的结果就是，即便设法挽回，而大势已去，票号之权利从此去失去。文章也提到了票号业改组银行的紧迫性，"所望晋省附上从速变计，预筹善后，以保大局。早立一日之新基，即早辟数年之大业。兹拟说帖若干，则录陈台览。倘能趁此尚有可为之时，急早图之，则晋民幸甚！天下幸甚！"

---

[1] 李宏龄. 山西票商成败记 [M]. 山西太原监狱石印，1917：6.

文章谈到了政治问题的影响，政府与英国所订商约第八条免厘加税十六条，各省应解京饷均存海关候拨，厘金项下拨还的洋款，也存海关拨付，票号"从此官场生意无可做矣"。而且免厘加税的内容，会导致国库收入减少，"国用入不敷出"，政府将来"必加重抽收销场、产地以及与约无背各税"。土货之税就会愈加愈重，本国土货就会失去竞争力，必然导致洋货畅行，土货滞销。结果中国商人势必纷纷亏损，生意做不下去。而对票号来讲，"从此商家生意亦无可做矣"。虽然文章有夸张的成分，但是也道出了当时票号经营的困境，确实官商生意都在减少，票号的根基逐渐被动摇。

文章也分析了票号业如果没落，可能产生的影响。从个人利益讲，富商看经营艰难，就放弃金融业，转做相对安全的房田、典当。但这些产业在动荡的乱世未必能够真正保全资产。文中的建议是，出资本开设大银行，以通各埠之血脉，而且，平时要与洋商声气相通，要有业务往来，利益相关。一旦有事，"洋人有无数生意在吾掌握中，我亦因之而得利益"。文章认为，只要银行根基立定，不仅可以保财产，也可借此躲避乱世的冲击，富商的利益才能真正保全。

从国家利益看，"新旧赔款每年五千万均入各国银行之手"，这样一笔巨大的金融利益掌握在了外国人手里，如果票号业不设法挽回利权，后果不堪设想。而且，大笔银两被外国银行掌握，银价波动就会受制于人，市面上"银价伸缩涨跌之权，已渐操之洋商"对金融市场影响很大，事实上，票号业因此已经大受其累。如果没有中国人自己办的大银行与之抗衡，"则非特利权全失，甚至我国商人终年所获之利，尚不敷贴给息款之用"。所以办中国自己的银行是当务之急。

在提议山西票号改组银行的时候，提出："仿照汇丰、道胜、德华、正金各银行，筹集股本，多则千万，少则四五百万……仿照股票办法，每百两为股，先集四五万股。即使不能得手，亦属有限公司，万不致使东家受累。"①

---

① 劝设山西银行说帖［N］. 南洋官报，1904-08-16.

关于未来银行的制度设想，文中提出，银行聘请胆识兼优的总董一人，对中西问题都有了解。除总董外，其他高管还用各票号妥善之人。同时还提醒，"至于商务部、户部以及各省官场，均不准其过问银行之事，以免流弊丛生"。至于具体的制度，《南洋官报》认为，票号的规矩足够妥善，不必舍旧图新。但是与洋人往来的业务，须慎用翻译，增加专业的书记人员。在员工培训方面，提出了设立商业学堂，培植人才，建议东伙子弟十岁以内，可送入学堂。

《南洋官报》的说帖，有很多合理的建议，但也有些失之偏颇。例如对票号的主要投资者——山西人提出的批评，认为"山西人办事虽稳，而性情拘执，且不能和衷共济，力顾大局……晋省人民大都畏难苟安，难与图治"。事实上，如果山西人真的"畏难苟安"，就不会有"走西口"，也不会有明清晋商五百年的辉煌。真正导致山西票号办银行不积极的原因是，海洋贸易兴起，海运成为重要运输方式，陆路运输地位下降，山西的货物运输枢纽地位在逐渐被削弱。而沿海口岸城市在崛起，天津、上海、广州等地成为开放的前沿地带，也成为中西经济往来、文化碰撞的前沿。山西内地渐渐变得信息闭塞，思想守旧。

再如，要求票号商人做到"大公无我"，哪怕可能会赔钱，也为了金融业发展而试办银行。这样的说辞和文中提到保护富商利益而改组银行，颇有些矛盾之处。

《南洋官报》的文章预言了票号未来的命运："当此时世，仍做票号生理，一旦有事祸出不测，各码头同时败坏，大局莫支，各省官绅商富均可向号东索取存款，此数年后必有事。"联系到票号后来的命运，不得不说，《南洋官报》在1904年的预言后来果然一一应验了。

2. 来自官方的劝说

山西冀宁道丁宝铨也曾发出过"劝办银行"的公函，他从山西地方经济发展角度阐述，尤其提到了煤矿和铁矿事务："晋地所处煤铁……沿途络绎不绝……恃此为生者,为数颇重。"① 山西当时已经发现了丰富的煤矿和铁矿,可以解决很多人的生计。但是办矿却并不顺利,原因是资金不足,"因商力之疲弊,商机之阻塞,……则良矿美产,是坐待他人之攫取耳"。此番言论,言下之意就是说,如果山西人自己不积极办矿,矿产资源就会被外国人攫取。

如果"勉强创办一二事,则又苦于财力不继,集股为难"。所以这位官员认为最好的办法是票号业创办银行支持山西经济:"晋商汇号之信义,其见称于各行各省,已数十载于兹矣。""若就西商二十余家联一总号",是他认为非常理想的状况。在他看来,其他省份要办银行,须在各省"立码头",设分号,所费资本较多,而且还会遇到种种阻碍,未必能够成功,但是晋商票号有得天独厚的优势,可以把已有的各地票号分号改组为银行分行,"不另开张,不另立码头,不另有人工花费,而银行基础已立,将来逐渐推行,自无不同行各省"。

另外,他还从票号业自身危机的角度来劝说设立银行。结合自己在京师十多年的经历,他看到,曾经京城里的显贵人物本来是都在票号存款的,"巨室大家银款均存西号",后来被"四恒号"夺取一部分业务,再后来又有汇丰、道胜、正金等外国银行在中国发展迅猛,夺走了票号越来越多的存款、汇款业务。尤其汇丰银行的钞票通行于各口岸,"晋商固有基业已将为人搀夺矣"。

在丁宝铨的想法里,只要有了银行,很多事业都可以开展,"有银行则纸币兴,有纸币各公司可向银行贷款,而后可言开矿"。开矿后,有煤就能炼铁,有铁可以开厂铸造轨道,有铁轨就可以造路,然后路权就可以收回,矿产就能保住,而金融权利也由我国银行操纵。丁保铨把促使晋商创办银行提升到了保卫山西乃至国家权利的高度上,"我若自开银行,自行纸币,则我之路矿,均可由我自办。权不外溢,利可自操,并可以西商

---

① 山西冀宁道丁(宝铨)致刘小渠(笃敬)观察劝办银行函 [N],北京日报,1906-05-09.

数十年之信实通商，扩张三晋银行势力于我全国，使他族银行顿失权利。此不独晋人之愿，又岂非我全国人之所愿哉！"

考虑到之前清政府有过强迫晋商出力、摊牌捐款的情况，为了打消商人的顾虑，丁宝铨表示，"现在商户两部，极欲商人建立银行，挽回权利，必多方保护之"。同时，还以个人身份担保，"现我公为商部议员，又系奏派晋商商务局督办……如晋商愿开总号设银行……愿与商人先立合同，但保护之责"。尽管丁宝铨言辞恳切，又用官员身份担保，还把晋商办银行的事情提升到振兴地方经济、利国利民的高度上，但是，也没有真正打动票号商人们。笔者以为，这位官员虽然姿态做足，言辞恳切，但是却并不能成功促使票号经营者改组银行，其原因有以下几点：

第一，给予票号商人的安全感不够。他虽然知道晋商害怕被官府牵制，财产损失，却以个人名义担保。要知道，官员的任期终究是有限的，甚至有可能因为某种原因突然被调离或贬官，丁宝铨许诺的事情，下任官员未必认账。

第二，朝廷腐朽，失信于民。这封劝办银行函写于1906年，已经到了清末，清廷腐朽不堪，各级官府对晋商的强制摊牌捐款屡见不鲜，无论是朝廷还是地方官员，信誉堪忧。

第三，制度设计不现实。丁宝铨在给票号商人们的劝说函里，对未来改组一大银行的设想有些过分理想化，无法实现。他提出的银行的组织结构是，二十多家山西票号联合组织一个银行，"轮流值年，每号提存本十分之二储于总号，今年总号掣在某家，则总号银行即设在某号，统归某号承办一切官款，均由总号汇兑一年，期满所得余利，除开销净尽外，以五成归承办之号，以五成归各号均分"。这种不断轮换总号承办的方式，看起来公平，其实不具备可操作性。二十多家票号每年轮一个承办，官款利益分成一半，虽然看起来官方给出了公平的利益，但是这种公平很难真正实现。首先，票号规模不同，有些票号分号多，有些分号少，改组银行，是在各票号已有分号基础上办理业务，这就可能出现苦乐不均的结果。而且，利益有先后，谁先成为承办方，谁就先得更多利益，排序的过程，本身也会发生可能无法调和的矛盾。

说到底，丁保铨是个官员，对商业理解不透彻，他也没有对利益问题考虑得很深刻，所以他提出的这种合组银行的制度安排很难实现。而且以他的身份主导，也难以打消票号商人们对自家产业被官吏控制甚至攫取的顾虑。

（四）组织汇通实业银行失败

1. 票号业组织银行的背景

清朝灭亡，票号失去了最重要的依仗，也失去了重要的大宗业务，在混乱的政局中受到了很严重的损失，整个票号业的生存岌岌可危。不仅是票号从业人员忧心忡忡，当时的有识之士也向票号发出呼吁，希望改革。

梁启超在山西票号业欢迎会上发表演说，痛陈利弊，列举了英国、意大利等国家的金融业进步之处，指出"意与英国之金钱商，唯能日渐发达，日加改良，乃为商业之中枢"，改革是其成功之道。他批评说："吾国之票号……自知保守不知扩充，故今日不特不能保持中国之利益，且日为外人所迫。"梁启超提醒票号商人："诸君之营票号者，虽有巨资……尤为危险中之危险。"他给出的建议是："观世界潮流，而为应时势之改革也。"①

票号商人们在内忧外患之下，开始积极组织山西票帮开团体会，准备成立银行。这一次，即便是曾经保守固执的票号东家也积极推动办银行事宜。当事人感慨："山西商人素守消极主义……现被革命潮流所激，如梦初醒。"1912年，平、祁、太三县票号筹备设立一家山西银行②。

2. 组织银行的设想

票号业者们经过讨论，准备成立一家银行，名叫"汇通实业银行"，并拟定了初步的章程，章程指出：创办银行的目的是"疏通金融、振兴实

---

① 梁任公莅山西票商欢迎会演说词［N］. 大公报，1912-11-06.
② 新闻报，1912-08-16.

业"。从银行名称和宗旨中，可以看出票号业者们预想的银行的定位是：为实业发展提供资金及服务的金融机构。

该银行的所有规章都是按照当时的公司法制定，并且要先禀明财政部核准备案。该银行设定为股份有限公司，股东责任认定以股本为限。该银行预定总行设在北京，分行设立以各票号原有的各地分号为基础，改设分行。

银行的资本金暂定为三百万元，每股价值一百元，共三万股，年息定为五厘。因为该银行计划由多家票号改组而成，并非新设立银行，所以就有各票号原有资产折算股本的问题。该银行的股份类型拟分为两种：新股和旧股。新投资者的股份列为新股，各票号存户愿将旧存款入股者，列为旧股，与新股享受同等利益。如果股本无法招足，票号业者们计划先从同业中公推一个领袖，获得政府认可后，向外界借款三百万元，作为资金，还款期限为十年。

该银行准备开办的业务包括六种：存款、贷款、汇兑、票据折扣、买卖荒金银块、贴现交易。银行章程中还规定，银行的营业年限为二十年，但是，如果得到股东会决议，及财政部核准，可以延长。

该银行每年决算时，会编制营业报告书记贷借对照表，报告股东会，开会前一月还要登报公布。银行利益分配以每年决算分配情况拟定为：二成为公积金，一成为特别储用金，五成为股东红利金，二成为行员奖励金。本银行拟采用新式簿记，每半年进行一次小决算，每年终一次大决算，营业时间是从一月一日起，到十二月三十一日结束。

银行预定设总经理及协理各一人、监察二人、董事多名，均由股东会公推选任，任期为三年，期满如被复选，可以连任。总协理、监察、董事之下，各行设正副经理各一人，均由总协理及董事会派出。其他职员临时选任，要求有银行学识或有久驻票号的经验。

银行章程还规定，如果日后有更改之处，要由董事会全体会员过半数之决议才能改动，同时，还要禀请财政部察核方能发生效力。"山西汇通实业银行"筹备已经启动，连章程都已经拟好，看起来票号改组银行已经是提上了日程。

3. 组织银行失败

但是，当时各票号都受到了政局动荡的影响，加上经营问题，无法如期拿出资本金，只得向外借款办银行。于是，各票号商议求助于政府，1914年1月的《申报》报道："（票号）拟向工商部借款五百万，由十六家（票号）连环互保，自成五百万，合成一千万组织一大银行"[①]。

当时的北洋政府自身也缺乏资金，但熊希龄内阁愿意推动此事。当时内阁的意见是，政府担保，由票号向外资银行借款。但是，"一战"爆发了，欧洲国家陷入战争，此事不了了之。这次票号向外借款办银行失败的原因是：票号内部意见不一致，熊希龄内阁倒台，欧洲爆发战争[②]。

4. 票号改组银行失败的原因

票号改组银行一次次失败，看起来总是有些错过时机的尴尬，但细细思量，错过机会，有偶然性，也有必然性。最初，有机会的时候，因财东们的守旧而错过。当财东们在大环境影响下，终于可以接受改组银行的时候，票号的辉煌时期已经过去，资金实力、社会声誉已经大不如前。有实力的时候，错过机会；有机会的时候，没有了实力，这就是票号改组次次失败的客观情形。

从外部原因看，有政府原因，也有"一战"爆发的原因。北洋政府经济实力不足，无法给票号业有力的支持，可谓有心无力。同时，"一战"爆发，外资银行自身母国陷入战争，在华的分行也受到牵连，资金实力减弱，无暇扩大在华经营。票号想从外资银行借款的希望就化为泡影。

从内部原因看，有票号业整体信用下降的问题，也有资本来源复杂的问题。过去，票号业兴隆的时候，连政府官员都积极投资入股，同乡、同宗之间筹集资金更不成问题。但是，当票号业衰败时，社会公众看到一个又一个曾经辉煌一时的票号纷纷破产、倒闭，甚至欠下巨额外债，有些票

---

① 救济金融声中之两借款 [N]. 申报，1914-01-05.
② 陈其田. 山西票庄考略 [M]. 商务印书馆，1937：49.

号掌柜、伙计纷纷跑路，社会影响极其不好，他们对票号的好感已经大打折扣，投资人更是信心不足。哪怕票号业者改组银行，也还是在已有机构基础上进行改制，投资者们对票号业要组织的新银行不抱太多希望，导致票号向社会招股很不顺利。

再从组织机构上看，多个票号改组银行，新银行资本来源、人事组织复杂，难以协调。而且，传统金融机构强行改制为银行，难免会带着旧金融组织的习性，组织者们从思想认识上难以很快适应新的组织模式，这也是票号改组银行的阻碍之一。

附件 3-1

劝设山西银行说帖

银行为各国财政之命脉，各国商民无事不与其国有关系。今吾国民知以此说倡率，亦民智渐开，国度日进之效果也。以其非弟为豪商计私利，故亟登之官报。

票号之生意，视商务为盛衰。未有商务衰，而票号能存者。中国近年以来，市面萧条，银根紧急，商务已不可问。票号生意遂因之不能久持。若不及时别开生面，另立根基，窃料数年之后，号东因无利可图，收庄回里，势必坐吃山空，伙友知号业将收，急于自谋，群思趁机攫取，彼时即欲设法挽回，而大势已去，噬脐无及，山西票号之权利从此去矣。山西人之生计从此绝矣。所望晋省附上从速变计，预筹善后，以保大局。早立一日之新基，即早辟数年之大业。兹拟说帖若干，则录陈台览。倘能趁此尚有可为之时，急早图之，则晋民幸甚！天下幸甚！

——此次国家与英国所订商约第八条免厘加税十六条，俟各国议后即须照行。各省应解京饷均存海关候拨，厘金项下拨还之洋款，亦存海关拨付。此两条载在英约乙二乙三附件。从此官场生意无可做矣。

——免厘加税之一行，则国用入不敷出，将来必加重抽收销场、产地以及与约无背各税。土货之税愈加愈重，必至洋货畅行，土货滞销。中国商人势必纷纷亏折，遂不能不纷纷倒欠。从此商家生意亦无可做矣。

——官商生意均不能做，东家见此情形，不能不收敛，不能不收盘，以保资本。而伙友见生意将收，以后无事可图，必趁未收之际，或席卷而逃，或将银顿寄他所，或擅动公款报捐功名，此必有之情，亦必然之势也。从此票号遂万不能开矣。

——晋商富商或有见时势艰难，不如专以房田典当为坐守之计。岂知今日时势，晋商铁路、煤矿早为福公司所有，一旦中原有事，洋人必进兵山西，以保其商务。彼时匪徒游勇相继抢夺，家愈富者受祸愈惨，乱时情形往往如此，言之可谓寒心。唯能出其资本开设大银行以通各埠之血脉，平时与洋商声气相通，一旦有事，洋人有无数生意在吾掌握中，我亦因之而得利益。是银行根基立定，非特可以保财产，亦可籍以避世乱。此开办银行正所以保富商也。

——新旧赔款每年五千万均入各国银行之手，票庄若不设法挽回利权，此后何堪设想。况银价伸缩涨跌之权，已渐操之洋商，票号近已大受其累。若中商无大银行与之为敌，则非特利权全失，甚至我国商人终年所获之利，尚不敷贴给息款之用。此银行之急宜速办也。

——为晋省富商计，若图琐碎生意，乃难立足；不如将本有规模，早行整顿，尚可稳固。况西号招牌为中外人民所共信，一经改头换面，非特可以夺洋人之利权，亦可保自己之成本。

——山西人办事虽稳，而性情拘执，且不能和衷共济，力顾大局。现在拟办银行必须集思广益，大公无我，总以保全东家资本，乃全省人民生计为宗旨。能集大股合办大银行，愈多则利益厚，即使众论不符，不愿大做，亦当小试其端。但愿晋省富商视创此银行实为山西全省生计所关，如果办理善举，盖办成则全省数百年养命之源；不办则数十年之内必东伙同归于尽。此固执先必须早为破除者也。

——银行成本自然多多益善。唯是晋省人民大都畏难苟安，难与图治。应知不举办银行关系甚重，即使不愿多筹成本，何妨将各号历年所存备患之款，作备患兴利之用，亦属名称。其实倘千虑一失，亦万不至全数亏折，于元气仍无大伤。

——现以仿照汇丰、道胜、德华、正金各银行规模，筹集股本，多则千万，少则四五百万，先行试办，三年之后即有效益可观。现拟仿照股票办法，每百两为股，先集四五百万，即使不能得手，亦属有限公司，万不致使东家受累。试思当此时世，仍做票号生理，一旦有事祸出不测，各码头同时败坏，大局莫支，各省官绅富商均向号东索取存款，此数年后必有之事。是开票号与东家关系甚大，办银行与东家绝无后患也。

——银行老号仍设山西，总号分设北京、汉口、上海，每届年终归总于山西老号。即以"山西"两字为银行招牌，以昭信实。

——洋商银行现在只开于通商各口,然一二年后铁路大通,内地生意必诿洋商所侵占。票号若不及时自奋早立根基,日后虽欲留一线生机,亦不可得。如能趁洋人尚未侵占之时,早将银行设立,则洋人银行开设在后,我已先占胜着,而洋人不能越雷池一步矣。况东三省、卢汉、粤鄂铁路联络一气,从此内外开通,能先将铁路码头逐渐推广,由中国以达俄、德,而外国之利权且为我分,道胜、汇丰岂能独享。

——银行聘请总董一人,必须胆识兼优,通达中西情形者提倡其事。除总董外,均用各号品望素著之人,不得以别省人搀入。开办廿年来,则本银行人才已可敷用,一切人等均用乡人。现时延聘总董,可以不拘何省之人,凡事于各分行及总行会商办理,可与闻行内之事记一切账目,若收支各款以及办事均以晋省老于会计者主之,总董可以毋庸干涉。至于商务部、户部以及各省官场,均不准其过问银行之事,以免流弊丛生。

——票号规矩本极妥善,现在拟办之银行章程亦大同小异,凡是仍然归章,不必舍旧图新,亦毋庸另请外国大班。唯既与洋人往来,须酌用翻译,添请书记,视事务之简繁酌定人数,不拘何省之人。

——寡识之俦,大半暮气已深,所见不远,骤语此事,必多方阻止,情感守旧。岂知唯其欲守旧,则更须图新。盖银行与票号原可并行不悖,互相联络,则彼此交受其益。是有银行,票号返可籍以图存,虽各办各事,界限分明,有益无损也。

——办理银行一切事宜,若不由学堂出身,万不能独操胜算。将来必须设立商业学堂,培植人才。凡东伙子弟十岁以内,即可送入学堂。二十年后人才辈出,从此行规逐渐改良,庶几永立于不败之地也。

——鄙人与商务一道虽不深知,然交游颇广,若自筹股本集一大银行原非难事。唯中国官商久不见信于天下,只有山西人声名尚好,倘能借重办一大银行以保利权,则非特晋人从此立于不败之地,即市面亦可籍此维持,庶几稍尽吾国之责任,于时事亦不无小补云。

注:《劝设山西银行说帖》,载于《南洋官报》第112期第5—6页,第113期第5—6页,1904年8月16、18日。

附件 3-2

梁任公（梁启超）莅山西票商欢迎会演说词（节选）

  吾票号与商家通有无之处固属不少，然大抵以官场存款为大宗，此其相类之处一也；意国钱商之汇兑，因当时各国币制不统一，故得从中取利。而吾票号因各处秤色不同，故能于汇兑中有所取盈，此其相类之处二也；意之钱商当日因其信用颇厚，常有强其出票者，然彼常有所惮而不敢为，与吾山西票号慎于出票之时，每将所出之票收回其事正相同，此其相类之处三也；山西票号之源起不能记忆，而在明末清初已极发达，则与南意大利钱商之萌芽于三百年前者时代相等，此其相类之处四也。南意与英国之金钱商，唯能日渐发达，日加改良，乃为商业之中枢，因执金融之牛耳。吾国之票号其发生之早与彼相类，然自知保守不知扩充，故今日不特不能保持中国之利益，且日为外人所压迫，即有力求扩充者，亦不过于国内多设多少支店，其营业范围较他人略广而已，与国家金融何涉，与世界金融复何涉，故鄙人之意，以为票号诸君固能尽对于祖先之责任，而对于子孙之责任则当有所未尽也。语曰：守旧守旧，夫旧而能守，斯亦已矣。然鄙人以为人之处于世也，如逆水行舟，不进则退。今后之金融，商谓长此不变，而能保守其旧乎？以鄙人之愚，窃为诸君危惧也。

  前途危险不能一一详论，试举一二为诸君陈之。吾国昔日无所谓金库制度，凡官家所收租税，悉存殷实之商号，以负保管之责，得十一之利，此固理之当然。然为官者往往利用金库之不备从中取利，而为商者从旁分其余润。诸君当知金库之不备，乃昔日财政上舞弊之大因。今后不力改革，又何贵于有此民国金库之改革。诸君为国家而牺牲其利益，吾知必无反对；然一改革以后，则诸君获利之途又少其一。所谓危险者，此其一也。昔日因币制之不统一，乃能利用地理时间之差，而于汇兑上得利益。然不统一之故，在票商所获之利固不少，而一般国民、一般商业受损则甚大。以国民经济世界金融论之,吾国万无蹈常习故之理。然一变以后,则诸君所恃以获利者又缺其一。所谓危险者,此其二也。近三十年吾国受世界经济之压迫,情见势绌,为内外所共见。□最近银行团之情形论之,外国银行执吾国金融界之牛耳,则吾之生死诸君当能知之,无须赘述。夫各国无一国不有中央银行,而吾国有中央银行是否能敌外人,暂置不论。今日之外国银行实又入我堂奥,而占我中央银行之地位矣,此尤国民经济之危险。而诸君之营票号,虽有巨资,何以堪此,则尤为危险中之危险,而票号诸君所当注意者也。

现在合全国固有之现金能有若干,不能详知。然人民之所藏与商家之所贮,恐不能敌在中国之各外国银行。然货币之为物,其实质之增加固属甚难,而效用之增加则金融机关发达以后自能收其效果。以票号三百年之历史,凭藉旧经验运用以新方法,虽不能于旦夕之中挽回世界狂澜,然所以裨益国民而徐为后来补救之地者不已多乎!此鄙人之所深望于诸君者也。

若云改良扩充之道,鄙人稍有研究。他日当别为文论之。然今日所可断言者,环顾国中有改良中国金融业之资格者,则山西票号而已。何以言之?凡事不贵理论贵乎经验。以外国卒业之留学生论,其学问固佳,言于经历不免少缺。且曩言收治世经济界之事业。非旦夕所能发生,而于信用一层,尤为显著,若集资本定章程,短者数日,长者则假于半月,自能收功。以云信用,苟无历史的根据,决无自发生也。诸君既以数百年之基础,而能得国民深厚之信用,今后能参以外国之良法美意,而加以扩充,乃反手间事,视学者空谈银行论著,岂可同日语哉!诸君素以勤俭耐劳著称,几于凡种种实业家应备之美德无一不具,独有一事为诸君缺憾者,则乏进取之精神是已。盖今日立于世界,不唯当尊重固有之习惯,又当应世界潮流随时世进退,凡百皆然,而于金融为尤著。盖今日金银之涨落,不在一国之内,其主持者伦敦也,纽约也。诸君眼光所及,即能射及全土,尚不足以操纵金融。此鄙人所为以进取精神望期诸君者,即望诸君默观世界潮流,而为应时势之改革也。夫以南意大利与英国之金钱商能转而称霸于世界金融,则知以诸君旧有之基础进而加以改良,岂但转以国内金融,即外人侵略之潮流,以诸君为中流砥柱可焉,是诸君之一举手一投足,非徒诸君自身利害之所系,于国民经济、国家财政有莫大影响焉,诸君之责任亦重矣。鄙人对内国金融略有所见,俟缓日与诸君商榷之。

  注:《梁任公莅山西票商欢迎会演说词》,载于《大公报》,1912 年 11 月 6 日。

附件 3-3

山西票帮开团体会组织银行演说

王乃成

  天下事,上而国家,下而人民,不论做何等事业,必先将利害二字研究透彻,然后立定宗旨,切实进行,乃能收良好之结果。鄙人前此在奉联合同乡团体会会议,宣布意见书,恳请吾晋票帮,发起组织银行。随赴京、津详细调查,回晋组织。适京、沪、粤、湘诸同乡票帮,亦函电纷驰,佥以速办银行为请,情辞迫切。沪帮更拟有承办中央银行简章,权利占最优等。并称岑云阶先生愿为介绍政府,力任维持之责,诚属千载一时之机会。今日蒙诸乡先生开会讨论,电邀鄙人与议,热心毅力,钦佩万分。唯银行事业,极为宏大,其中利害之关系,迥非寻常可比。目今吾晋商务,无论如何刁难,势在不能不办,鄙人愿与诸乡先生先将不办银行之害痛切言之。吾晋票商,在前清时代立业已百余年。向来财力雄厚,利源巩固,为各省商务之冠。自庚子京、津拳乱,损失甚巨,元气已伤。其后政府设立大清、交通各银行,各省又设官银号,而票业本有之利权,遂悉为外省所攘夺。上年民军起义,川、鄂首被兵祸。近年(1912 年)京、津、鲁、奉又相继兵变,各省商业遭害之大,无过之吾晋票商。现时票业之地位,欲进则无利可图,欲退则旧事不了。若不改变方针,亟图挽救之策，将来清理外事，亏累之家固必首被挤轧；即殷实之家其财力亦断不足支应。信用一失，各省债户群起为难，请查抵补在所必行。各号财东，先蒙破产之祸；即诸大执事十年血汗经营所得，无非储存号中，亦将随号业俱去。至是，则居凡财东、执事，旬月之间，诚实恐理变贫民。而各小执事之废时失业，无处谋生，更不待言。况吾晋地无所出产，人无工艺，通省士、农、工、商所仰望而依赖者，向只票业一途。若票业一旦失败，全晋同胞，势必束手待毙。他日共和民国，凡属晋民，既失其生计之能力，各省文明同胞，将讪笑唾弃之不屑，其何以存立于世界。危险之象，已达极点。此不禁为吾诸父老兄弟痛哭流涕长太息者也。泄泄沓沓，颠覆即在目前。其不办银行之害有如此。

请更言兴办银行之利。银行者，为总持商业之机关，活泼金融之枢纽，今日票业之困难，不外乎金融停滞，商力溃散之最大原因。吾晋商帮宜趁此信用未失，名誉尚在，赶紧团结全体，发起组织银行，奋其冒险精神，猛力前进，绝不可稍存退缩。苟银行成立，则举全国之财力，使之散者聚，滞者灵，操奇计赢，气象必为之一变。况借款有抵押，握操纵收放之全权。代价有纸币，寓酌盈济虚之妙用。其他营业之活动，大可为富绅巨商荟数存款，小可为贩夫苦力零行储蓄。迨本源充裕，更以多放借贷，次第推广实业、铁路、矿山，上可供国储之缓急，森林渔牧；下可应商界之取求。于国于民，实有百利而无一害。譬如操豚蹄而祝篝车；昔之妄谈，将为今之实验。

……

注：原稿为油印稿，作于 1912 年。

附件 3-4

同舟忠告（自叙）

李宏龄

自古谠论，危言事后，以为至理；至情者事前，则视为可厌可憎。唐太宗高丽无功，而后又魏征不在之叹；明成祖苍崖失利，而始思原吉爱我之言。是岂暗于先，而明于后哉！大抵恒人之情，不至时穷势极，不知贤人。君子之用心，为何如也？予自幼经商于蔚丰厚钱庄，遇事认真，而好直言。间间自省，亦知非处世良策，无奈至性勃发，不能自禁。

前清同治至宣统间，驻京理事，迭遭甲午、庚子、辛亥之乱，事起仓促，为国家未有之难，亦为商界未有之奇变。方事之殷也，区区商号如一叶扁舟，浮沉于惊涛骇浪之中，稍一不慎倾覆随之。而回顾老号诸执事，泄泄沓沓，大梦未醒，问以时事之变迁，商务之消长，皆似隔靴搔痒，于己无关。予慨念前途，忧深未雨。举凡各埠之盈亏，人位之贤否，宜如何整顿而策励之，苟有所知，无不切实为敷陈；连篇累牍，只求同心以共济，何嫌越俎而代庖。每发一信辄自忖，吾言如行，东伙之福也；倘因多信获谴，升沉得失，久已度外置之。初步料执事诸公，谊则管鲍之，而情同胡越。进言者惟欲急起而直追，听言者视为虚文而敷衍。迁就因循，日复一日，时机坐失，谁之过欤？

癸丑予年老家居，课孙之暇，偶检箧中旧稿，居然荟萃成卷，同业中见者赞叹，因予言之不幸而中也，多有溢美之辞。予曰："是犹太宗之思魏征，成祖之念夏原吉。今日读之以为至理至情者，皆数年前视为可厌可憎，而迂远不切于事情者也。"二三知己，劝付石印。吁泽畔行，吟长沙太息，言之无补于当世，留之何益于后人？！固辞不获，爰赘数语，以志吾之余憾！若以为示尺牍之规模，争文学之工拙，此骚人诗客所为夫，岂予之志也哉。

注：摘自李宏龄：《同舟忠告》，山西太原监狱石印，1917 年。

附件3-5

晋省日昇昌倒闭之种种情形

山西日昇昌票号已于数月前关闭，其中情形各界过不深悉，兹特志详于左。日昇昌自前清乾隆年间开设，初为颜料行，至道光年间改为汇兑业。其东家李姓，山西平遥人。同光年间，其营业之发达，实为同行之冠，各省设立分号二十四处，其殷实可知。以如此殷实之字号，忽然一败涂地，其原因约有数端：

（1）日昇昌营业之中心点，在南不在北，南省码头最多，两次革命均受较大影响，此其一也。

（2）日昇昌之款项，未革命之先均分配在南省。自革命后各省纸币充斥，现金缺乏，由南省调回现金，往返折扣，每百两亏至三十五两以及五六十两，此种亏耗实足令人惊异者，此又一也。

（3）日昇昌当革命时，欠外数目约五百万，欠内之数七八百万，出入相抵，有盈无绌。然欠内之数目，成本已付诸东流，遑论利息。在欠外之款项，该号为支持门面，维持信用起见，三年之中均示停利，此项亏耗又其一也。

以上三项，均该号中亏损之远因。所以关闭如此之速者，尚有种种之近因。

第一种之大原因为广西之官款。广西官府催迫甚急，动辄率兵威吓，计一年之中提取十余万两，犹日日前往催取。

第二，该号之正经理为郭斗南，副经理为梁怀文，就资格论梁应居正。唯梁为人公正朴实，自革命后对于东家提用款项极力阻止，因是不能得东家之欢心，梁无可如何遂于去岁出号。梁在号中素为大家所推崇，梁去人心为之瓦解。

第三，京号之股东（应为经理）有赵邦彦者，赵因号事吃紧，托病回晋，一去不归。代理人为侯垣（侯资格甚浅，又因作保合盛元一案，合盛元执事人逃匿无踪，监察厅屡向侯垣索人，如无被保人即将保人押起等语。候外遭监察厅之逼迫，内受各债主之追索）遂私携带伙友账簿逃归。

有此三种近因，二百余年之日昇昌，遂乃一败涂地矣。京师一方面自该号关闭后，如苏锡棉等前后控告计二十余家，警察厅除将草厂九条该号房产封闭外，又行文山西平遥县。平遥县知事接到此项公事，乃提取该号之各东伙执事人等。讵意该号中之正经历郭斗南见事不详，托辞觅取，逃避无踪，故外间有郭已投井之谣传。其京号之经理赵邦彦及代理侯垣，亦均不知所往。此处之各执事人，更愤然若鸟兽散矣。其副经理梁怀文已经辞号年余，闻此消息知东家李五典等破产在即，无人出来料理，心不自安，乃挺身而出，自谓年已六旬，久蒙东家豢养，今当急难，若袖手旁观，良心何在，乃随同冀体敬等四人投往县中，来京料理债务云。

注：《大公报》，1915年1月23日。

附件3-6

《山西票商成败记》（节选）

京都票号经理人发起合组银行倡议

李宏龄

屡函山西各总号经理

敬启者：我晋向以善贾驰名中外，汇业一项尤为晋商特色。近百年来，各业凋零，而晋人生计未尽绝者，独赖汇业撑柱其间。乃自甲午、庚子以后，不唯倒欠累累，即官商各界生意，亦日见萧疏。推其原故，固由于市面空虚，亦实以户部及各省银行次第成立，夺我权利；而各国银行复接踵而至，出全力以与我竞争。默计同行二十余家，其生意之减少已十之四五，存款之提取更十之六七也。即如户部银行所到之处，官款即全归其汇兑，我行之向做交库生意者，至此已成束手之势。我行存款至多向不过四厘行息，而银行则可得五六厘。放款者以彼利多，遂提我之款移于彼处。且彼挟国库、藩库之力，资产雄厚，有余则缩减利息，散布市面，我欲不减不得也；不足则一口吸尽，利息顿长，我欲不增又不得也。彼实司操纵之权，我时时从人之后，其吃亏容有数乎？至于外国银行渐将及于内地，所有商家贸易，官绅存款，必将尽为所夺。外人之素习商战，更非我所能敌。试问我行尚有何事可做乎？此数年来之陈迹，亦以后事势所必至，非晚等之过虑也。近数年来勉强支持，冀有转机之一日，乃今年度支部奏定银行则例，凡具有银行性质者，必须呈本验资注册，如处有银行程度，仍需悉遵其规例方准开设，否则，存款汇兑者不准做。原限三年实行，近闻有人奏准六个月后即照此办理。试问我行果将一律闭歇乎？晚等焦灼万分，徬徨无措，连日会商，自非结成团体自办银行不足以资抵制，不足以保利权。盖开办银行，如押款担保等事，票号所不便为者，银行皆照例为之，倒账可无虑也。况既为银行，为保护等事，票号所不能享之权利，银行独能享之，生意可发达也。兼之资本雄厚，人位众多，自可多设分庄，即外洋各埠皆可逐渐分设，挽回利权，难以数计。以我晋之信用，票号之殷实，不难为中国第一商业，且权在票号操纵，仍可自如。人皆晋人，生计可保不绝，又何乐而不为哉！或虑出资后设有亏折将何以处，不知银行可定为有限公司，即使折阅殆尽，不过其已出之资，不能再认赔累也。

平时多积公积，即防亏折。又虑无人可用，不知银行为票号公开，每家不过酌拨数人，已自敷用，毋庸再事搜罗也。又虑界限不清，生意难做，不知公开银行，正如我晋之开小字号做东另立账簿，另占地方，获利之后，按股匀分，绝不虑其混淆也。或问开银行后即可保票号不废乎？不知正以票号不能久存，故立银行以补救之，纵使票号尽废，有银行尚可延一线生机，否则同归于尽而已。

诸执事久涉商界，阅历最深，于世事变迁更已洞若观火，即无晚等刍言，必已成卓在胸。思为改良之计，晚等睹此变局，悚心骇目，谨合词妄陈，望垂察为幸。专此敬请台安，立候回示为盼。

祁
京都太票帮公启
平

〔光绪三十四年〕戊申三月二十三日申

兹将会议大概办法条列如下：

——每家各出资本三五万两，作为有限公司。

——集股本五百万，每股一百两，每月四厘行息。除同帮入资本外。

——银行应名为晋省汇业银行，悉遵票号做法，略改其不便之处，以合银行规则。

——公举熟悉商情、声望素孚之人充经理。昨与渠楚南观察面商，楚南甚为欣允。

——银行成立后，除内地繁盛各处均占分庄外，可渐推及各国商埠，以保本国利权。

注：摘自李宏龄：《山西票商成败记》，山西太原监狱石印，1917年，第2—4页。

附件 3-7

汇通实业银行章程

第一章　总则

第一条　本银行以疏通金融振兴实业为宗旨。

第二条　本银行定名为汇通实业银行，一切应定规章均查照现行公司律办理，并先禀明财政部核准备案。

第三条　本银行定为股份有限公司，股东之责任以所认定之股本为限。

第四条　本银行系就山西汇帮字号结合而成，因旧时之信用改良扩充。所有各号旧事仿照大清银行办法，另设清理处清理。详细规章另行厘定，籍保债权，而维商务。

第五条　本银行先设总行于北京，再就原有分号于各省埠次第改设分行。

第二章　资本

第六条　本银行资本金暂定为三百万元，一百元为一股，分为三万股，年息定为五厘。其招股详章另定之。

第七条　本银行股份为新股、旧股两种。新招者列为新股，其有各号存户愿将旧时存款酌提附入股份者，列为旧股，应均享同等之利益。

第八条　本银行在股本未招足以前，先由汇帮中公推领袖，以全权名义，得政府之咨可，径向公司商借中洋三百万元，作为资金，先行开办，以十年为期。俟将股本陆续招收，即行归还本利，依限清结，不得暗有移作□□情事，以免生后来之轇轕。

第九条　此项开办借款系为早日流通市面起见，已禀由财政部承认以山西附加亩捐一项作抵，商借商还，并双方签立华洋合同，俾资执守。

第十条　本银行于立案后择地点设立筹办处，筹备一切。俟收到公司交到借款三分之一，即禀请财政部验资，农商部注册，以便开始营业。

第三章　营业

第十一条　本银行营业种类如左：

（1）存款

（2）贷款

（3）汇兑

（4）票据折扣

（5）买卖荒金银块

（6）贴现交易

第十二条　本银行营业年限以二十年为止，但得股东会至决议，并财政部之核准，得延长之。

第四章 计算

第十三条 本银行于每年决算时,应各制营业报告书记贷借对照表,报告股东会。但开会前一月须登报公布,其地点即于北京总行执行之。

第十四条 本银行利益分配以每年决算所余净利匀分十成,以二成为公积金,一成为特别储用金,五成为股东红利金,二成为行员奖励金。

第十五条 本银行于借款未行还清,年度所有营业决算之盈亏,俱与债权公司无涉,但得有查账权。如十年偿清时,与该公司未有继续之缔约,即当然脱离关系。

第十六条 本银行登记均用新式簿记,每半年一小决算,每年终一大决算,自营业之一月一日起,至十二月三十一日止。

第五章 职员

第十七条 本银行设总协理各一员,监察二员,董事无定额,均由股东会公推选任,任期三年,期满如复被选,尚得连任。总协理、监察、董事之下,各行设正副经理各一员,均由总协理及董事会商派充。其余各职员临时设置,总以有银行学识及久驻汇帮者为合格。

第六章 附则

第十八条 本章程异日有须更改之处,得由董事会全体会员过半数之决议增删之,但须禀请财政部察核方能发生效力。

注:《美国商务委员安脑尔函复洽议山西钱业商借中国通用洋五百万元文件》,《北洋政府档案》机关代号 1027,卷号 730。

第四章

票号的经营

票号诞生之初,是单一经营汇款业务为特色的。后来在汇兑官款过程中,形成了存放官款、代垫饷银等业务,自然地发展出了存、贷款业务。因为跟官府关系亲近,票号也一定程度上承担起了代理财政的职能。良好的信誉使票号在官方、商界和民众心中都获得信任,官宦、富户的大额存款也陆续选择票号。此外,在支持近代工业中,票号业积极发展了对商户贷款业务。到票号发展末期,开办存、贷、汇各类业务的票号,在功能上,已经类似近代银行。

第一节 票号的业务构成

一、汇兑

汇兑,是票号最初的业务,也是票号最具优势的业务。据不完全统计,从1891年到1911年,票号业的汇兑金额达到1亿5千万两[①]。

---

① 杨端六. 清代货币金融史稿 [M]. 三联出版社,1962:125.

（一）汇兑的种类

陈其田《山西票庄考略》中描述了票号汇兑业务的五种类型："票号汇兑的方法分五种：①票汇，普通汇款以票汇居多，由票号开汇票一张，交与汇款人，汇款人将汇票寄给受票人，受票人可拿汇票向分号提款。②信汇，汇款人将款项交给票号，汇款人写信给受票人，票号写信给分号或者联号，受票人持信到分号或者联号取款，但受票人需要出领款收据给分号或者联号，分号或者联号再将收据寄往票号。③兑条，汇款人将银票交与票号，票号写兑条一张，自中间撕开，上半交于汇款人寄给收款人，下半由票号寄给分号或者联号，收款人持上半兑条到分号或者联号取款。④电汇，多为紧急需款，汇费较贵。电报常用票号自编的密码，日期、数目、平色都能由一二字代替，十分简捷。⑤旅行汇券。"①

1. 票汇

票汇，是票号最早的汇款业务，普通汇款中以票号为最多数。票汇的核心是汇兑工具——汇票。在票汇中，票号接受汇款人申请，收取汇兑银两，然后开出汇票一张，交给汇款人。汇款人把汇票寄给受票人，受票人可持汇票向票号的分号领银两。

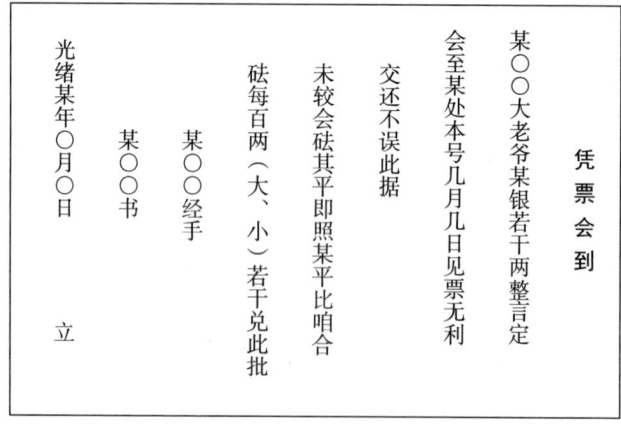

图 4-1　汇票样式（宝丰隆票号）

---

①　陈其田. 山西票庄考略［M］. 商务印书馆，1937：76.

2. 信汇

信汇，是指汇款人交款给票号后，写信给收款人，票号收到汇款，即写信通告收汇地的分号或者联号；收款人接到汇款人的信，持信向交款地票号要求取款，票号接到了交款的通知，即行付款。这种方式，一般是素有往来的大商号会采用①。

信汇的汇费相对比较便宜，而且汇款人多半是熟识的商号或个人，各自以信件进行关照，不至于造成错误②。

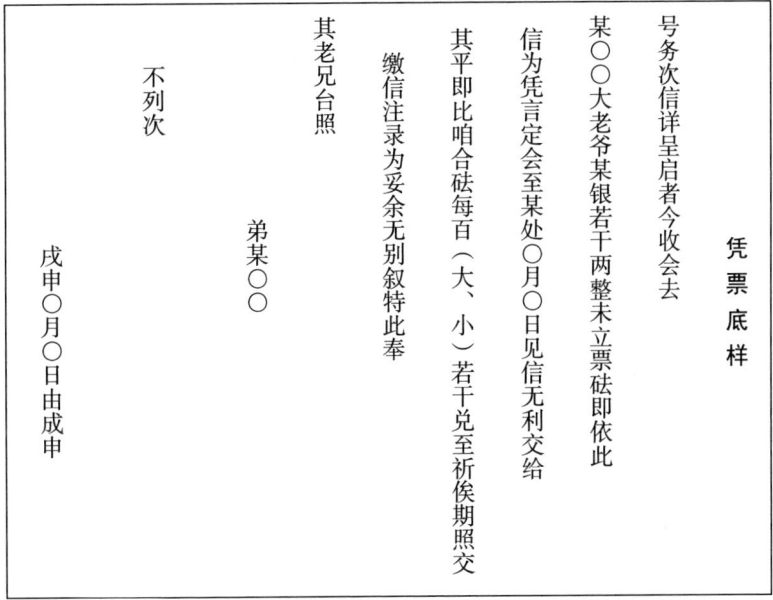

图 4-2 信汇样式（宝丰隆票号）

3. 电汇

（1）电汇的兴起和最初的争议。

电汇的基础是电报。1889 年，中国电报事业兴办，逐渐发展到全国各地。光绪十八年，李鸿章奏折中反映："中国创立电线已阅十年，近年来

---

① 卫聚贤. 山西票号史 [M]. 说文社，1944：108.
② 陈其田. 山西票庄考略 [M]. 商务印书馆，1937：111—113.

风气渐升,推行日广,东北则达吉林、黑龙江俄界,西北则达甘肃、新疆,东南则达闽、粤、台湾,西南则达广西、云南,遍布二十二行省,并及朝鲜外藩。殊方万里,呼吸可通,沟称便捷,然必一无隔阂,方能不误事机,诚以由电传递之件,无论官商皆关紧要。"

随着电报事业发展,电汇业务也出现在了中国。票号业开始使用电报传送紧急文件,并逐步开始办理电汇业务。

虽然各大票号纷纷开办电汇业务,但也有些守旧的票号经营者想要阻止电汇业务,例如,蔚丰厚票号曾经在开办电汇业务不久后,试图停办。总号认为:"电兑银两,已试办一年,救他人之急需,我号所得兑费亦属寥寥,少得兑费属小,关乎厉害甚大,与其追悔于后,莫若及早回头,各庄于二月底即行停止。"

停办的理由是电汇急满足了客户急需,但为票号带来的收益却不多。确实,当时电汇费用高,除非紧急,一般人不会选用电汇。但是,票号个别人这种短视的行为,只看到了电汇业务试办期间,业务量不够大,带来的收入也不多,却没有看到电汇的方便及时是金融业发展的趋势,也没有意识到电汇业务未来的前景。还有人认为:"特恐电兑虽有暗码,总经假手于人,行之难久,难免有意外之虑。"因为电汇要通过电报部门,票号中一部分人就总担心会出现差错、纰漏,造成风险。其北京分号经理李宏龄极力劝说,反对停办电汇。他认为,当时的形势和之前不同,各省电汇银两都已经通行,如果本票号一家不做电汇,势必落后于人。他还设想没有了电汇的后果:"如我号旧日之主道,或有电汇款项,势必至别号电汇,别号可由生而熟,为日既久,我号反因之由熟而生;既有不用电汇款项,亦恐由别号汇兑,是生意未必因电兑格外生色,却恐因停止电汇减色,此亦不可不虑。"① 他认为,即便电汇业务数量少、收入少,但是如果不做,会流失客户。在李宏龄的努力下,该票号最终没有停办电汇。

---

① 李宏龄. 同舟忠告 [M]. 山西太原监狱石印, 1917: 11—14.

(2) 票号的电汇业务。

电汇的方便快捷得到了各个票号的广泛认可，元丰玖重庆分号给上海分号的信文里提到："重自设有电报局以来，我号各庄，遇有紧急要事，均行打电咨照，彼此各庄，往来答复，取其速便。重想电信报事，虽是速便，又能济急，妙不可言。"但也同时表示了担忧："事不能瞒人，与事有些妨碍。"于是，该票号提出编制密码暗号："俟后重倘若因要事于我上号打电，重定于按电报编码，即币他用0001，我号加一小码用0002，他用码下之字，我用码上之字，所有地名字号，仍用伊原码。"①

电汇的方便也吸引了官方汇款业务采取此种方式，张之洞就曾多次采用电汇方式汇兑官款。光绪十二年，"奉会办海军北洋大臣李鸿章电催提解，转行司局送予光绪十一年十二月二十一日由百川通等八家电汇藩库平银纹银十二万两"②。光绪十三年，"本年四月划拨贵州委员再粤购买军火银五千两，十一月十三日、二十三等日先后发交商号百川通电汇银共二万两，饬赴贵州藩库交收"③。光绪十七年，"实协桂饷之外加拨银一万两，发交百川通商号电汇广东善后局兑收，凑付镇南关炮费"④。

4. 兑条及旅行券

兑条，即汇款人将款项交给票号，汇出票号写一张兑条，从中间撕开，上半部分交给汇款人，下半部分寄给汇入票号，汇款人将上半兑条寄给收款人，收款人持兑条到汇入票号，相对领取款项，且不用担保⑤。兑条往往用于小额汇款，从中间剪开的时候，票号伙计会剪成曲形，这样不易伪造⑥。

---

① 黄鉴晖. 山西票号史料 [M]. 山西经济出版社，2002：691.
② 《两广总督张之洞奏折》光绪十二年正月十七日，《军录》财政类，卷号21。
③ 《两广总督张之洞等奏折》光绪十三年十一月二十七日，《朱批》财政类，卷号38。
④ 《湖广总督张之洞奏折附片》光绪十七年十二月二十七日，《军录》军务类，卷号13。
⑤ 陈其田. 山西票庄考略 [M]. 商务印书馆，1937：113.
⑥ 卫聚贤. 山西票号史 [M]. 说文社，1944：110.

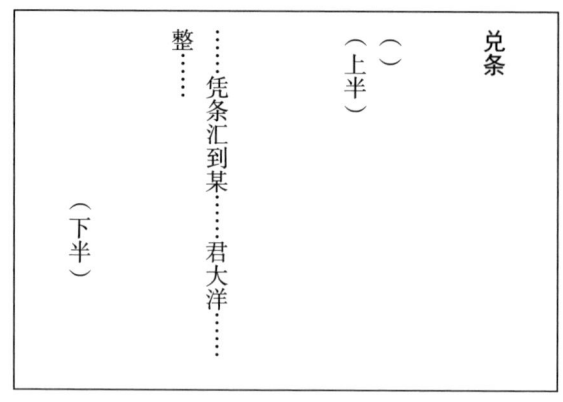

图 4-3 兑条①

还有一种汇兑方式叫"旅行券"。例如,某人从北京到上海,将一千两交给北京的票号,由票号开付会券,当时说明路上所要经过的某处票号,北京的票号将会券的人名或字号书面通知联号;某人起身到天津提五百两银,即可向该票号的联号提款,由联号在会券上面注明提取金额及余额;等某人走到济南再提二百两银,最后到上海至该联号提取三百两,会券即由上海的票号收回②。

5. 逆汇

逆汇也叫"倒汇",它的过程与一般正常汇款相反。信用较好的商人开立汇票,交与票号,票号买进汇票,然后送交收款地的分号,索取资金。正常的汇款是票号先收银两,开出汇票,收款地分号在接到汇票的时候支付资金给来人。简单地说,就是一般汇款,票号先收款,后付款;拟汇中,票号先付款,后收款。从现代金融角度看,逆汇更像是票号买入票据,类似贴现业务。逆汇只在一部分重要的地区存在,也只适用于少数大商人。毕竟这个过程中,票号其实提供了信用,垫付了资金。只有实力雄厚的大商号,才能让票号买入票据的时候没有后顾之忧。

近代学者君实在 1917 年发表在《东方杂志》的《记山西票号》中评

---

① 陈其田. 山西票庄考略 [M]. 商务印书馆,1937:113.
② 卫聚贤. 山西票号史 [M]. 说文社,1944:113—114.

价:"倒汇,中国此种汇兑,向所未有。"他认为拟汇产生的原因是与外国通商,内地市场贸易增加,汇兑种类因此变化。

(二) 汇兑中的折算

因为各地的银两平色不同,汇出票号和汇入票号就需要折算银两。例如,上海申公砝规银的1000两汇到张家口,折算成张家口口钱平足宝银就是909.24两;汇到汉口,换成汉口汉钱平估宝银就是949两。

表 4-1　　　　　　　　大德通使用的汇兑折算

	张家口口钱平足宝银	909.24 两
	祁县祁公平竟宝银	925.19 两
	天津新行平纪宝银	951.06 两
	天津老钱平纪宝银	951.94 两
	天津新钱平纪宝银	956.65 两
	汉口洋例平样例银	967.37 两
	汉口洋例平估宝银	948.03 两
	汉口汉钱平洋例银	968.37 两
	汉口汉钱平估宝银	949.00 两
上海申公砝规银 1000 两 =	济南济平足宝银	927.00 两
	周村村钱平足宝银	907.42 两
	归绥城钱平现宝银	915.00 两
	京师京公砝足纹银	945.68 两
	京师京七两平足纹银	971.56 两
	京师京七两平松江银	991.39 两
	天津津公砝化宝银	956.25 两
	京师京公砝松江银	964.98 两
	京师京市平足纹银	951.16 两
	京师京市平松江银	970.57 两
	京师京二两平松江银	990.34 两

资料来源:陈其田:《山西票庄考略》,第123—131页。

(三) 汇差的结算

票号内部两地汇兑债务的清算，可以通过同业中互相抵销账务，也可以间或通过现银运送以通有无。各票号在收交汇款之后，汇差清算是通过"月清"和"年总结"报账制度进行的。如果某分号存银或缺银太多，影响业务，才用调度现银的办法。票号汇兑，汇出票号收取现银，汇入票号支付现银。有些分号一段时间里收银多，付银少，有些则相反，这就造成有些分号存银多，有些现银短缺，票号内部就需要输送现银。

现银递送的方法，要视交通便利与否来决定。在交通便利之处，可以搭载火车、轮船。如1907年，世义信票号曾有现银一万三千两，是通过夜间火车，从北京解运到天津的①。在偏僻之地，则依赖"急足"，"急足"就是进行运送事务的机构。在天津还有专门运送现银的"急足"，如"全盛""万通"等商号。押运银两者一般就是镖局。运送费用随路途远近而定，例如，从天津送张家口，每千两银，收取费用四十到六十两银②。

(四) 交汇期限

汇票兑款的期限，没有固定的时间，由汇款人来决定。具体有即票和期票两种。即票，也就是见票即付。期票，是按照汇票上所写的见票多少天兑款。

即票是常见的业务模式，期票相对较少。除非信用确实可靠的商家，否则票号不愿办理期票。因为期票要迟兑，涉及信用问题。

光绪六年，闽海关汇兑海防经费，就使用了票号的汇票。穆图善等人的奏折中提到："库无存银可动，而船为要需，势难刻缓，只得暂向号商设法挪借，取其期票四张，载银二十万两，均限四月内在沪交清，发文善

---

① 大公报，1907 - 06 - 21.
② 潘承锷. 中国之金融 [M]. 中国图书公司，1908：8.

后局司道汇同兑解。"①

二、存放款业务

(一) 存款业务

1. 定期和活期

票号的资金来源,除了自有资本,还有存款。从期限上看,票号存款有两种,活期存款和定期存款。

近代学者分析道:"票号对于浮存(活期存款)之款,且有不计利息者。往往票号将所收浮存,暂存于钱庄,籍以获利。"②

活期存款不计息,对票号来说,这就是零成本的资金来源。这种活期存款在票号大量存在,包括为了汇款而存入的临时性资金。从汇款存入到汇款解付,中间有一个时间差,而票号在这个时间里是可以拥有资金周转的好处的。

定期存款一般为三个月或六个月,多至一年。在鼎盛时期,每个票号的存款总额在二三百万两到七八百万两之间③。

2. 公款和私款

按存款客户类型票号存款可以分为"公款"和"私款"。票号的存款客户主要是官府、官吏存款及商人存款。从比例上看,"商人之存款少,而官款及官吏之存款为多。然票号之得运转巨资,全恃官款之保管"④。

这里所谓"官款",是官府存入公款,即税款、军饷等,这些钱一般是因为要汇款而临时存入的。清末才产生了清政府的官办银行。此前,票号经营的很长时间里,因为清朝政府没有国家银行,所以票号就有机会收

---

① 《穆图善等筹款购买铁甲船银定期汇寄折》光绪六年四月初六日,《军录》洋务运动,海军类,卷号121。
② 东海. 记山西票号[J]. 银行周报汇编,1917,1(7)-(8).
③ 陆国香. 山西票号之今昔[J]. 民族,1936,4(3).
④ 君实. 记山西票号[J]. 东方杂志,1917(6).

存官款。

公款存入不计息，票号得到这种不用付利息的大宗存款，就拥有了无息的资金来源，转借出去生利，收益相当可观。票号用这种无利息的巨款，放贷收到八九厘的利息，利差空间很大。而私款按月计息，"自二三厘至四厘为止"①。

公款存入票号数量之多，规模之大，甚至引起了广泛的议论。1881年9月，《申报》就刊登过一篇文章《论商存官项》，分析公款存入票号的由来、原因及利弊。文章认为："汇兑之法尚不可废，时势使然也。既不能废汇兑之法，则以公项存于商人，变闲置之金银为流通之宝货，于国民非无裨益，安得拘于旧制而严律于商人加以逼勒哉。或曰官商相通泰西之俗，中国究非所宜，然此非消泰西之故也。今苟尽撤局务，则旧制自是可复，何必以存于庄号为忧。"文章的大意是，汇兑是无法取代的，所以不能禁绝公款存放票号，而且公款存放到商业性的金融机构可以把"闲置金银"变为"流通之宝货"，肯定了票号的对公存款业务，提升了资金的使用效率，对经济有益。

票号的极盛时代，每家存款多则七八百万两，少则二三百万两，无论官商士庶，都愿意存款到票号。

以下是日昇昌票号的存银折，上面记载了存款、取款信息及利息数额。

日昇昌存银折②

光绪三十二年平邑　　日昇昌记　　立

九月廿日收借红封库平足纹银贰千两整

言明每月四厘行息期至来年对日归还无砝

三十四年八月初八日取付二千两二十三个月利足银一百八十四两

---

① 陆国香. 山西票号之今昔 [J]. 民族, 1936, 4 (3).
② 山西财经大学金融学院收藏。

付至本月廿日止　　　红封库平

宣统元年五月廿四日取付二千两上十个月红封平利足银八十两

付至本月廿日止

八月初一日取付二千两上二个月红封平利足银一十六两

付至七月廿日止

宣统二年四月初六日取付两千两八个月利红封平足银六十四两

付至本年三月廿日止

宣统三年正月十七日取付二千两上十个月利红封平足银八十两

付至本年正月廿日止

六月初三取付二千两上五个月利红封平足银四十两

付至六月廿日止

八月十七日取付二千两上三个月利红封平足银二十四两

付至八月廿日止

壬子（民元年）十月初九日取付二千两上一年红封平足银九十六两

付至本年八月廿日止

民国二年二月初四日取付二千两上四个月利红封平足银三十二两

付至阳历二年一月廿六日止

民国三年一月廿一号取付二千两上一年利红封平足银九十六两

付至本年十一月廿六日止

（二）放款业务

1. 放款对象及类型

票号发展到后来，也开始经营放款业务。放款对象主要是官僚、钱庄及大商号。从业务重点上看，放款以钱庄为多，商店及官吏次之，至于普通个人放款则极少发生。票号放款，一般是信用放款。

有时候票号业对官方提供融资，《大公报》曾有记载："中国汇兑银号（票号），除汇兑银两外，间有与官家、商家通融借贷之事，息银多少各有不同，书立信据，书明归还日期，即应如期归还，此后如汇款、借项逾期不归者，呈明地方官衙门代追。如该官衙门延不申理，准报商会据情禀报大部饬催。"①

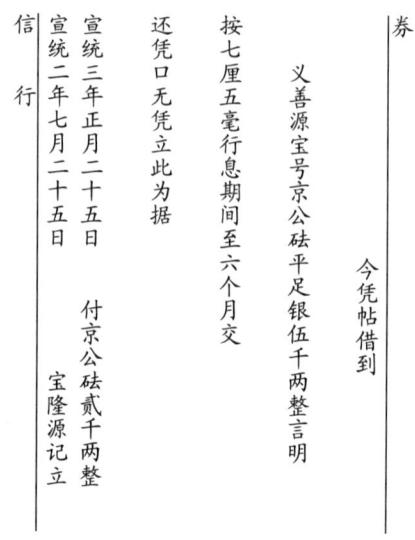

券

今凭帖借到

义善源宝号京公砝平足银伍千两整言明

按七厘五毫行息期间至六个月交

还凭口无凭立此为据

宣统三年正月二十五日　付京公砝贰千两整

宣统二年七月二十五日

信行

宝隆源记立

图 4-4　票号借据

票号经营后期，存放款业务数量巨大。例如，侯氏有 6 家票号，天成亨、蔚泰厚、蔚丰厚、蔚长厚、蔚盛长、新泰厚，这 6 家票号直到民国二年（1913 年）九月，仍有数以百万计的存放款业务。6 家合起来，存款约 944 万两白银，放款达 1234 万两白银。

表 4-2　　　　侯氏 6 家票号存款、放款统计（1913 年 9 月）

号别	总分号数	存款（两）	放款（两）
天成亨	15	1339200	1857300
蔚泰厚	20	2062610	2720671
蔚丰厚	19	1896200	2387242
蔚长厚	14	1095200	1275500
蔚盛长	15	1831346	2135533

---

① 商部批准北京汇兑庄金银号禀创立商会拟定章程请立案由 [N]．大公报，1904-06-13、14．

续表

号 别	总分号数	存款（两）	放款（两）
新泰厚	14	1212955	1966691
合计	97	9437511	12342937

资料来源：黄鉴晖：《明清山西商人研究》，山西经济出版社2002年版，第417页。

2. 放款期限和利率

票号放款按期限划分，有短期和长期两种。短期放款从一个月到三个月不等，长期放款一般以一年为限。

（1）放款利率随行就市。

放款利率随市场行情而定，市场资金宽裕时降低，资金紧张时则提高。《通志馆未刊稿》记载："（票号月息）普通自八厘至一分二、三厘不等；如放款于官吏，因冒危险较重，而利息也较高。"[1] 从这段史料我们可以看到，当时的票号利率水平并不算高，对于一般的商业经营，这样的利率水平下，商号的利息负担不算重。

而且，我们还可以看出，票号经营对于风险的防范可体现在差别利率上，虽然对官吏放款是票号结交官府、争取官方业务的手段，但是票号始终认为对官吏的放款是风险较大的业务。因为对官吏的放款是非生产性放款，这种消费性放款，往往存在还款资金不足的潜在问题。

表4-3　　　近代中国个别年份部分城镇票号放款平均月利率

时间	城市	月利率	
1844.5.8—1845.1.28	北京	6.64厘	0.664%
	苏州	6.64厘	0.664%
1851.9.7—1852.2.19	北京	4.37厘	0.437%
	苏州	4.37厘	0.437%
1852.2.20—1852.6.12	北京	4.38厘	0.438%
	苏州	4.38厘	0.438%

[1] 《通志馆未刊稿》（丙）金融机关，（一）上海的旧式金融机关，5页．

续表

时间	城市	月利率	
1850.2.16—1850.5.6	张家口	3.96厘	0.396%
1851.2.1—1851.11.18	张家口	2.23厘	0.223%
1861.1.17—1861.11.18	平遥	3.55厘	0.355%
	祁县		
1897—1898	长沙	6.84厘	0.684%

资料来源：史若民，牛白琳：《平、祁、太经济社会史料与研究》，山西古籍出版社2002年版，第62页。

表4-3中是近代中国个别年份里部分城镇票号的放款平均月利率。从表中可以看出，1844年到1845年，北京、苏州的平均月利率相同，都是月利6.64厘。这样的放款利率，在资金并不充裕的封建社会，并不算高。

而1851年前后，张家口的放款利率甚至低到2.23厘。可见，当时张家口资金之充裕。究其原因，是晋商万里茶路的繁荣。张家口是晋商在万里茶路经营茶叶的重要枢纽，茶叶商人们在张家口改用骆驼运输，然后赶赴俄国的恰克图互市，进行"皮茶"贸易。商业枢纽一般也会成为金融业云集之地，当时的张家口，钱庄、票号云集，多为山西人所设立。商业和金融业的繁荣，使得此地资金集中，利率也就偏低。

1861年，平遥、祁县月利3.55厘，比之于北京、苏州、长沙的6厘以上的月利，明显低多了。这是因为，当时的平遥、祁县是商业繁荣之地，也是传统金融机构集中之地，尤其是票号业兴起后，这两地有多家票号总号，常年有大量银两来往，资金充足，金融业务繁荣，利率就比多数地方要低。

（2）票号放款利率低于其他传统金融机构。

本书以常见的借贷机构——当铺为比较。从史料中看，票号的利率明显低于同期当铺利率。从表4-4可以看出，近代当铺业普遍利率为月息3%，有时高达6%，甚至10%。如果换算成年利率，就是36%—120%。

表4-4　　　　　　　　近代中国部分城镇当业利率

地区	时间	当别	利率	当期	习惯计利法
北京	1851—1874年	当	3%	24个月	每个月可让5天，1个月零5议案仍算1个月，过5天后即按两个月计息
	1900年	当			
	1901—1912年	当			
哈尔滨	1916年	当	2%—3%	12个月 18个月	—
		押	6%—10%	3个月 4个月 12个月内	—
汉中	1862—1921年	当	2.5%—3%	半年 1年 2年	—
祁县	1921年前	当	3%	—	不满1个月均按1个月计息，满1个月后，过3天，加1个月利息，过期6天，加两个月，按3个月计息，如超过5天，仍按1个月计息，叫做"过五不过六"
西安	清末	当	3%	—	—
天津	1900—1909年	当	3%	24个月	—
上海	1937年前	大当	3%	18个月	10天为期，过期一天按10天计息，还要另加1%存箱费
		小押	6%	10天	
苏州	1919年	当	2%	18个月，另加宽放6个月，6个月至12个月	—
		质	3%		
		押	5%		
汉口	清末	典	2%	外加九扣	—
		当			
		质	3%		
		押			

续表

地区	时间	当别	利率	当期	习惯计利法
广东	1800 年	当	3%	3 年	减息成规，押本 5 两以上的减 1 分，按月息 2 分计息；押本在 10 两以上者减 1.5 分，按月息 1.5% 计息，押本在 50 两以上者，利息双方面议
		按	3%	2 年	
		押	3%	1 年	
		小押	当息很高	3 个月	"九出十三归"，即应当的钱数以九折付给，当票仍写十足当款；按十足的当款计算利息
武汉	1913—1914 年	小押店	3%	—	"九扣三分"，即当本每元扣洋一角，另计月息 3 分
西宁	民国初期	当	3.5%	2 年	—

资料来源：根据史若民、牛白琳：《平、祁、太经济社会史料与研究》，第 63—69 页改制。

从表 4-4 中可以看出，同为传统金融机构，与票号同时代的当铺利率明显高很多。票号的月利有的在 3 到 4 厘，低的还有 2 厘的，较高的在 6 厘到 8 厘之间，个别时候达到过 1 分 2 厘、3 厘。而涉及当铺利率，各地普遍都常保持在 3 分上下。也就是说，票号的最高月利比之于当铺的最低月利依然低多了。

3. 票号放款的进步意义

（1）首先，扩大了金融市场的融资规模。

票号在产生之初，是汇兑的专门机构。汇兑属于中间业务，业务过程基本不占据票号的自有资金。票号只是把原先由镖局押运的银两输送改为汇票结算，是用金融工具代替实物状态的金属货币转移，并没有形成融资，也不会改变借贷市场状况。票号没有进入借贷市场，这个市场还是由高利贷业者在把持。

但是，当票号开始从事放款业务，局面就有很大的变动了。票号资本金大，业务规模大，而且有大量的汇款在途资金占用，另外还有大规模的官款可以运用，又因为各地通汇，票号往往在全国重要商业地区都有分号。在传统金融业中，票号已经是跨区域大型金融机构，其资金实力比一般的当铺雄厚得多。一旦票号进入借贷市场，开始经营放款业务，其雄厚的资金实力就会改变市场，给市场注入大量可借贷资金。票号开始放款业务，对中国借贷市场发展壮大是一个强有力的推动，促进了借贷市场的繁荣，扩大了融资规模。

（2）一定程度上缓解了高利贷剥削。

高利贷的存在，是旧式经济制度的一个标志。从奴隶社会到封建社会，高利贷都是普遍存在的。在清代早期，政府甚至利用当铺这种高利贷机构推行金融政策，因为当时的当铺是主要的、普遍的金融机构。

为什么旧社会高利贷如此兴盛？主要原因还是经济不发达，资金匮乏。利率是资金的价格，受着资金供求变化的影响。物以稀为贵，在不发达的社会，往往是资金需求者多，资金供应者少，金融资源的缺乏，必然导致借贷利率高居不下这个客观结果。

还有一个原因是金融市场的分割。封建经济制度下，很难形成统一市场。欧洲的封建经济单位是封建领主控制下的庄园，而中国的封建经济单位是一个个小农经济的家庭。古代先贤对小农经济的自给自足的社会状态作了这样的形容，"鸡犬相闻，老死不相往来"。虽然有些夸张的成分，但是经济的割裂性是显而易见的。中国的封建经济是以种植农业为主的，土地作为基本生产资料，对劳动者形成生产关系的约束。体现在市场方面，要素流动缓慢，自由度不够，也使市场相对封闭又分割。分割的市场间，各种要素交流困难，商品及资金跨区域流动困难。金融市场的分割，就会导致资金余缺调剂不易，可借贷资金缺乏，利率居高不下。

高利贷对生产是有破坏作用的，其本质就是金融领域里的过度剥削。如果把资金视为一种商品，利息就是让渡资金使用权的报酬，利率就是资金的价格。高利贷有多种形式，这里以典型的高利贷机构——当铺为例，当铺有很多种剥削客户的方式，提到典当、当铺，人们的印象是很不好的。当铺最基本的剥削体现为过高的借款利率。我们知道，如果生产者或者商家只靠自身积累来经营，其发展就会比较缓慢。如果能在发展的初期和关键时期及时得到融资，商家就可以快速成长，壮大实力。但是，商家能够运用借贷资金生产的前提是借贷资金成本不能过高，要在可以负担的范围内，过高的利率会超出经营者的财务负担能力。因此，古代的高利贷多与消费行为结合，贵族家庭维持奢侈消费，普通家庭应付婚丧嫁娶、疾病、意外等生活问题时，不得以才借高利贷，很少有商家借高利贷进行经营。尽管明中叶以后，中国出现了资本主义萌芽，新的生产力却没有像西方那样迅速发展，中国也没能像西方国家那样进入工业社会。究其原因，近代之前，中国未能诞生出银行与高利贷对抗，是金融方面的原因。

当铺的第二种剥削方式是刻意低估抵押物。典当其实就是抵押贷款，典当人把暂时不用的物件送到当铺的柜台上，高高的柜台后面坐着负责估值的"朝奉"，他在进行估值后，会高声说出物件的名称、特点及价值。"朝奉"们一般过度压低抵押物的价值，这样做是出于两种原因，一种是低估抵押物，可以少借款出去；另一种是担心抵押物在当铺存放期间损坏，所以提前推卸责任。比如，典当者抵押一件崭新的绸缎面棉袄，而当铺"朝奉"会高声说道："破面烂袄，虫蛀鼠咬！"这个过程也体现出了当铺的剥削性。

还有一种剥削方式是不足值借贷。就是当铺借给客户的钱比本金少，但计息仍按照当票记载的金额来计算。很多当铺的计息方式外加"九扣"，就是给予客户的借贷资金不足，从本金里扣除一部分后交给客户，客户实际借到的资金是本金的九成。还有一种说法，"九出十三归"，意思就是，当铺实际贷给客户的钱是当票记载的借款数额的九折，但计息却仍然按十足款项计息，在三分月息情况下，当铺收回的资金是当票记载金额的 1.3 倍。举个例子，当票记载借出金额为 10 元，但实际付出给客户的钱是 9 元，到期收回本息，共 13 元。九元出，十三元回，这就是所谓的"九出十三归"，也有的地方叫作"九扣三分"。"九扣"是对借款人进一步的剥削、压榨，它掩盖了更高利率的事实。

票号有着大规模的汇款业务，这个业务最初是完全垄断的状况。大量的官款缴解及全国各大商号的商业汇兑，都在票号办理。在汇款业务中，客户交来现银，票号开具汇票，持票人会自行携带汇票到目的地票号兑付现银。在汇款被异地取出前的这段时间里，有一段时间属于在途资金，也就是票号拥有不必付出成本的大量无息资产。票号可以几乎无成本地利用这笔资金放款，自然可以降低利率。另外，很多票号的东家同时也是商号的东家，建立票号的目的之一就是为商业提供融资来源，这就使票号的放款更具商业性。

票号后期的经营参与到放款领域，这对当时的商业环境改善起了极大的促进作用。商人们可以从票号借到低利率的贷款，不仅可以迅速壮大经营规模，还可以解决资金困难，一定程度上缓解了金融市场上因高利贷经营而导致的生产流通资金不足的问题。票号后来对铁路、矿业等近代工业、交通业的放款更是推进了中国的近代工业化进程。

但是，票号的目标客户主要集中于官府、官僚及商号，基本不做个人放款业务，所以个人借贷领域受高利贷盘剥的问题没有得到缓解。

（三）标期、标利

标期就是商场交解现款的期限。标期有春夏秋冬四标，通常，每标相距大约三个月，也就是一个季度。至于具体的日期，并不确定，要看当地票号、钱庄业者们议定的吉日。后来这个日期变成由商会招集各业决定。

1. 标期与标利的形成

标期的发源，是因为对蒙俄的贸易。清代，蒙俄贸易重地是库伦，内地去库伦必经的关口是张家口，也就是"东口"。内地商人，尤其是晋商，采办两湖之茶、曲沃之烟、许昌之绸、南京之缎，以及苏常京广杂货，运到库伦，销售给蒙古商民，或者再进一步销到沙俄。长途贸易的商人再从库伦运回蒙古的马、牛、羊、骆驼等，或者从沙俄换回皮毛、毛织品等物，发售到北平、河南、四川、两湖、两广、江浙等地。

因为对蒙俄贸易基本都是以物易物，卖出货物不能及时收回银两。而且远赴蒙俄的贸易，路途长、时间久，资金周转有时长达一年，所以常常要依赖张家口金融业调剂。这种长途贸易往往每年总结账一次，需要以镖车运送现银交解，一年一次标期。如果内地商人不出库伦贸易，只运货到东口销售的，标期就为短期，一年春夏秋冬四标。

标期不只有东口标，还有西口标，标期比东口迟二十日左右，这二十日是运输时间，比东口标再迟二十日就是太原标，太原标五日后是太谷标，太谷标后五日是太汾标。

当地金融机构按标公开利率，春标开夏标利率，夏标开秋标利率，秋标开冬标利率，冬标开次年春标利率①。

2. 标期与标利的运用

在票号的存、放、汇业务中，常常会出现以标期为期的情况，以下是《道光三十年正月初十日日昇昌张家口分号致汴梁分号信》，其中，多次提到了标期和标利。

……

九月初一日汉下庐足银三千两，咱在口年四月标分收，自收银之日，各依各标口规与伊行息外，每前两贴伊六两。

五月初五日谷交镜宝银一千两，咱在口四月标收件，按月四厘三与咱行息外，共贴咱银六两。

三月初一至十五日河口交河宝银三千两，咱在口年标收伊足宝银一千五百两，净得空期，四月标至五月节，京、口随便交咱银一千五百两，至二月初一日按月四厘三口规与咱行息。

二月初一日迟早三五日苏交西批银一万五千两，四月标京口随便交咱，迟交日期按月四厘三口规与咱行息，每千两贴咱银四两。

四月十五日至二十日河口交河宝银八千两，咱在口年标收伊银五千两，四月标收伊银三千两，均拉净得空期四十余天。

四月初□日河口交河宝银六千两，咱在口四、七两标分收，自正月十五日按月四厘三口规与咱行息，净得空期七十五天。

---

① 蒋学楷. 山西省之金融业 [J]. 银行周报，1936（21）：17-19.

……

在该票号的业务信件中，多次出现"标"，即标期，"九月初一日""五月初五日""三月初一日""二月初一日"的"四月标"，以及"四月十五日"的"年标"，都是标期的含义。

三、同业拆借

票号前期经营工商业放款较少，资金运用一度以向钱庄同业拆借为主。"自票号、银行广放长期拆票以来，钱庄得此不竭之源，于是日开日多，庄伙认识银行、票号，不必仗东人存本，即可指挥阔绰。"[1]。钱庄自有资本金少，就要依赖向外借款。票号成为钱庄的一个重要的资金来源，大力支持了钱庄业的发展。

不仅是钱庄，票号还曾对外国银行提供过资金。"放款范围，则以钱庄为多，商店及官吏次之，平常人则无论如何有利，绝少允许。上海票号亦有与外国银行往来者，故有时也融通资金于外国银行。"[2]

四、发行银两票

票号在北京发银两票，也叫"银票"，是一种临时银两票据。面额小的有五十两，大的有一万两，最多的是二三百两的。北京市面流通的票号开出的小票多的时候达到三百多万两。小票本来的作用是拨兑银两，但因为大家相信票号的信用，也就不急着兑换，而把小票当钞票来用了[3]。广州的票号发行过银票，跟上海的庄票类似，因为有信用，人们用来辗转流通[4]。

---

[1] 答暨阳居士采访沪市公司情形书 [N]. 申报，1884 - 01 - 12.
[2] 《通志馆未刊稿》（丙）金融机关，（一）上海的旧式金融机关，5 页。
[3] 《乔殿蛟访问记录》，1961 年 11 月。
[4] 根岸佶：《清国商业综揽》四卷，348 页。

表 4-5　　票号在京发行银两票及准备金情况　　　　单位：两

票号名称	发行银票额	准备金额	票号名称	发行银票额	准备金额
蔚泰厚	148922	80000	新泰厚	46785.70	25000
大德通	239829.61	140000	大盛川	12550.30	6000
大德恒	79800	40000	三晋源	28000	15000
协同庆	45378	25000	协成乾	21300	10000
蔚盛长	82000	41000	锦生润	8530	5000
蔚丰厚	55380	40000	大德玉	39600	19800
日昇昌	127430.79	65000	义成谦	10000	5000
百川通	42349.77	25000	大德川	8200	4000
合盛元	14500	8000	世义信	12000	6000
志一堂	37458.27	20000	天顺祥	52000	26000
存义公	120400	60200	义善源	95272	48511
宝丰隆	14568.60	9000	裕源	50000	25000
天成亨	40334.24	25000	合计25家	1432589.37	773511

资料来源：黄鉴晖：《山西票号史料》，第 754 页。

在票号兴盛的年代，当时人对票号发行的银票是比较信任的，侯兆麟在《中山文化教育馆季刊》1936 年的冬季号发表《近代中国社会结构与山西票号》中这样描述："据票号中人所讲解的土票子权威看来，土票子信用程度已经有信用货币机能。票面凭票取银若干，既不须铺保（认票不认人），亦不因票面所限制之交银时日而有拘束，所以那种证券还可以出让所有主，流转于交银票号所在地的一定区域内。"

五、代办捐项

（一）办理捐纳官职

以直隶结为例，光绪二年四月京号结来[①]：

[①] 《屡年由京办过取结结捐项折》，山西财经大学收藏。

汪嘉诚，由俊秀省在黔局捐监生，加捐府经历，不论双单月分指江西分缺，先免试用，并在京捐局补大四成实银，归新班遇缺补用，并注册验看领凭。

俊监 108 两，双月 702 两，三班 351 两，分指 320 两，分先 1053 两，免试用 112 两，共例正 2646 两，一三五合足银 357.21 两；实收换照费银 10 两，加监照费银 2 两，补大四成实银 1011 两，加平银 60.66 两，火耗银 14.15 两；直隶结监生 16 两，本班 50 两，分发 28 两，指省 14 两，分先 56 两，大四成 56 两，免试用 14 两，注册 28 两，验看 14 两，识认 8 两，随封 1 两，小费 2.4 两，补平 14.55 两，共足银 307.95 两，注册验看费银 32 两。统共合本平足银一千七百九十四两九钱七分。

光绪三年十月京号结来：

石毂莹，由已捐免验看改指安徽试用未入流，今办吏部注册，并行文知照安徽巡抚按班序补。直隶结监生 16 两，未入 40 两，免验看 20 两，离省直省 35.6 两，注册 20 两，随封 0.5 两，识认 4 两，补平 6.8 两，小费 2.6 两，共足银 145.5 两，注册行文费银 40 两。统共合本平足银一百八十五两五钱。

（二）为官吏代办印结

"印结"是古代的一种"文状"，下级官吏向上官出具的保证文书叫做"结"，结上用印者就是"印结"。以下是票号为安徽、江苏办理印结的部分资料①：

1. 安徽印结

郎中 400 两　　员外 360 两　　京六品 320 两　　京八品 30 两　　京九品 30 两

治中 130 两　　副挥 100 两　　直知州 160 两　　知县 140 两

道员 210 两　　知府 180 两　　知州 150 两　　运同 150 两　　运副 120 两

---

① 山西财经大学收藏。

运判 120 两　　同知 120 两　　提举 120 两　　通判盐经四大使 100 两　　布经 90 两　　布理 90 两　　州同 70 两　　外七品 70 两　　盐知事 60 两

盐巡检 46 两　　外八品 44 两　　外从未 36 两　　教职 30 两

……

2. 江苏印结

郎中 198 两　　员外 165 两　　治中 148.5 两　　主事 148.5 两　　京六品 132 两

副辉 79.2 两　　阁中 66 两　　科中 60.72　　国簿待诏 39.6　　国籍孔目 39.6 两

京从未 39.6 两　　京七品 56.1 两　　京八品 49.5 两　　道员 132 两　　知府 110 两

运同 110 两　　直知州 99 两　　同知 99 两　　运副提举 88 两　　运副知州 88 两

运判 70.4 两　　知县 70.4 两　　通判 52.8 两　　盐经 52.8 两　　布经州同 40.48 两

布理盐政 40.8 两　　外七品 37.4 两　　外八品 33 两　　教职 33 两　　从九指项 36.8 两

从未 26.4 两　　贡生 11.48 两　　监生 7.04 两

……

第二节　票号的盈利情况

一、汇水

票号早期的业务结构比较单一，汇水是票号创立初期唯一的收入。汇水就是汇兑手续费。由于票号汇款业务在当时是前所未有的创新,在票号独占汇兑市场的时候,拥有着垄断利润,只汇水一项就可以给票号带来可观的收入。

(一) 影响汇水的因素

汇水就是票号的汇款手续费,也称汇费。汇兑业务是票号的主要业务,票号汇兑的款项金额巨大,因此,汇水就成为票号的主要收入之一。汇水没有固定数额,一般是由顾客和票号当面商定的。汇水的多少经常是因人而异的。

1. 影响汇水的一般因素

影响汇水的因素有:路途的远近、月息的大小等,另外,汇出票号和汇入票号两地的银两平色也会影响到汇水。

汇水的一般水平因地而异,在交通便利的城市,通常是每千两汇款收二两到三两汇水。交通不便的地方,则高达每千两汇水二三十两,甚至有七八十两的。新疆地广人稀,当时交通极不便利,每千两汇款的汇水能高达百两[①]。

表4-6　　　　　　　1903年北京、天津汇往各地的汇水

汇往地	每千两北京收汇费(两)	每千两天津收汇费(两)
北京	—	4
天津	4	—
归化	15—16	30
奉天	7—8	8
上海	20	40
吉林	60—70	70
张家口	15—16	30
汉口	30	30
孟县(河南)	40	40

---

① 陈其田. 山西票庄考略 [M]. 商务印书馆, 1937: 114—115.

续表

汇往地	每千两北京收汇费（两）	每千两天津收汇费（两）
汴梁	30	30
苏州	34—35	30
沙市	70—80	80
重庆	70—80	80
成都	100以上	100
包头	20—30	25
广东	34—35	30
济南	30	22
营口	24—25	80

资料来源：根岸佶：《清国商业总览》卷4，引自《山西票号史料》，第722页。

2. 银根松紧影响汇水

市场银根松紧也会影响到汇水。当金融市场极度缺乏资金的时候，汇水会涨到平常的数倍、数十倍，甚至数百倍。1902年11月，由于银根吃紧，市场上出现了极不正常的高额汇水。《申报》描述："向来货价往还大半由钱庄、银行汇划，稍加汇费而已。现在现银既禁止出口，津地取现贴色之费又如此之大，汇费遂随之而增，闻现在汇费每千两亦须加二三百不等，非但申商以吃亏太大，无不徘徊观望，即使肯如数吃亏而汇之，尚属非易。"商界已经熟悉了"稍加汇费"的汇款支出，享受惯了千两银子汇费只有二三两的金融服务便利，所以当上海银根突然紧缩，千两汇费达到二三百两的时候，就无法承受。而这种情况，又加剧了银根收紧。时人感慨："票现两迫，于是申地之银根愈紧矣。"①

《大公报》也记载了当时问题之严重："本埠银根奇紧，汇水拨条每千两涨至三百两而奇，且千两仅抵七百之用。"②

发生这种情况，倒不是票号商人乘人之危，而是银根突然紧缩的情况下，票号商人也要承担高额经营成本，不得不推高汇水。

---

① 论津沪市西之关系 [N]. 申报，1902 - 11 - 22.
② 商困维艰 [N]. 大公报，1902 - 12 - 07.

表 4-7　　　　　　　　蔚泰厚票号 1844 年京苏间的汇费

光绪二十四年月日	汇兑起至地	汇款商或人	汇兑银（两）	汇费 共得银（两）	汇费 每千两	得空期（天）
四月初五日	京—苏	公正号	500	3.5	7	30
四月初五日	京—苏	集古斋	700	4.6	5.57	40
四月初五日	京—苏	同椿号	1500	10.5	7	30
四月初五日	京—苏	姚宅	520	7.28	14	40
四月初五日	京—苏	万全号	1000	6	6	30
七月十三日	京—苏	永发义记	1000	7.5	7.5	35
七月十三日	京—苏	福兴号	200	1.6	8	40
七月十三日	京—苏	万全号	2000	—	—	—
四月二十三日	苏—京	玉盛号	3000	—	—	30
四月二十三日	苏—京	复兴昌	2000	—	—	—
四月二十三日	苏—京	庆恒钱店	700	—	—	—

资料来源：卫聚贤：《山西票号史》，第 242—247 页。

3. 商业景气程度对汇水的影响

商业繁荣的时节，汇款业务频繁，汇水也会有所增加。商业淡季来临，汇款业务减少，为了揽客，票号会降低汇水。例如，在阴历四五月之交，江水迅涨前，汇款业务减少，汇水降低。等江水退去，"则又复腾贵"①。

（二）汇水的层次

不同的汇款方式下，汇水不同。票号的汇款方式逐渐发展为三种：电汇、票汇、信汇。一般来说，电汇汇水最高，这是因为，电汇的处理方式是，见电就能支款，票号无法利用在途资金生利。大额电汇业务的汇水一般为每百两收一二两。

相比之下，信汇和票汇都不太可能当日兑付。票号内部其实可以在汇

---

① 潘承锷. 中国之金融［M］. 中国图书公司，1908：4.

款被解付前利用这笔资金运转,取得利益。票号利用这笔在途资金是不需要支付任何资金使用费的,相当于获得了短期无息资金来源。由于票号利用了这笔资金,所以可以在汇水上让利。

二、利息

票号的收益中有重要的一项,就是放款利息。表4-8是日昇昌票号长沙分号在光绪二十二年(1896年)十一月到腊月(1897年)的逐宗放款统计表,我们可以看到,该票号1896年的利率水平基本在月息七八厘。

表4-8 光绪二十二年(1896年)日昇昌长沙分号放款利息逐宗统计

时间		放款对象	放款数量	何时还	月息
农历	公历				
十一月十五日	1896.12.19	汇康号	5000两	明年4月半	七厘八
十一月十五日	1896.12.19	泰记号	2000两	明年3月底	八厘
十一月十五日	1896.12.19	茂康号	2000两	明年4月半	七厘五
腊月十五日	1897.1.17	泰顺号	5000两	明年4月半	六厘五
腊月十五日	1897.1.17	同义号	5000两	3月半还2000两 4月半还3000两	七厘
腊月十五日	1897.1.17	永康号	1000两	3月半	七厘
腊月十五日	1897.1.17	保和号	2000两	4月半	七厘
腊月十五日	1897.1.17	永盛宝	2000两	4月半	七厘
腊月十五日	1897.1.17	余大华	1000两	6月半	七厘
腊月三十日	1897.2.1	保和号	2000两	4月底	七厘
腊月三十日	1897.2.1	余大华	5000两	明年	七厘
腊月三十日	1897.2.1	颐庆和	2000两	明年	七厘
腊月三十日	1897.2.1	永康号	1000两	明年	七厘五

资料来源:史若民、牛白琳:《平、祁、太经济社会与史料研究》,山西古籍出版社2002年版,第54—55页。

票号的利率，在市场头寸不紧时，最低到五厘，在市场资金缺乏时，最高可达三分。

票号的利率水平一般比钱庄低，日本驻重庆领事馆代理事务池永林一在1906年6月22日的报告记载："票号之利息，每较低于钱铺之利息，其差异二厘至四厘不等。"

票号利率低于钱庄，有两个原因。一是票号资本金实力雄厚，自有资金充裕，而钱庄资本小，对同业拆解严重依赖。钱庄或者借银行的资金，或者借票号的资金，借入资金的成本高于自有资金及存款利息。二是因为票号有相当规模的低息、无息资金来源。票号办理官方业务，这部分资金是无息或低息的。以公款汇兑为例，数万两的款项交到票号的汇出分号，而持票到外地的票号分号去解付资金的人员一般是在数日、十数日后，到达目的地，才去拿到现银，这中间有一段时间，汇出款项是留在票号内部的，这种已汇出未收到的款项就是在途资金。在途资金在短时间内，是可以被票号利用的，实际就形成了短期无息资金来源。

三、平色收益

清代，中国各地银两平色都不统一，十分复杂。由银两成色的折合所得到的利益，就是平色收益。从汇款人角度看，把现银交到票号办理汇款业务，被扣除的平色损失很微小，一般都不会计较，就这样，出入频繁，积少成多，长年累月计算下来，也是一笔不小的收益。以营口为例，票号把营口银两和东北各地的银两比较[①]如下：

---

① 黄鉴晖.山西票号史料［M］.山西经济出版社，2002：710.

营口银每100两 =
- 海关两　92.17两
- 盖　州　99.44两
- 海　城　99.28两
- 锦　州　98.04两
- 辽　阳　98.02两
- 沈　阳　100.20两
- 宽城子　100.56两
- 吉　林　100.90两
- 新民屯　99.10两
- 复　州　99.10两
- 广　宁　99.10两

在票号收益中，尽管平色得利占比最少，但也不可忽视，以日昇昌票号的某些分号为例，在经营较好的年度，仅平色的收入就能占到总收入将近1/4，但也有的分号平色收入在某些年度低到1%左右。

表4-9　日昇昌某些分号在一年内从平色中取利的统计

分号地址	年度	得余平色银两数（两）	占总收入的百分比（%）
江西	咸丰三年（1853年）	124.47	7.80
清江浦	咸丰二年（1852年）	1218.52	24.53
苏州	咸丰六年（1856年）	882.03	20.89
扬州	同治六年（1867年）	83.00	1.16
北京	光绪三十二年（1906年）	1215.25	5.00
天津	光绪三十二年（1906年）	1338.87	4.42
合计		4862.13	6.71

资料来源：黄鉴晖：《山西票号史料》，山西经济出版社2002年版，第629页。

四、票号利润结构与变迁

日昇昌票号是第一家票号，经营时间较长，本书以日昇昌票号为例，考察票号利润来源的结构和变迁。从表4-10中日昇昌票号逐年利润来源可以看出，三项重要的利润来源在不同年度的表现。

表 4-10　　　　　日昇昌一年内利润来源及变化统计　　　　　单位：两

分号地址	年度	利润来源					
		汇水	利息	其他	来标得色	平色	合计
江西	咸丰三年(1853年)	1471.85				124.47	1596.32
浦号	咸丰二年(1852年)	3744.72				1218.52	4963.24
苏州	咸丰六年(1856年)	3340.89				882.02	4222.91
维扬	同治六年(1867年)	7083.67				83.00	7166.67
	同治六年前合计	15641.13				2308.01	17949.14
北京	光绪三十二年(1906年)	6188.75	16628.73		224.00	1215.25	24256.73
天津	光绪三十二年(1906年)	9754.28	19357.11			1338.87	30270.26
开封	光绪三十二年(1906年)	10020.41	1525.50				11545.91
道口	光绪三十二年(1906年)	5241.90					5241.90
西安	光绪三十二年(1906年)	8200.97					8200.97
上海	光绪三十二年(1906年)	6342.33	22599.60				28941.93
扬州	光绪三十二年(1906年)	4648.87	10459.15				15108.02
浙江	光绪三十二年(1906年)	7278.24	15314.05				22592.29
汉口	光绪三十二年(1906年)	17426.36	11519.06		103.29		29048.71
沙市	光绪三十二年(1906年)	10226.63	6902.29				17128.92
长沙	光绪三十二年(1906年)	3943.21	6371.56	8784.00			19188.77
桂林	光绪三十二年(1906年)	6813.67	138188.96				145002.63
梧州	光绪三十二年(1906年)	166819.70	6195.89				173015.59
营口	光绪三十二年(1906年)	46776.33	3275.54	4258.37			54300.24
	光绪三十二年(1906年)	309501.65	258337.44	13042.37			583762.87
合计	光绪三十二年合计	325142.78	258377.44	13042.37	327.29		601712.01

注：黄鉴晖：《山西票号史料》，山西经济出版社2002年版，第630页。

首先，从票号的利润构成上看，票号经营初期，只有汇兑这一项业务，利润来源基本就是汇水，以及少量的平色收益。票号经营后期，开始办理贷款业务，利润构成中就增加了利息部分。总体来看，日昇昌最大利润来源是汇水，利息次之，平色又次之。

附件 4-1

平码歌

恒记（大德恒）砝平合祁公平歌①
  62 124 186 248 31
  372 434 496 558

上洋（上海）豆规合足银歌
  9315 1863 27945 3726 46575
  5589 65205 7452 83835

……

注：卫聚贤：《山西票号史》，说文社，1944 年版，第 100—102 页。

附件 4-2

汇兑庄暂行银条册

宣统二年九月

  蔚泰厚票号，谨将划改暂行票纸、准备金、开具清册恭呈鉴核。至于牌号、营业、资本、股东、分庄，业经呈报到部颁发执照在案，合并声明。计开：发行暂存银条一十四万八千九百二十二两；准备金八万两。

  大德通票号……（本银条册所列各票号，在每字号后都有"谨将划改暂行票纸……合并声明"一段话，为避免不必要的重复，一律删省）计开：发行暂存银条二十三万九千八百二十九两六钱一分；准备金一十四万两。

---

① 系恒记砝平比各地平每百两大小的差数拟的歌。

大德恒票号……计开：发行暂存银条七万九千八百两；准备金四万两。

协同庆票号……计开：发行暂存银条四万五千三百七十八两；准备金二万五千两。

蔚长厚票号……计开：发行暂存银条五万一千七百九十八两四钱四分；准备金二万六千两。

蔚盛长票号……计开：发行暂存银条八万二千两；准备金四万一千两。

蔚丰厚票号……计开：发行暂存银条五万五千三百八十两；准备金四万两。

日昇昌票号……计开：发行暂存银条一十二万七千四百三十两零七千九分；准备金六万五千两。

百川通票号……计开：发行暂存银条四万二千三百四十九两七钱七分；准备金二万五千两。

合盛元票号……计开：发行暂存银条一万四千五百两；准备金八千两。

志一堂票号……计开：发行暂存银条三万七千四百五十八两二钱七分；准备金二万两。

存义公票号……计开：发行暂存银条一十二万零四百两；准备金六万零二百两。

宝丰隆票号……计开：发行暂存银条一万四千五百六十八两六钱；准备金九千两。

天成亨票号……计开：发行暂存银条四万零三百三十四两二钱四分；准备金二万五千两。

新泰厚票号……计开：发行暂存银条四万六千七百八十五两七钱；准备金二万五千两。

大盛川票号……计开：发行暂存银条一万二千五百五十两零三千九分；准备金六千两。

三晋源票号……计开：发行暂存银条二万八千两；准备金一万五千两。

协成乾票号……计开：发行暂存银条二万一千三百两；准备金一万两。

锦生润票号……计开：发行暂存银条八千五百三十两；准备金五千两。

大德玉票号……计开：发行暂存银条三万九千六百两；准备金一万九千八百两。

义成谦票号……计开：发行暂存银条一万两；准备金五千两。

大德川票号……计开：发行暂存银条八千二百两；准备金四千两。

世义信票号……计开：发行暂存银条一万二千两；准备金六千两。

天顺祥汇票庄……计开：发行暂行银条五万二千两；准备金二万六千两。

义善源票号……计开：发行暂存银条九万五千二百七十二两；准备金四万八千五百一十一两；另发行洋圆票二万一千二百一十七元，准备洋一万一千零六十元。

裕源票号……计开：发行暂存银条五万两；发行暂存洋元条一万元；准备金二万五千两，准备洋五千元。

宣统二年九月

注：《汇兑庄暂行银条册》，《度支部档案》卷号26。

附件4－3

同治六年汇兑京饷到京与交银日期

委员到京日期寓店牌号	出店进正阳门交款月日	上交衙门	银两数（两）	汇兑号商牌号	京饷省别与解员姓名
十二月初六日永顺店	正月初一日	户部 内务府	75000 13000	阜康局	闽、纳款
十二月十四日长元店	正月初一日	户部 造办处	125755 31200	协成乾	粤、俞文元

续表

委员到京日期寓店牌号	出店进正阳门交款月日	上交衙门	银两数（两）	汇兑号商牌号	京饷省别与解员姓名
十二月十九日斌魁店	正月初一日	户部	70000	广聚号	蜀、吕润春
二月十八日福来店	三月初四日	户部 内务府 吏兵刑部	50000 15495 3771	阜康局	闽、胡益源
二月初五日福来店	三月十三日	户部	50000	阜康局	闽、噶里通阿
三月初八日	三月初八日	户部	50000	草厂十巷元丰玖	沪关
三月十二日福来店 三月二十一日 三月二十三日草厂十巷日昇昌	四月初六日 三月二十一日 三月二十三日	户部 吏部 总理衙门 户部	40000 350 10882 60000	阜康局 草厂九巷 蔚泰厚 日昇昌	闽、谢昌霖 沪关 浙、欧阳沾
四月初六日福来店	四月二十日	户部 总理衙门	51500 2000	阜康局	闽、善福
四月十八日福来店	—	—	51000	阜康局	闽、精勇
五月初九日	六月初二日	户部 内务府	100000 25000	阜康局	闽、德连
五月二十九日福来店	六月十九日	户部	51500	阜康局	闽、噶里通阿
六月初一日永顺店	七月十四日	户部	100000	阜康局	闽、额勒贺善
七月初七日福来店	八月二十五日	户部	117493	阜康局	闽、海昆
八月初七日	八月初八日	户部	80000	元丰玖	沪关
八月十八日福来店	八月十九日 进崇文门	户部 总理衙门	51500 2137	新泰厚	闽、庆奎
八月二十一日	八月二十日 进崇文门	内务府	18000	蔚丰厚	苏、蒋志拔
八月二十三日	八月二十三日 进崇文门	户部	51500	蔚泰厚	苏、蒋志拔
十月初八日福来店	至十一月三十日尚未出店交银	户部 兵部	57138 540	阜康局	闽、张玉居

续表

委员到京日期寓店牌号	出店进正阳门交款月日	上交衙门	银两数（两）	汇兑号商牌号	京饷省别与解员姓名
十月初八日晋隆店	十一月二十五日	户部 户部	40000 6029	阜康局 新泰厚	闽、许康传
十一月二十一日晋隆店	—	户部	100000	阜康局	粤、李兴诗
十一月二十五日福来店	—	总理衙门	4470	—	闽、海昆

注：根据步军统领衙门同治六年正、二、三、四、六、七、八、十、十一月各月《饷鞘月报奏折》清单编制，见《军录》财政经费卷号36，仓储卷号35。

附件4-4

《论商存官项》

商人资本不充，而生意出入实难中止，赖有庄号以为挹注，于是庄号之票据四处通行，虽千万往来亦凭一纸。盖既省携带之烦，又免银色之耗，但使庄家财东充实，信义经商，票据流通远近，则亦安有商人不喜收票而必欲携现银以去。然此固不过生意人之通融，若官项则前此未有为庄号把持者。

国家财赋之所出，自京师内府、户部而外，各省征及储解之款推藩司、运司、粮盐道关等处，定例綦严，既各设库藏置库官，则虽纹银充牣亦不许别顿私藏，所以专责成也。各属经征之银，其地方僻小征钞者多，间或有银而成色不齐，不堪其解，而本处又无倾熔之工，势不能不解省城庄号倾成库色，然后由号解纳。不特地丁暨盐粮各库银锭可以掺杂，而亦必向庄号买银。

然至解库而后，则外间实无库存储，即有盈亏亦多属自与出入，而宪库但以解数为凭，余则不问也。可见官项本无由庄号把持之事，有之则自开局拾也。

盖设局不尽自建屋宇无库藏以储银寄储各库，而启闭又甚不便，故往往存于银号钱庄，遇有需要或银或钞取携唯我，而庄号贪此巨款以资转运，又私贴利息于总办各员。

自咸同以来，各局分起，克复既久，尚不能撤，以致捐输、厘金等项数目倍于各库之额，而渐而解款亦用汇票，虽户部固本饷银竟以饬派委员督同号商汇兑入诸奏牍矣。益局款借拨各用既皆用汇票以省转运，因而既非局款虽发自藩司各库者，亦皆由号商汇解；而本省之银仍然在本省流通，以故前年有以部库空虚，各省解款率皆仍用京中之银，银底日缺，不敷流转，请旨饬下各省嗣后解京概以现银兑纳，不得由号商汇解者。

无如此风相延已久，虽严旨申饬而骤然难改复旧章也。间有钉鞘委解者，而中途果有被劫之事，是以督抚不能遵也。窃谓殷实商人以场面支撑者尚不至吞蚀官项，且亦有时垫解，故总办局务者以为可靠而尽付之，果能不惧要需，亦复能与库储迥异。

窃谓庄号既收官项汇兑，流通现银固不多见，而事属稳当尚且可行，断不可骤然提出使之无所措手相逼而倒。益库储银者与号存者迥别，在库则终年捆置，不以利息为重，一旦按籍而稽不难立置眼前，而号家则所持通融，亦既将官项冲入资本，势难存而不放，即使局员暗中不受其息，而生意人之识见固将翻弄以取盈余。

平时逐款解付，即使铺无现银而调度自可济用，若一旦令其归出，假如有数十万两之款，当银底短绌之时，即大收市上亦不足，岂不逼之使倒乎。夫彼之难归现银，非尽亏空也，市井风气仅凭信义，往来有薄，或欠或存，断无逐日以现银清结者，彼应归出公项，而别家亦有负彼，一旦提清，唯特现银无如许之多，即各路账目未到，其时不能算揭，彼且不知其为赢为亏也。

……道光以前商人从不经手官项，而京外银鞘出入，道途平顺，绝不闻劫夺之案。若今则现银无有，止解汇票，偶然钉解即遭疏失，是汇兑之法尚不可废，时势使然也。既不能废汇兑之法，则以公项存于商人，变闲置之金银为流通之宝货，于国民非无裨益，安得拘于旧制而严律于商人加以逼勒哉。或曰官商相通泰西之俗，中国究非所宜，然此非消泰西之故也。今苟尽撤局务，则旧制自是可复，何必以存于庄号为忧。

注：《论商存官项》，载于《申报》1881年9月28日。

第五章

票号的管理

票号之所以能在近代中国金融市场上创造独属于自己的辉煌,其管理模式是很重要的原因之一。票号的风险管理涉及信用风险管理、重要凭证防伪等;财务管理包括账簿管理、财务报告、营业报告、红利分配及日常财务管理等;人力资源管理方面更是有很多独到之处,"身股"制度在当时是非常有效的一种员工激励计划。

第一节 票号的组织管理

作为一个传统金融机构,票号的组织管理与其他传统金融机构有相似之处,也有不同之处。本书主要考察票号的股本管理及组成手续。

一、票号的资本构成

（一）正本和副本

票号的资本性质,有独资,也有合资。票号的资本,有时来自一人,有时来自一家,有时来自多家,但一般情况下,最多也就数人。早期的股东之间的关系一般也比较亲近，或者是同族，或者是同乡。票号经营后期，因为有利可图，有些拥有权势者也会与票号经营者相约，成立新票号，他们之间只是合作关系。

票号的股本又分为正本和副本。正本是指股东合约中约定的投资，股东凭股本享受红利，没有股息。票号的每一股通常价值几千两到一万两，总股本一般为十几股，票号资本数额少的有几万两银，多的有十几万两、几十万两银。

副本一般有两类，一类是东家存款，另一类是红利留存。红利留存是指东家、经理、顶身股伙计在账期分红中提留一部分存入号内。这部分资金只得利息，不能分红，也不能随意提取。

以下是天成亨票号合约，该票号是在原商号基础上，重组而成。合约中，规定了本金和护本数量，七千两为一俸，七百两为一厘。最多的十俸是旧号资本转入，其他几位股东的资本从二厘到一俸不等。

天成亨记合约[①]

立合伙人东伙等，于咸丰十年（1860年）新正吉日重新作立天成亨记放账生理。将旧号之俸，旧并如新号，共作银股十俸。至今清算大账，已今六次。东君俸银，又复不同，旧号东君，已有合约为凭；今另与新号东君各立合约。议定以每足纹银五千两作为一俸，每俸随护本足纹银二千两，所有旧号以及新号堂名人本银数，计载于后。至于人力，每俸亦随护身足纹银六百两。所有人俸以及空俸，因多寡不齐，均详载于入本老账。自立之后，务宜协心协力，蒙天获利，按银人股均分。立此合约，一样九本，新号之东各执一本，以为永据。

计开：

旧号入　本足纹银五万两　作银股十俸

　　　　护本足纹银二万两

侯报本堂入　本足纹银三千两　作银股六厘

[①]《天成亨记合约第四号》，山西财经大学收藏。

　　　　　护本足纹银一千二百两
侯德徽堂入　本足纹银一千两　　作银股二厘
　　　　　护本足纹银四百两
侯良善堂入　本足纹银一千五百两　作银股三厘
　　　　　护本足纹银六百两
刘从俭堂入　本足纹银一千两　　作银股二厘
　　　　　护本足纹银四百两
张天德堂入　本足纹银五千两　　作银股一俸
　　　　　护本足纹银二千两
李养颐堂入　本足纹银二千五百两　作银股五厘
　　　　　护本足纹银一千两
侯积厚堂入　本足纹银五千两　　作银股一俸
　　　　　护本足纹银二千两
武秉乾堂入　本足纹银一千两　　作银股二厘
　　　　　护本足纹银四百两

（二）银股和身股

银股即出资者的股份，身股为出力者的股份。银股和身股可以理解为资金股和人力股。有些票号中，人力股总数甚至能超过资金股。陆国香在《山西票号之今昔》（1936年）中记述："人力股系晋商特别习惯，俗称顶身股，资本家出钱，劳动者出力，均有股份，一经获利，平等分配，以是经理伙友，莫不殚心竭力，视营业盛衰，为切己之厉害。因奖励人才，此种顶身股办法，为号东特许。"

从当时人的评价我们可以看出，人力股不是商界普遍的制度，而是晋商的创新，后来在票号中广泛使用。身股制度的创新，使得经理、伙计可以靠努力经营获得分红，其获利与经营成正比。这也就是票号为何在近代一度成为"金融执牛耳"的存在。这种人力奖励制度，极大地调动了各级员工的工作积极性，大家把票号的生意当作自己的生意来努力奔走。身股,又称"顶身股",其红利分配是按经理、伙计们揽回的生意贡献来衡量的。顶身股是有一定条件的,伙友入票号后,工作在三次账期(十年左右)以上,工作勤奋努力,没有过失,才可由大掌柜向股东推荐,得到了各股东认可后,其姓名就可以登录在万金账上,这就叫"顶生意"。

票号的顶身股最初不超过二厘(一股的十分之二),每一次账期可以酌情增加一二厘,最高到一股,称为"全份"①。

下文是同治十二年"志成信"记合约内容,其中有订立合约的原委,有银股、身股数量,有分红原则,也有分红不公的惩戒。

志成信记合约②

立合同负仝同管事伙友孔宪仁、马应彪,情因志成信生意开设,历年已久,号体屡露,参差不齐。今东伙共同议定明白,业已复兴振作,从此原日旧东有减退增加,另有新添东家,有入本账,逐一可考,字号仍系志成信,设立太谷城内西街,……按每二千两,作为股银一俸,统共计银股十七俸。众伙身股,另列于后,自立之后,务要同心协力,以追管晏之遗风,矢公矢正,而垂永远无弊之事业。日后蒙天赐福,按人银俸股均分,倘有不公不法,积私肥己者,逐出号外。照此一样,立写二十二张,从东各执一张,铺中公存一张,以为永远存证。恐口难凭,立合同为证。

兹将人银俸股开列于后,计开:

负汝楫宅入本银一千两作为银股五厘

要汝霖宅入本银四千两作为银股二俸

曹福善堂入本银二千两作为银股一俸

负荣善堂入本银一千两作为银股五厘

负纯复堂入本银一千两作为银股五厘

负保和堂入本银一千两作为银股五厘

负聚义堂入本银一千两作为银股五厘

---

① 李谓清. 山西太谷银钱业之今昔[J]. 中央银行月报,1937,6(2):190—191.
② 《志成信记合约第九号》,山西财经大学收藏。

曹敦古堂入本银二千两作为银股一俸

孙义生堂入本银二千两作为银股一俸

吕福庆堂入本银三千两作为银股一俸五厘

吕荣寿堂入本银二千两作为银股一俸

张善一堂入本银二千两作为银股一俸

武树德堂入本银二千两作为银股一俸

高同善堂入本银二千两作为银股一俸

马锡福堂入本银二千两作为银股一俸

孔行素堂入本银一千两作为银股五厘

孔经手维吴堂入本银二千两作为银股一俸

王忠恕堂入本银一千两作为银股五厘

苏积善堂入本银一千两作为银股五厘

张时中堂入本银一千两作为银股五厘

苗春天堂入本银一千两作为银股五厘

贠尚德公顶身股一俸

贠仓顶身股五厘

孔宪仁顶身股一俸

马应彪顶身股一俸

苏溶顶身股一俸

武步蛟顶身股五厘

师国祯顶身股六厘

张玉琴顶身股四厘

同治十二年（1873年）正月初一日

谷邑志成信公记

从以上合约可以看出，该票号的股份中，既有银股，也有身股，有身股者达到八位，其中，身股达到一俸者有四位之多。

二、票号的组成手续

票号的设立过程,大致有几个阶段,股东去寻访合适的"大掌柜"(票号总经理),彼此满意,同意合作后,然后订立合同,股东把资本一次拨足,并商议决定"号章"。另外,票号的设立还需要在官府认证,即"注册领贴"。

(一) 书写合同

票号创立,一般由东家聘请经理,再由东家和经理出面,邀请"中证人",中证人一般为三到五人。在中证人见证下,书写合同,写明资本金多少两,以若干两作为一股,规定几年合算大账一次,盈亏按股均分,若有规定经理"顶人力股"若干,则人力股一样按股分红,但是人力股只分盈,不分亏[①]。

合同中,除了银股、身股,还会有一些分红基本原则和简单的经营原则,有些会把违背合约的惩戒方式也写进去。

例如,蔚泰厚票号合约中记载:"咸丰六年正月初一日,在平邑城内重兴蔚泰厚记放账汇兑生理一庄,至九年、同治二年、六年、十年,光绪元年、五年六次清算账目,所得之利按银人股俸分讫。今仍照旧作银股,议定每足银五千两作为银股一俸,其银股并空股若干,俱详载于后。至于银人股各存护本护身银两,以及人力股俸,均注于入本老账。自斯之后,务祈东家同心,伙友协力,蒙天获利,按银人股均分。立此一样二十三本,铺存一本,以为永据。"

合约的中间部分写明了股份持有者的姓名及持有数量,最后部分申明了一些基本经营原则:"合同议定,日后东伙不许在号内借贷。每逢算账,内外账目银数,要仔细检点,评估妥当,不宜过厚太薄。利息只可明余账

---

① 陈其田. 山西票庄考略 [M]. 商务印书馆, 1937: 79—80.

内，不许暗藏。不拘年代远近，倘有东家抽本，伙计出铺，俱照年总算账，按股清楚账目，再无多伸少减，不需议外争论，牵连众人，有碍铺事。谨立此议唯照。"①

（二）注册领贴

票号开业，需要先向政府呈请批准，请求发给领贴。申请批准同时，还需要同业者联名出具保证。政府批准部门，开始是各地道台，后来是户部、度支部。

《清国商业总览》记载："初开业时，必先向道台衙门呈请批准，发给领贴。呈请道台批准时，又须同业者联名出具保证；但在营业中不受道台的监督。"

1904年，《商部批准北京汇兑庄金银号禀创立商会拟定章程请立案由》记载："自庚子变后，开设者争先恐后，……融后有续开者，亦必报会中，由职商等验明资本殷实，执事人之老成，始行代为报部，候批准后方准开张，以昭划一。"

陈其田《山西票庄考略》记载："内部组织完毕，须向户部领取部贴。领取部贴时，必得同业者联保。户部调查财东的籍贯、保证人的地位及营业的方针。如果认为合格，即行批准，给予部贴……票号领得部贴之后，即可开业。所以票号的营业招牌，先写地名，次书部贴商号，因为非请部贴，不得认为官许营业。"

领贴过程中，比较困难的是，请同业者联保。这也是为什么山西商人一度垄断票号的原因之一，外省人跟票号东家和经营者没有紧密的联系，很难得到同业联保。虽然后来有南帮票号出现打破垄断，但是，南帮票号只有几家，整体影响力也不如山西票号。所以从外界看，票号业还是明显体现出晋商特点。

宣统元年蔚泰厚平遥总庄申请票号营业执照，是度支部发给的。给票

---

① 《蔚泰厚记合约二十三号》，山西财经大学收藏。

号的收执上写明:"无论官办商办各种银行及票庄、钱庄、银号凡有银行性质者,均须先行赴部注册,等因奏准咨行在案。……请在山西汾阳府平遥县地方开设蔚泰厚汇兑庄,遵例声明各节,抄送章程前来。本部核与奏定银行则例相符,应准开设。为此发给执照,以资信守。该汇兑庄务须遵照部章妥慎办理可也。"①

第二节　票号的风险管理

一、信贷风险管理

票号的放款业务以信用放款为主,业务风险就主要集中在借款人的信用状况。借款人的经营状况、资本实力等都在票号的考察范围之内。这些工作基本都是票号的"跑街"去做,他们每日外出去了解商号的具体经营状况,为票号提供客户资信调查信息。票号会综合考虑借款人的各方面状况,然后进行信用评定,评定的结果以"好""平""尚好"等概括。

表 5-1　　　　　　　宝丰隆票号在成都客户资信调查②

解州帮	隆昌丰	东③,夏县牛、金	管事人韩荣卿	平
陕西帮	庆余当	—	管事人桃炳南	好
	庆顺当	—	管事人兀华亭	—
	余庆当	东,三原城李承谋堂	管事人刘植庭	—
	积庆当	东,三原城北盈实	管事人员蓬洲	好
	恒茂当	东,三原城北盈实	管事人张崇高	平

---

① 《度支部照》,山西财经大学收藏。
② 采自宝丰隆票号成都分号记事小册子,平遥"中国票号博物馆"收藏。
③ 此处,"东"是东家的意思。

续表

陕西帮	恒发当	东,三原城北盈实	管事人王海峰	平
	广胜当	—	管事人周	—
	益丰当	东,三原东里堡刘九思堂	管事人王锦堂	平
	谦益当	东,三原城北李承启	管事人门光霞	空平
	恒隆当	东,三原城北李承启	管事人刘绪光	空平
	积英当	玉沙街口 东,东里堡刘三省堂	管事人雷子均、杜蒿堂	平
	新生当	东,渭南曹石卿	管事人张和亭	好
	新盛当	东,渭南曹石卿	管事人李玉堂	平
	公益当	东,三原许	管事人许式之	—
	德益当	东,三原许	管事人师礼堂	—
	积芳当	东,东里堡刘忠恕堂	管事人杨	—
	益泰当	东,东里堡刘忠恕堂	管事人杨	—
	泰和当	东,东里堡刘忠恕堂	管事人荣敬庭	—
	惠远当	东,陈明伦前四川西充县知县	管事刘玉甫,陕西人	—
	济昌当	东,三原张敬胜堂	管事人党、王	—
	济丰当	三十三年五月新开 东,三原张敬胜堂	管事人党	—
	悦和当	东,口口州府朱	管事人张清浦,西安人	盈实
	致和当	东,湖北姚西安候补	管事人王筱泉	实
账庄	致和祥	东,湖北姚西安候补	管事人白、李旭东	底不旺,平
	金盛元	东,岐山县马	管事人刘尚义	—
	义兴珍	东,渭南常	管事王介卿	—
	长裕号	外县有当铺三座 东,三原刘述荆堂	管事人周	—
	恒丰裕	东,渭南焦	管事人李廉平、张、王	—
	裕川厚	东,贵州人孙和轩,四川候补	管事杨筱峰、刘	不旺,尚好
	聚川源	东,江西人宋伯伦,四川候补县顺城街	管蔡洁泉,陕西人	病太大虑好
	全兴烧房	代放账 东,渭南王	管事人韩	—
	兴盛长	东,渭南郑	管事人杨,西安人	—

续表

账庄	鼎兴合面房	代出账 东，谓南史	管事人	—
	永盛明	原本一万五千两戌申算账倍成五万两 东，黄永盛、黄淇盛	正管事王寿山，与此人	生意甚好
	四达亨	本银二万两，东，范子安	正副管事许清、要逢详	底里盈实 生意甚好
	德诚裕	东，郝	正管事张元述	其底甚大 生意甚好
	天成厚	东，德诚裕连号	正副管事李、韩吉甫	生意甚好
	积厚长	东，许国甫	正管事孟玉如，榆次人	生意平平 其底垫小
	丰泰隆	东，太谷孟傅淋	管事李遇通	平平
	万亿源	在成办边子并放乡账 东，存义公、百川通连号	管事人武步登	好
	大顺玉	隆昌买夏布在成放账 东，榆次常	管事人许万五	—
	永泰生	东，平遥刘家庄石	管事人王秉昌	—
	长盛蔚	东，平遥任宝灵、薛兆瑞	管事人侯振声、王培元	—
边子帮	锦全昌	东，太谷张	管事王仲仁	生意甚好
	元吉升	祁县有小店 东，榆次侯景銮、侯景泰	管事薛希贤	生意平平
	沅吉生	东，榆次杨、赵	管事张厚菴	生意多年 亦平平
	达顺明	东，德诚裕连号	管事安理	平平
	庆成豫	东，志成信连号	管事李泉	平平
	谦履亨	东，太谷武	管事杨永庆	多年好
苏资帮	永全吉	本银一万两整， 东太谷义顺永绸缎铺孟长动	管事人任振邦	好
	天庆顺	本银一万两，东陈、贾	管事张汉卿	好
	乾元泰	东，志成信众掌柜事	管事人王文达	—
	润生明	东，太谷西凤张	管事藩	盈实

续表

苏资帮	元吉生	东,榆次刘友兰 隆昌办夏布,嘉平销绸缎, 天津有盐务	管事孙成志	近两年 生意甚好
	蔚长盛	—	管事人张万选	—

除了对客户进行信用分析外,票号还严格内部控制,一般票号都禁止职员发放"关系贷款",《大德通票号号规》有:"码头禁止亲友浮挪暂借,与亲友字号,相与之家不外当承作保,免受日后牵累。"

二、重要凭证、信件的风险防范

(一)重要资金往来信件的防伪

票号汇兑业务中,不同分号之间为了保障资金的安全,往往会在业务往来信件中提到上一次信件的内容,来确保重要往来信件的真实性。例如,某票号与其他分号的第二十一次往来信件中提到上一次汇款通知信件(第二十次信):"于前月二十七日托天成局捎去二十次之信,内报收会去蒋大人足纹银一万二前两"①。

(二)汇票风险防范

1. 专用纸张

票号为了防伪,后来纷纷开始使用专用纸张,特制的纸不容易伪造。如蔚泰厚票号的专用汇票纸张是"绿线红格的,由平遥县一处印,各分号均用总号之纸,如坏了一张,必须寄到总号备数"②。

2. 暗印的使用

汇票起初没有格式,后来有了统一印刷的凭证,例如,协同庆票号在

---

① 高春平. 国外珍藏晋商资料汇编 [M]. 商务印书馆, 2013: 125.
② 卫聚贤:《山西票号史》, 第108—109页.

汇票纸张中用了暗印"协同庆"三字，一般情况下看不到，拿起汇票在光照下就隐约可见①。

3. 专人书写汇票

各票号书写汇票往往是专人进行的，以笔迹防伪。"各处书票只须出于一人之手，并将笔迹报告总号通知各分号，以备查考。"②

4. 暗号

在汇票后面暗书日期和金额，这种暗号外人不知道，能在很大程度上避免伪造。例如：

万＝国　千＝宝　百＝流　两＝通

壹＝赵　贰＝氏　叁＝连　肆＝城　伍＝璧　陆＝由　柒＝来　捌＝天

玖＝下　拾＝传

内部人可记忆为"国宝流通""赵氏连城璧，由来天下传"。如果是一万一千两银，可以用暗号码写为"赵国赵宝通"。

为防止泄露，会数年更改一次，有的票号还有"暗号歌"：

一月对暗号，谨防假票冒取，勿忘细视书章；

一日对暗号，堪笑世情薄，天道最公平，昧心图自得，阴谋害他人，善恶终有报，到头必分明；

一银对暗号，生客多察连，斟酌而后行；

一对自暗号，盘查奸诈智，庶几保安宁。

5. 三联单

以上方法尽管已经非常严格，但还是出现过假汇票。因此，大德通票号在民国时就改用三联单式汇票，"会票根"寄给交款的总号或联号，"会票"交给汇款人，而"会票存根"则作为汇票开出行的自留存根。

6. 取款保证制度

票号汇兑的交付制度是凭票兑现，见票即付，也就是"认票不认人"。

---

① 《李虎臣访问记录》，1960 年 12 月。李虎臣曾是协同庆票号的工作人员．
② 卫聚贤．山西票号史［M］．说文社，1944：107．

票号没有规定必须履行"讨保"制度。但如果汇款商家要求，票号要保证汇款不遗失，则票号会在汇票上加盖"讨保交付"的戳记。还有一种"面生讨保"，是在取款人生疏的情况下提供。

7. 汇票挂失

一旦汇票遗失，票号一般会进行挂失处理。挂失的方法一般是公开登报，发布信息。此外，各地还有其他一些处理方式。

比如，京师的办法是，登报声明挂失相关汇票，同时咨会官府立案。《大公报》曾刊登过保定义善源票号的一则汇票挂失声明："保定善后局用去保定义善源号支京本号天字第七十九号汇票一纸，计库平足银三万四千两，尊处二字抬头。见票迟三天兑付。由委员蔡寿彭赍此票入京，不了蔡委员疾病遽殁，将此票遗失。当由善后局咨会顺天府转行大兴县并扎知清宛县立案，并给谕义善源存照。即经如数兑收清讫，此票作为废纸。以后无论何人捡得均作废纸无用。合登报声明，望中外绅商，切勿使用。"①

天津的做法是，不仅登报，还向商会备案。1905年《大公报》刊登了一则票庄挂失汇票的声明："启者小号失迷由营口咸元会票庄汇至天津锦生润，照交顺记名下，公砝花宝银五千两正，汇票一纸，该票计四百零三号，系借用会通锦图章，已向该票庄挂号，并在海关边署、巡警总局、商务总会均已备案。无论华洋何人拾去概作为废纸，恐未周知。特登报布闻。"②

汉口、重庆的票号挂失，不仅登报，还要照会各领事馆，避免洋商误用。《巴县档案》记载了蔚丰厚的一个汇票挂失事件："署重庆府巴县为详请事。案据卑县本城商民王蔚丰厚，被水漂失汇票，请详立案一案，除原详备载书册，避免冗叙外。理合具文详情。宪台俯赐查核立案示遵，并照会各国领事，俾洋商不致误行使用，以免另生枝节，实为德便，为此备由另文申乞照详施行。"③

---

① 失票 [N]. 大公报，1902-09-18.
② 大公报，1905-11-11.
③ 《巴县档案》光绪财经四，票号22.

三、防止经营风险

（一）审慎的经营原则

很多票号的总号都会不断提醒分号，谨慎经营，不要投机。如，大德通号规就提到："各码头祁号无信，不须节外生枝，囤积货物，买空卖空。"这里的"各码头"是指各在外分号，"祁号"是指在祁县的总号，大德通是把经营风险防范原则写进所有人必须谨记且遵守的号规，尤其囤积居奇，买空卖空是大忌。蔚泰厚票号长年秉持"祖先父所立之法，由渐而积，随亡随补，未敢少空"[①]。

（二）建立稽核制度

为了进一步控制经营风险，有些票号还建立了稽核制度。如，大德通票号在1921年订立的新号规就有相关规定：

——稽核时间：

该票号每年正月初八日，选派稽核一二人，分巡各庄进行稽核。稽核人员带总号信件前往被稽核分号。

——稽核内容：

第一，专查内外事件；第二，账簿折据；第三，本号人位优势；第四，审查社会之情形，定进退之标准。

——稽核纪律：

稽核员往返的差旅费用、零用钱，由祁县总号结算，分号不得为稽核人员提供分文。这样做是为了避免被稽核的分号对稽核人员进行贿赂。

稽核人员每到一个分号，会对伙友宣读章程，然后依照章程进行查核。查到违规经营行为，如果伙友问题严重，稽核人员有权勒令其出号，

---

① 《蔚泰厚资本家侯从杰控诉号伙张石麟的呈文》，1905年，山西财经大学金融学院收藏。

回祁县总号交代问题。而且总号要求稽核人员在这个过程中，一定要破除情面，认真负责。

第三节　票号的财务管理

一、票号的账簿种类

票号的账簿多达十几种：包括万金账、保荐账、路俱账、规账、底账、流水账、总账、汇兑账、存款账、放款账、现银钱账、浮账、各地往来总账、月清、年清等。

表 5-2　　　　　　　　　票号账簿情况①

编号	名称	内容	备注
1	万金账	有东伙开办合同、股利分配	
2	保荐账	庄内各伙友的保单	
3	路俱账	登记分号伙友回家行李等账	
4	规账	记载票庄营业共同规则、各地银两平色、票庄一般应守规则	
5	底账	营业实施一概记载于底账，以便稽查	
6	流水账	借贷、汇款、杂使以及汇费、利息等，并与各庄来往汇款，都过流水账	
7	老账（总账）	就流水分类记载	似乎是各种总账的集合名词
8	汇兑账	—	
9	存款账	—	

---

① 陈其田. 山西票庄考略 [M]. 商务印书馆, 1937: 144.

续表

编号	名称	内容	备注
10	放款账	—	
11	现银钱账	—	或者与底账相同
12	浮账	浮存（活期存款）支出	
13	各地往来总账	各地分设票庄，往来汇兑的账目	
14	本埠往来总账	本埠钱庄及各商家往来账目	
15	月清	每月清算的账目	
16	年清（年总）	每年清算的账目	

资料来源：根据陈其田：《山西票庄考略》，第144页整理。

二、票号的财务报告制度

票号虽有众多分号，但总号对分号的业务、财务状况都能了解，依靠的是报告制度，即分号定期向总号进行报告。分号每月向总号报"月清"，总号能了解到分号本月的财务情况；还有一年一次的"年总结"，分号上报当年的业务情况。

报告内容首先是各项总数，然后是具体的项目名称和分项数据。月清报送的时间是每月月底，年总结报送的时间是农历十月底。月清和年总结，由双重作用，对分号是营业决算，对总号是下级报告。

总号通过报告，可以了解分号做了什么业务，跟谁做了业务，收支情况如何。如果总号审核没有问题，会向分号发出业务信件进行指示。

清单是总号把各分号的年总结汇总后，加上总号自身业务，编制的综合报告，用来向股东报账。清单的内容一般包括"外该"与"该外"，最后结算处出本年损益。

表5-3　　　　　　　　蔚丰厚1879年清单

外该项目	足纹银两、钱分
现存	1021.93
现存钱（九一八〇千九一八文作）	7000.00

续表

外该项目	足纹银两、钱分
平号并各码头家具（作）	1000.00
房院一所（作价）	4000.00
外该借贷	135006.90
外该在账未得利银5618.05（五扣作）	2809.02
外该浮借	13585.44
众东应支	22560.00
众伙应支	19860.00
汉号存	323939.16
沙号存	95628.26
原（三原）号存	63312.34
上（海）号存	64531.84
清号存	54152.71
扬号存	35326.41
湘（潭）号存	11116.36
常（德）号存	6728.76
共　计	861579.13
该外项目	足纹银两、钱分
该外借贷	269795.05
该外在账未付利	10638.07
该外浮存	2698.41
平号各码头会来未交	8527.32
本号该外	53281.61
成号该外	132717.08
重号该外	2377.14
京号该外	31966.21
共　计	512000.89
总除讫净存足纹银	349578.24
提（其中）	
原本足纹银	91000.00
获本足纹银	36400.00
获身足纹银	7740.00

续表

元年得利足纹银	53610.11
二年得利足纹银	54961.50
三年得利足纹银	41970.46
净获利足纹银	63896.17
统共四年净得余利足纹银	214438.24

资料来源：《光绪五年正月二十六日算清前四年大账》，载于《中央银行月报》7卷1号，1938年1月，第27页。

三、票号的营业报告制度

一般认为：票号的日常营业报告主要分四种：正报、附报、行市、叙事报。还有一种说法是，分为正报、复报，附报，叙事四项[①]。一般来说，这四种报告都会写在同一封信件中。正报，也叫兹报，它是处理完汇兑业务后，两个直接收交款项的汇款号之间的营业报告。内容一般包括：做了什么生意、金额多少、交款日期、汇费多少、贴色多少。

附报，是票号最大量的报告。这种报告是把各号每日营业收交金额及相关码头所有情况通告其他各号，目的是信息沟通和共享，增加各号互相了解，便于开展业务。

行市，是各号相互报告各地金融市场信息，包括汇水多少、利息高低及商业景气状况，一般在正报、附报后。

叙事报，也叫另起，在书信的最末位置。这一部分是总号或其他分号对某分号业务的指示、评论、意见。叙事报部分通常由掌柜来写。

业务报告量很大，因为分号每天营业的状况都要写信给总号、分号互报，总号的重要业务信息也会向分号报送，有些票号的信房经常忙到深夜。但是每天给所有总号、分号互相报告，工作量实在太大，因为很多票号会规定固定日期作为报告期。

---

① 范椿年. 山西票号之组织及沿革[J]. 中央银行月报，1935年4卷1号，第5—6页.

以百川通为例，清末该票号有十七个分号，再加上总号共十八处，每一号报送的信件要写给17处，汉口分号对其他十七处固定的报告日期为：初一报北京、天津、上海、广州、梧州；初二报成都、重庆、云南、贵州、西安；初三报湘潭、长沙、桂林；初四报沙市、常德、德安；初五报平遥总号；之后的日子，以此类推，五天一轮循环。

有些票号做业务要格外关注其他分号的银两余缺情况，若对方缺银，则减少向该地汇款的业务；若对方收款多，则有意寻找向该地汇款的业务。为了调剂资金余缺，有时候票号不仅不收汇水，甚至贴钱给汇款人。以宝丰隆票号为例，民国三年总号给陕西分号第十八次信件中，总号就指示各分号办业务要得到对方分号认可：

第拾捌次信［民国三年］九月二十六号（甲寅八月初七日）由邮局寄去

启者，于九月十四号由邮局寄去第拾柒次信，内报各情，录附原稿，兹不赘述。九月十九号，接第叁拾肆次信，随会来平冬标，交□盛蔚足银贰百肆拾两零柒钱贰分。无票硪，各依信凭。其平即照泾布平比本平，每百大一两四兑，亦已落底，届期照交与陕注账，兼叙各情，均已聆悉勿念。附报定收会妥重十、冬月半各交达顺明三、七周行银壹千两。在谷冬标一期收伊竟宝银贰千两，合拉得期六天，共贴伊费银陆拾肆两。汉会来平转介八月半交张襟三无色宝银叁百陆拾两。九月十五号，发陕一电云："京银缺，万勿再收，霞旋"字样，想已译悉照办矣。再，成夥经畲记于九月十五号顺抵平号矣，并报知之。刻平钱数一千七四九。余事后叙。专此布。

再，前者平号屡次通报各庄，凡有成总收交，务须先电知照彼庄认可则做，否则止之。况现逢世□不靖之秋，更宜彼此互商办理，以使银两流通，勿令他庄受逼，致碍全局。今我陕号竟然不听京号信电，收去五竿。京津两处，后半年各帮办货，期口正快，而且我号沪庄一撤，京无来源，不悉我陕如何估划，涌收京银。京庄期快，定行银紧，事有必至，势有固然。京号受此拮据，吃亏属小，倘有不虞，大局攸关。况且陕号暂不缺银，收去无用，请□信万勿再收京银为嘱为要。兼望仍遵前次平信，祈将货帮借贷收回。若有余项，万勿积压，速交汉口，或有妥贴字号，交往曲沃。倘能交沃，沃即济平，平亦自能济京。既使银两流通，又使各庄不受掣肘。统希照办，是为至嘱至要。"①

这份报告的开头，是票号业务报告信件的惯例，先提到上次通信的内容，以帮助对方辨别信件真伪。然后是正报部分，包括：业务内容、业务对象、金额、平砝。之后是附报，涉及收交金额。然后提到京、津行市。最后的叙事报给予各分号指示："陕号暂不缺银，收去无用，请见信万勿再收京银为嘱为要。"

四、红利分配制度

（一）银股、身股均等分红

银股是票号东家投资银钱获得的股份，身股，也叫"人股"，不用缴股金，只看职员贡献度换算"顶生意"多少股。账期结束，分红的时候，银股和身股是均分红利的。票号一般是三年一个账期，三年一盘点，按照职员做业务的情况，确定身股多少，然后比照同等银股分红。

（二）公积金提存

票号有"财神股"一说，财神股类似现代会计中的公积金。财神股每次提取多少，是由股东和总经理临时议定的。这种公积金的作用是救急或扩充营业。提用这笔资金，需要财东的同意②。

---

① 民国初年总号给陕西分号信.1914年9月26日//黄鉴晖.山西票号史料[M].山西经济出版社，2002：1229.
② 陈其田.山西票庄考略[M].商务印书馆，1937：85.

五、财务管理制度

(一) 成本控制制度

各票号发展到后期，都在想方设法控制人力成本。它们会刻意压低员工薪金，激励员工多做生意，以争取分红的机会。有些票号不给分号的正副经理发薪金，只给定额"应支"（票号负担经理的基本生活费用），意思就是，对于分号的管理者，要以扩展业务为重，没有薪金，就要积极争取分红。

票号对日常开支的管理上，也十分精细。大德通票号对"各码头上下伙友"在外置买的衣物、针工、线、扣等物件，要求按数以实计支，还要求：节礼一概不准奉送。其余零星购买，哪怕是一文钱的东西，也不许私行出账。凡从外购买家用之物，要先寄到祁县总号，经号转寄，不准私自直接寄家，以打消上级的疑虑。无论内外货，二十斤以外者，脚钱自行负责，购买物品价值随物实结，在祁（总号）计支①。如果伙友生病，需要服汤药，由票号负担，但如果服用较为昂贵的"参茸丸散"，则个人负担。

同时，各票号对"应酬费用"也严格管理。总号的管理者们很清楚，如果不能做到细节控制，"应酬费用"将会成为一个巨大的"窟窿"。以大德通票号为例，号规明文规定："至于应酬一节，本是为利起见，不得认为当费之资，设有公费，如数出账，不许巧取别项弥补。"这是为了杜绝有人以"应酬"为名，虚报账目，从中渔利。

(二) 财务处罚制度

对于不守财务制度的职员，票号一般会采取批评、处罚措施，直至开除。宝丰隆票号总号在民国三年送陕西分号的信件中批评虚假报账的情

---

① 1888 年《大德通票号号规》。

况:"至日用化费,在在樽节。今年以来,各庄化费比较,如成、陕、沃等,可谓节俭。亦尚有几处,开消请客酒席银四五拾金者,未免滥费。此何时也,如此大为应酬,果为公乎?号中今年宽厚待人,竟有仍旧虚拟报销者,于心安乎?至请有则改之,无则加勉,是所厚望焉。"

大德通票号对内部采购账务规定:"置买家具路具,随置随出,不可抵作银数缴费。每年出清,不需浮搁,倘有一弊,必咎不宽。"还有对交接账目的规定,要求交接班的职员遇到问题必须报总号,交接账目必须清楚,否则受罚,"前司事者,如有积累情弊,下班之日,后司事者,毋得含糊,接班只可将积累银钱多寡明白报祁,以便记前司事之账。若含糊接班,隐瞒不报,嗣后查出,则定记后司事之账,以戒效尤"①。

对于因个人原因导致票号亏损者,有的票号会对职员进行经济惩罚,甚至开除出号。蔚字五联号在庚子年后的条规有:"各庄倒账除实为街市所为致,倘因不自检点,重则出号,轻则发俸,不能格外原情。"②

第四节　票号的人力资源管理

一、人才选拔与培养

票号对职员的要求,一般是"循规蹈矩、勤于事务、心地清楚"。在职员任用上,讲究"回避亲戚,不避同乡"③。业绩考核上,总号由总经理考核,分号由老帮考核。

---

① 1888 年《大德通票号号规》。
② 蔚字五联号庚子后条规//黄鉴晖. 山西票号史料[M]. 山西经济出版社,2002.
③ 卫聚贤. 山西票号史[M]. 说文社,1944:58.

(一) 人员选拔

1. 学徒选拔

票号如招新人，先从做学徒开始，也有的把学徒叫作"练习生"的。票号员工收入高，又能增强本领见识，就成为当时很多平民羡慕的工作。学徒选拔，要求很高，从外貌、家庭情况、识字情况，都会考虑，有的还要求有推荐人担保，票号称其为"保荐人"，如果将来该学徒给票号带来损失，保荐人要承担赔偿责任①。

一般的票号在招学徒时，要调查祖宗三代，"恐有不良遗传，必先问其以上三代做何事业，出身贵贱"②。家世审查通过后，再对应招者本人进行个人素质考察，进行口试、笔试，合格者择日进号。

2. 招收伙友

票号也招有成熟工作经验的"伙友"，各号的条件可以用严苛来形容。下面以至成信、协成乾等为例说明。

志成信招伙友规则：

年龄：15 岁以上，20 岁以下；

背景：家世清白；

外貌：五官端正、毫无残缺；

言行：言语辩给，举动灵敏；

特长：善珠算、精楷书；

保证人：必须与总庄有厉害关系。

协成乾规则：

气度：仪态大方，习于礼貌；

工作态度：不惮远行；

---

① 卫聚贤. 山西票号史 [M]. 说文社，1944：57.
② 颉尊三. 山西票号之构造 [A]. //黄鉴晖. 山西票号史料 [C]. 山西经济出版社，2002：612.

其余同上。

协成乾的规则与志成信类似，不同的是，协成乾还多了"远行"的要求，这意味着出差或常驻外地。

还有些票号的招人要求匪夷所思，譬如有老掌柜留下一双鞋，谁能穿得合脚，才可以收录，其他票号还有用试穿衣服一件、试戴帽子一顶来考核求职者的。究其原因，是因为当时成为票号伙计是很多人求之不得的好前程。甚至有人认为"汇票庄是求取富贵之唯一途径"[①]，于是奔走请托各票号负责人的过多，实在难以应付的情况下，各掌柜们才找到这样一种拒绝的办法。

（二）学徒训练

一般票号进新人，都要经过总号训练，然后分派到各分号，分号没有用人权。学徒期一般三年，个别优秀者，两年结束学徒，被派往分号，三年不合格者，则被开除。

学徒期一般分为三个阶段：

第一阶段，杂活期，期限约一年。主要是做日常事务，打扫、伺候掌柜等，晚上习字、打算盘。掌柜借此日常工作考验学徒品行。

第二阶段，业务训练期。掌柜进行口传训练，教学徒念"平码银色折"，学徒必须记牢。这个时期，学徒也开始接触业务，做些帮账、抄信的事。

第三阶段，掌柜教做生意的办法[②]。三年学徒是一般票号学徒成长为合格的伙计的必经之路，三年结束，学徒要打得一手好算盘，写得一手好字，业务熟悉，牢记"平码银色折"。有的票号会把部分平码银色知识编成歌谣，譬如大德恒票号的"周行银色歌"[③]：

---

① 李谓清. 山西太谷银钱业之今昔 [J]. 中央银行月报, 1937, 6（2）: 187.
② 乔殿蛟访问记录 [A]. 1961年1月//黄鉴晖. 山西票号史料 [M]. 山西经济出版社, 2002: 613.
③ 卫聚贤. 山西票号史 [M]. 说文社, 1944: 46.

天津"化宝"松江京,"纹银"出在广朝城,
上洋"豆规"诚别致,"公估纹银"西安行,
票色重贵"足纹原",云南"票锭"莫忘情,
"川白锭"出成都省,"荆沙老银"沙市倾,
"二四估宝"属汉武,桂梧"化银"记分明,
"当纹"周在湘潭县,长沙"用项"银出名,
常德"市纹银"为主,金陵"项化"是足色,
粗俗不堪入目视,诚恐难记随口诵。

票号中还流传着一首"学徒歌谣":"黎明即起,侍奉掌柜;五壶四把(茶壶、酒壶、水烟壶、喷壶、夜壶和和笤帚、掸子、毛巾、抹布),终日伴随;一丝不苟,谨小慎微;顾客上门,礼貌相待;不分童叟,不看衣服;察言观色,唯恐得罪;精于业务,体会精髓;算盘口诀,必须熟背;有客实践,无客默诵;学以致用,口无怨言;每岁终了,经得考验;最所担心,铺盖之卷;一旦学成,身股入柜;已有奔头,双亲得慰。"①

二、人事组织关系

(一)"两权分离"的东伙制

票号成功的原因之一就是东伙制。财东寻找到合适的经理,与之面谈,然后写下合约,成立票号。东伙制下,所有权与经营权分离。日常事务,财东不过问,大权交给经理。出资人对实际经营者放权,这表现出了一种信任关系。经理在日常工作中没有牵制,自然能够放开手脚,锐意进取。

对财东来说,这种制度,也省心省力,出资后,无须关心日常经营,只要静候年终报告就行了。当然,如果年终报告体现出的经营业绩不好,

---

① 曹振武. 晋商习俗 [A]. //晋商史料与研究 [C]. 山西人民出版社,1996:490.

账期（三年、四年）结束，分红少或者亏损，财东也可以更换经理。

经营中也不是所有事务都与财东无关，如果是特别重大事项，例如，扩充业务、赏罚同人、处置红利，则依靠财东裁定执行。在这些重大事项上，经理可以提出建议，然后听取财东意见。

（二）分号人员构成

各票号的分号人员数量虽然各地不一，但人员构成大致相差不远。业务量大的分号会增加几人。

票号的人员构成一般包括，分号经理（掌柜）一人，总理分号所有事务。管账一人，负责分号账目及银钱出纳。司信一人，办理分号的文书，通告各埠连号金融市场信息。副经理一人，负责接洽业务。一家分号少则五六人，多则十几人。

以清末百川通票号汉口分号为例，总号确定汉口分号为六人，都由总号派出，分号不得私自雇佣业务类的职员。六人的岗位分别是：掌柜一人，跑街二人，会计一人，信房一人，帮写（练习生）一人。这六人是正式从事票号业务的职员，其他非业务工作，如送银、待客、送信等非业务工作，还是需要在当地雇用人员。

上海金融业务繁忙，各票号在上海的分号人数较多，一般会有掌柜一人，副掌柜一人，外账房二人，内账房二人，跑市二人，跑街四人，招待二人，管银一人，小伙二人[①]。

三、薪酬管理与绩效考核

（一）票号的薪酬福利

1. 薪金与应支

票号员工多是按年发给薪水，多的有一百两，其余的有七八十两、二

---

① 陈其田．山西票庄考略［M］．商务印书馆，1937：83—84．

三十两不等。学徒也有薪水,多为每年八两银。

票号的经理等享受人力股的,有红利则分红,无红利时,有应支。"应支"的意思是,有人力股的职员不管到了大账期能否分红,每年都要应支若干银两。

表 5-4　　　　　　　光绪末年上海的山西票号职员设置及薪资待遇

职位	数量	薪资待遇
正掌副掌	各1人	平时不给薪金,只供实际费用
外账房	2人	月薪各24两
内账房	2人	月薪各24两
跑市	2人	月薪各24两
跑街	4人	月薪每人18—24两
应付宾客	2人	月薪每人24两
管银	1人	月薪16两
小伙	2人	月薪每人6—8两
司务	8人	月薪每人铜钱二千文

资料来源:黄鉴晖:《山西票号史料》,第604—605页。

2. 伙食与衣资

一般票号总号的职员,日用饮食是归票号开支,衣服零用,需要自备。分号人员的福利待遇一般是由总号和分号共同承担,例如往来川资归总号出账,在外衣服零用由分号出账①。不同级别职员的福利待遇内部会有明文规定。

《大德通票号号规》明文规定:"各码头衣资,议定分号京、申、沈、沙、安、津、汉、重、度、济、汴正班每月拨结衣资银三两,其顶生意协理,每月拨给衣资二两,以及辛金及出外多年者,每月拨给衣资一两,出外未下班者每月拨给衣资五钱,三年以外,照辛金副班者行。市洞两山、东西两口、兴化、营口、周村正班,每月拨给衣资银二两,唯迁全己衣资,亦照二两拨给,多年协班每月拨给衣资一两,初出未下班者,每月拨

---

① 范椿年. 山西票号的组织与沿革[J]. 中央银行月报,1935(1):4.

给衣资银五钱,三年以外,照副班行;以及清、水、源、徐、通、治路货人位,随协班例一两;赤峰、季、曲、阜正班,每月拨给衣资银一两,初出下班者,每月拨给衣资五钱,三年以外照一两拨给。"

从大德通号规对"衣资"的规定,可以看出,对各地衣资的金额是以当地消费情况为基础的,京、津、沪等大城市,票号职员衣资每月有三两,东西两口等地每月二两,赤峰等地每月一两。

(二) 身股分红

关于山西票号股份问题,清末民初人徐珂在《清稗类钞》中做过界定:"出资者为银股,出力者为身股"①。

身股也叫"人力股""顶身股",不缴纳资金,是以掌柜和部分伙友的劳力来计算值多少股,账期按此分红。票号会在每次账期,按照员工贡献程度"顶生意",计算身股,然后给与红利分配。

以大德通票号为例,1889年大德通分红账记载,当年大德通分红二万四千七百多两。其中,银股分红者5位,分别是乔宅在中堂、乔宅保和堂、乔宅既翁堂、乔宅保元堂及秦宅九德堂,出资者共分红一万七千两。人力股分红者23位,共分红七千七百多两。

1889年大德通票号分红账如下:

五年(光绪十一年至十五年,即1885—1889年)共获余利足平宝银二万四千七百二十三两零三分。

共银俸股二十九分七厘,每股以八百五十两开:

乔宅在中堂银股一十二分,应分得余利宝银一万零二百两。

乔宅保和堂银股一分五,应分得余利宝银一千二百七十五两。

乔宅既翁堂银股二分五,应分得余利宝银二千一百二十五两。

乔宅保元堂银股一分五,应分得余利宝银一千二百七十五两。

秦宅九德堂银股二分五,应分得余利宝银二千一百二十五两。

---

① 徐珂. 清稗类钞 [M]. 中华书局,1984:2292.

培德马己①人力一分，应分得余利宝银八百五十两。

输辉李己人力一分，应分得余利宝银八百五十两。

鸿图申己人力七厘（十一年正月至十三年终），应分得余利宝银六百二十九两一钱七分。

聚瑞郭己人力六厘，应分得余利宝银五百一十两。

映耀罗己人力六厘，应分得余利宝银五百一十两。

师舆郭己人力五厘，应分得余利宝银四百二十五两。

振铎王己人力五厘（十三年正月至年终），应分得余利宝银一百七十二两二钱一分。

瀛海张己人力四厘，应分得余利宝银三百四十两。

廷全许己人力四厘（十三年正月至年终），应分得余利宝银一百三十七两七钱七分。

郝荃己人力三厘，应分得余利宝银二百五十五两。

锦章史己人力三厘，应分得余利宝银二百五十五两。

高钰己人力三厘，应分得余利宝银二百五十五两。

应升刘己人力三厘，应分得余利宝银二百五十五两。

焕楷高己人力三厘，应分得余利宝银二百五十五两。

永和吕己人力二厘，应分得余利宝银一百七十两。

敦明王己人力二厘，应分得余利宝银一百七十两。

嵩年冯己人力二厘，应分得余利宝银一百七十两。

范涛己人力二厘，应分得余利宝银一百七十两。

廷柱许己人力二厘，应分得余利宝银一百七十两。

调元赵己人力二厘（十三年正月至年终），应分得余利宝银六十八两八钱八分。

计开故股：

---

① "培德马己"是票号对伙友的称呼。培德是名字，马是姓，"培德马己人力"意识是：马培德自己的人力股。如果名字是两个字，就按正常顺序表达。

振基梁己人力六厘，应分得余利宝银五百一十两。

迪功温己人力四厘，应分的余利宝银三百四十两。

溯曾阁己人力三厘，应分得余利宝银二百五十五两。

身股制度的存在，使得各票号经理及资深员工的实际收入与票号的经营业绩挂起钩来，哪怕不出资，不是东家，只要努力经营，也可以获得不菲的红利。正因如此，"经理人等视票号如己事，莫不尽力经营"[①]。

四、对员工的管束

（一）班期

票号没有定期休息的说法，一般按照职员的工作年限和地方远近确定假期时长。一般总号人员两三个月可以休息七天，太原分号一年休息两个月，其他分号起初三四年休息半年，后来交通便利，改为两年或两年半休息一次。边远地区五年休息一年。不论几年休息一次，都称为"班期"，休息时间回家，叫做"下班"[②]。

蔚丰厚票号经理李宏龄在《同舟忠告》中描述班期过长的辛苦："近来各号伙友，年少者客居既久，往往因此致疾，甚至有性命之忧。"他认为："号规股东谨严，但人情亦不得不体。"[③]

（二）日常监管

票号对职员的日常监管颇为苛刻。每月准许员工给家中寄平安信，但不能私自邮寄银钱和物品。职员的家信，掌柜、经理会拆开过目，以免走漏票号消息。职员很难告假，票号一般对员工告假有严格的规定，一般除了父母丧葬大事，不得轻易告假。大德通票号规定："各码头伙友，除因

---

① 卫聚贤. 山西票号史 [M]. 说文社，1944：58.
② 陈其田. 山西票庄考略 [M]. 商务印书馆，1937：89.
③ 李宏龄. 同舟忠告 [M]. 山西太原监狱石印，1917：22.

公告假外，若因家务告假，车脚盘费计为己身；倘遇临下班之际，实据告有情理，首领如是准其回里，亦作铺中出账。下班之日，禁止馈送礼物，违者拟以犯铺规论。"这里之所以严禁内部送礼，是为了防范内部上下级之间的贿赂行为。

（三）对职员私德严格要求

各票号都不允许职员沾染鸦片、赌博、嫖娼等恶习。还有的票号规定职员在外工作期间，不准纳妾，有不正当男女关系者会受到严惩。

有的票号不允许职员穿衣过于讲究，不允许奢侈之风。蔚字五联号条规有："号伙衣服已属华瞻，而又穷奢极欲，更求精彩。此种风气不唯自己折福，且为外人所忌。凡聪明者，岂尚不觉，急宜共相规戒。"五联号还规定："号伙上下班期坐轿带人，除实系年高带病、资格深大者不准。"

有的票号制定特别禁条"六不准"①：

不准接眷出外；不准在外娶妻纳妾；不准宿娼嫖赌；不准在外开设商店；不准捐纳实职官衔；不准携带亲故在外谋事。

究其原因，主要有两点，第一，"恐伤精神"，让职员不能全心投入号事；第二，"恐费金钱"，怕职员生出贪心、侵蚀；第三，预防舞弊，担心有人卷款潜逃，而家属在总号本地，可以作为一定的保障。

---

① 范椿年. 山西票号之组织及沿革 [J]. 中央银行月报, 1935 (4)：5.

附件 5-1

大德通票号号规（1888年合账重议号规）

凡事之首要，箴规为先。如不箴规，后头难齐。今将议定规矩，开列于左：

各码头祁号无信，不须节外生枝，囤积货物，买空卖空。至于应酬一节，本是为利起见，不得认为当费之资，设有公费，如数出账，不许巧取别项弥补。置买家具路具，随置随出，不可抵作银数缴费。每年出清，不需浮搁，倘有一弊，必咎不宽。

各顶身力，每年应支：一俸者以一百五十两，九厘以一百三十五两，八厘以一百二十两，七厘以一百一十两，六厘以一百两，五厘以九十两，三厘以八十两，二厘七十两，一厘六十两，每年春冬两标下支。除应支外，分文不准长支。如有不合者，勿论铺辞、辞铺，但是不到年终，不管生意余亏即按应支结楚。

各码头衣资，议定分号京、申、沈、沙、安、津、汉、重、度、济、汴正班每月拨结衣资银三两，其顶生意协理，每月拨给衣资二两，以及辛金及出外多年者，每月拨给衣资一两，出外未下班者每月拨给衣资五钱，三年以外，照辛金副班者行。市洞两山、东西两口、兴化、营口、周村正班，每月拨给衣资银二两，唯迁全己衣资，亦照二两拨给，多年协班每月拨给衣资一两，初出未下班者，每月拨给衣资银五钱，三年以外，照副班行；以及清、水、源、徐、通、治路货人位，随协班例一两；赤峰、季、曲、阜正班，每月拨给衣资银一两，初出下班者，每月拨给衣资五钱，三年以外照一两拨给。以上俱系自出行之日起，至下班之日止，但有零日，即算一月，逐年在祁出账。

各码头上下伙友，在外置买衣物、针工、线、扣等件，按数以实计支，节礼一概不准奉送。其余不管置买零星一文之物，亦不许私行出账。凡从外置买家用之物，务宜先寄祁铺，经号转寄，不准私行一直寄家，庶免生疑。勿论内外货，以二十斤以外者，脚钱自出，价值随物实结，在祁计支。

各码头伙友外出之时，将己身衣物零星等件，就祁点明留底，随己往外带一底折。如有在外逐年买过一切衣物零星等件，就外一底鉴，以便逐宗划价。下班之日，除将原带出衣物零星等件，不计价值外，所逐年新置之衣物等件，逐宗开一新折，就外划价，一同带回，以便祁铺查核。如货物与价值不符者，祁另结。

各码头每月与祁实誊月清折，年终誊一总结账。各处与各处，每月誊一月清折，总是将银抽活，限定每月存银，不准过一万之数。各处首领赶冬月内与祁号总领写一保荐人位，贤愚封口信，务要秉公实呈，以凭赏罚。各处如有机密要事，勿论何时，可与首领信息，以便核夺协理。其内外伙友，不准致函至号，万一有不通之事，只可写开口信，俟后报祁，若有一字隐瞒，即以犯号规论。

各码头通年缴费，年清年款，不准日积月累。前司事者，如有积累情弊，下班之日，后司事者，毋得含糊，接班只可将积累银钱多寡明白报祁，以便记前司事之账。若含糊接班，隐瞒不报，嗣后查出，则定记后司事之账，以戒效尤。

各码头伙友，除因公告假外，若因家务告假，车脚盘费计为己身；倘遇临下班之际，实据告有情理，首领如是准其回里，亦作铺中出账。下班之日，禁止馈送礼物，违者拟以犯铺规论。

各码头禁止亲友浮挪暂借，与亲友字号，相与之家不外当承作保，免受日后牵累。伙友支使银钱，不准浮悬水牌，现取现记，庶免日久生弊。吃食鸦片赌博等弊，一概不准。

各码头首领不准就外请用人位。伙等在外使银钱，年终尽数结祁，不准蓄留分号。下班之日，随身带一花单，不准总结一笔，亦毋须等年终再结。下班必得祁铺总领有信，如不候信，借按告假论。如伙友服汤药号出，若服参茸丸散，计为己身。

各码头不准买存衣物、绸缎、药材等项，抵作银钱数，只可谁用谁买，号出号用，随时分别记账。设有公款存项，一经查出，记首领之账。设有不应期款项，速为报祁，不准遏抑。勿论数目多寡，当年年终，皆按一扣清查，何年何收，何年复生利，不许前后混乱。

各码头伙友，如本人自占码头，体身若有收项银钱，或由祁会外，或从外兑祁，必得从本号兑，毋从外号会兑。如是巨款，本号不合，须呈明祁号，从外会兑亦可。如体身银钱有余，不准自带本码头出放借贷，以免济私误出，致生众议，违者必咎不宽。

以上所定条款，故违不宽，毋得视为具文。

定人力股，一厘至六厘，四年清结，七厘至一俸，六年清结。若初顶身股，未经账期而故者，勿论多少，三年清结。若有功绩异常，或临故有毁之事，宜加宜减，众东另议。

资料来源：黄鉴晖：《山西票号史料》，山西经济出版社 2002 年版，第 597—598 页。

附件 5-2

票号学徒训练

票号用人，全要经过总号训练。训练以后，总号派出去驻号，分号无权用人。总号训练学徒一般是三年，到期派分号做事。有的聪明出众，二年也有被派到分号去的。有的过于愚笨，不到三年就被开除出号。在训练期间，有三个阶段：

第一阶段，主要是做日常事务，打水、扫地、伺候掌柜等一切杂活，晚上练习写字和打算盘。每个学徒差不多都要做一年多时间这样的活。其所以必须经过这个阶段，一来票号杂勤之事必得有人承担，二来掌柜为的是从平素生活中看学徒有没有出息，心眼多不多，宜不宜做票号的生意。一句话，要看学徒是否对掌柜忠诚克勤。

第二阶段，掌柜口传训练，教念"平码银色折"，而且必须背熟记牢。平色对票号做生意很重要，要记不住，出去就做不了生意，即使做了，也要把有利的事，做成没利的。因为各平码的折算虽然一般都合理，但因为小数中还有一定差异，所以收交银两各该用什么平码对票号是有关系的。除这些以外，开始做些帮账、抄信的事。

第三阶段，对少数学徒，也是掌柜认为最有出息的学徒，还要教做生意的办法。

资料来源：《乔殿蛟访问记录》，1961年1月，载于黄鉴晖：《山西票号史料》，山西经济出版社2002年版，第613页。

附件 5-3

张家口分号信致开封分号信

新春鸿禧，另柬恭贺。启者于去岁十月二十九日从京转去第六次信一封，外托万和明捎去郑锦舟红香牛皮二账（张），用过咱本平足银六两，又伊开来单一纸，该早收阅。去岁冬月二十五收接第二十六次信，会来十一月底口交大顺雷足宝银一千两，四月标交伊银一千两。十四日收接第二十九次信，会来大寅标口交兴盛德足宝银一千两，永顺祥足宝银一千二百两，裕兴昌足宝银五百两，源泰昌足宝银一千五百五十两。二十三日收接第三十、三十一次信二封，会来大寅标交庆源德足宝银三千五百两，永顺利足宝银一千五百两，万和明足宝银二千三百两，永顺利足宝银一百三十五两四钱七分，德兴恒足宝银四百三十两，源盛兴足宝银七百两，均已各照信票交。统来永顺祥寄玉中、永丰段会银信俱已转往。前信后，定会过九月初一日汉交下庐足银三千两，咱在口年四两标分收，自收银之日，各依各标口规规与伊行息外，每千贴伊银六两。又收会过腊月十五日交（镜宝）银一百五十两，净得空期四十来天。又定会过二月初一日汉交下炉足银三百两、三月二十日交银一千二百两，咱在口四、七、十三标分收，按月三厘与咱行息，两无空期贴费。又收会过腊月十五日谷交镜宝银五百两，净得空期四十来天。又收会过腊月二十七日各交银二百五十二两，净得空期四十来天。又收会腊月二十五日平交银三百余两，净得空期四十来天。又收会过腊二十五日平交无色宝银四千两，合期顶期，每千两得会费银五两。又定会过正月十五日各交镜宝银一千六百两，咱在口四月标收伊，按月四厘三与咱行息，共贴咱银六两。又定会过三月初一至十五日河口交河宝银三千两，咱在年标收伊足宝银一千五百两，净得空期；四月标至五月节京、口随便交咱银一千五百两，至二月初一日按月四厘三口规与咱行息。又收会过二月初一日天津交期白宝银一千五百两，净得空期一月。又定会过四月十五日至二十日河口交河宝银八千两，咱在口年标收伊银三千两，四月标收伊银五千两，均拉净得空期四十余天。又收会过正月二十日谷交银一百零一两，净得空期。又定会过二月初一日迟早三五天苏交西批银一万五千两，四月标京、口随便交咱，迟交日期按月四厘三口规与咱行息外，每千两贴咱银四两。又定会过二月二十日迟早三五天苏交西批足银五千两，四月标京、口随便交咱，迟交日期按月四厘三口规与咱行息外，每千两贴咱银四两。又定会过四月初一日河口交河宝银六千两，咱在口四、七两标分收，自正月十五日按月四厘三口规与咱行息，净得空期七十五日。又定会过三月十五日苏交西批足银两千两，咱在口四月标收伊，迟收日期按月四厘口规与咱行息外，每千两贴咱银四两。天津会来年标口收银一千九百两，平会来七月标口收银五百两，京会来年标口收银两万零八百两、又会来四月标口收银五百两、十月标口收银三千两，汉会来腊月二十日口交银四千两、又交会过省收银四千七百余两，苏会（来）三月初一日口交银一千两，浦会来年标口交银两千五百两，泾会来年标口交银一万七千五百两，京会来年标口交银八千五百两，扬会来口交银二百五十两，京会来四月标口交银四千两，天津会来口交银六百零六两，交会过京收银四千两，成会来三月半口交银三千两。咱口号之账业已结清，随统去收交会票总结账单一纸，东口标单一纸，查收。生梧兄去年腊月十四日由京抵口，口号之事交代生梧兄管理。弟初十日由口返京，报兄知之。刻下口地月息四厘五。余无别叙，专此布上。

注：《汴梁往来书稿》新正月初十日由京转汴第七次信，道光三十年（1850年）新正月吉立。见日本滨下武志等编《山西票号资料书简篇（一）》第105—106页，东京大学东洋文化研究所，1990年版。

第六章

票号的对外关系

在票号的对外关系中，最为重要的是票号与政府的关系、票号与其他金融机构的关系。票号的很多大额业务都与官府有关，为了发展业务，票号经营者们也主动公关，密切与政府级官员的联系。

与票号同时代的金融机构，最初主要是钱庄，同为传统金融机构，票号与钱庄各有特点，一个以汇兑为主，另一个以兑换为主，在地域上，曾有"南钱北票"的说法。票号繁盛时期，与钱庄的资金往来十分密切。

外资银行出现之后，最初与票号经过了一段经营范围各自为政的时间，后来，双方业务范围开始交融，形成了竞争关系。尤其是中资银行出现后，在政府支持下，迅速壮大，中外银行成为票号头号竞争者。

第一节 票号与政府的关系

票号经营初期，是为商家汇款服务的，但在初步发展起来之后，票号业者就发现了与政府合作的好处。票号从为政府办汇兑发展到收存官款，以及为政府及官员提供资金，与政府的关系越来越紧密。后来甚至有些票号代理财政、代理政府证券发行，有了准中央银行职能。

一、政府依靠票号汇兑官款

(一) 票号与政府汇兑

1. 官府对票号汇兑的需求

票号为官府办理汇兑从道光末年就开始了,从汇兑京饷、赋税到汇兑洋务经费,再到汇兑向外国赔款,官府对票号的依赖越来越深。

但是最初进行汇兑的官员曾因违例被惩处。道光末年,浙江巡抚吴文熔奏折中提到:"浙江试用从九品张炳钟奉委搭解内务府三斤银两,私用汇票,虽所解银两等项均无短少,究属有违定例。"虽然款项顺利解到,而且没有短缺,可是上官还是不满,定了个"违例",甚至还要进一步追究当事人责任:"饬委杭州府知府徐敏,传提该解员张炳钟暨署布库大使李芬到案查讯。"

而使用汇票的官吏解释称,当地官府要求负责的官吏解银两及油茶等项,却"不给堪合兵牌",沿途驿站也无法应付,乘坐车船,无兵役护送,沿途"盘坝渡黄,一人照料难周",担心银两丢失,不得以使用了票号的汇票,到京后持票至相关票号取出现银,赴内务府呈缴。

尽管相应官吏确有难处,而且所缴财物没有短缺,但是,因为违例使用了票号汇票,浙江巡抚还是决定给予相应人等一定的惩处。并且还上书朝廷,表示今后搭解银两,不再使用汇票[①]。

表6-1　　　　　　　　四川省公款汇兑汇费与限期规定

汇款种类	汇交地点	汇费		限几日交到(天)
		每万两汇费(两)	汇费率(%)	
京饷	京都	100	1	80
东北边防饷	盛京	100	1	80

---

① 《浙江巡抚吴文熔奏折》道光二十九年四月二十三日,《朱批货币金融专题》。

续表

汇款种类	汇交地点	汇费		限几日交到（天）
		每万两汇费（两）	汇费率（%）	
铁路经费改克萨镑款利息	上海	120	1.2	30
甘肃新饷	甘肃	100	1	80
滇饷	云南	滇省自行筹息	—	30
俄法借款	上海	土税预期发存不给息	—	32
内务府经费	京都	100	1	80
英德借款	上海	土税预存不给息	—	32
汇丰借款	上海	100	1	40
武卫中军政改为北洋军需	京都	150	1.5	80
新案赔款	上海	200	2	60
新疆边防加复俸饷	上海	200	2	60

资料来源：根据浚川源票号《普通平色则例簿》编制。

2. 官府使用汇票结算的重要原因

（1）交通困难迫使地方官使用汇票。

同治三年，两广总督上奏："京饷银五万两，……按照部行：如道路梗阻，万难绕越，方准汇兑。现在北路尚行阻滞，此项京饷攸关紧要，未便辗转绕道，致有延误，是以仍交殷实银号（此处指票号）汇兑入京。"①

（2）资金短缺导致地方政府严重依赖票号垫付汇款。

除了道路遥远、阻塞外，票号可以为地方政府提供汇兑饷银的垫款，也是地方官吏依靠票号的重要原因。福州将军文煜等上奏："税厘征收旺月少而淡月多，淡月解款不敷，不能不向银号（指票号）挪移凑济；关库每年解京一百数十万两，其中随时设法借垫，尤不能不向银号（票号）挪移。若汇兑一停，则缓急无可相通，即筹解难以应收。此频年解京各款不得不由汇兑之实再情形也。"

3. 官府要求票号核减汇费

晚清年间，清政府内忧外患，在加上多次不平等条约后的巨额赔款，

---

① 《两广总督毛鸿宾奏折附片》同治三年十一月十九日，《军录》财政类，卷号28。

致使财政紧张。甚至有官员要求票号核减费用。

光绪二十六年正月，四川总督提出："查川省汇款以京饷、甘饷、铁路船厂各经费及四国借款、汇丰息银为大宗。凡汇京城者，每万两给汇费银一百五十两；甘肃、上海等处，每万两给汇费一百二十两。"他建议把汇费每万两改为二十两，核减汇费后每年可省银四千余两。

安徽巡抚提出："议自本年为始，凡汇京之款，每万两酌支一百四十两，计减支银四十两；汇沪之款，每万酌支汇费九十两，计减支银一十两……"①

（二）票号汇兑公款的多次争议

关于票号汇兑公款事宜，历史上曾经有过多次争议，分别发生在同治年间、光绪初年、光绪九年及光绪二十五年。

1. 同治年间的票号汇兑争议

同治初年，曾有官员对地方政府普遍使用票号汇款业务而不满，有人认为："号商办理既熟，难保不与库中吏役、丁匠交通舞弊。"② 还有的人担心京城银两不足："以部库多收一批汇兑，即京城少进一批实银，奏请饬下各省应解京饷，非道路十分阻塞，不得率行汇兑。"③

但也有不少地方官员坚持用票号汇兑，同治八年，两广总督奏报："唯现届冬令，若由海道至津沽，正值严寒，海口冰凝难进，势必停留守候，有稽时日。……此次起解第四批京饷银六万两，仍交殷实银号（此为票号）蔚泰厚、协成乾汇兑，以期妥速。"④

2. 光绪初年的票号汇兑争议

光绪初年，有御史又以"汇兑亏国害民"为由请禁汇兑。虽然他承认汇票"既轻且便"，但是依然反对汇兑公款，理由是，各省汇兑银两都用

---

① 《安徽巡抚王之春为筹款各条分别遵办情形的奏折》光绪二十六年五月二十日，《军录》财政经费，卷号36。
② 谢膺禧：《京饷宜解实银疏》同治三年，《皇朝经世文续编》卷三十一，户政三。
③ 《湖广总督官文登折片》同治二年七月二十五日，《朱批》财政类，卷号25—29。
④ 《两广总督瑞麟等奏折》同治八年十一月十二日，《军录》财政类，卷号37。

一纸汇票，并没有实银解来，到了京师，款项需要兑付现银的时候，就需要搜刮京城的银两，导致银价变贵。他注意到，京城里各银号、钱铺"连成一气，一有汇银之信，预将银价抬高"①。御史认为，这会造成"亏国用"的局面，而银价被抬高，会损害人民利益。所以，他的建议是，不准地方再用汇票，务必要解现银到京。

刑科给事中马相如也上奏反映同样的问题，他认为，物价的增减，是因为银价的高低，而银价的高低决定于市面上实银的数量。他认为，光绪二年冬的物价上涨，是因为银价上涨，银贵钱贱。京城实银库存来源中，各地上解的饷银是大宗，而各地饷银上解越来越依赖票号的汇票业务，导致京城严重缺银。他在奏折中痛陈汇兑的弊端："近来仍行汇兑，实银不解于库部，银价更倍于昔；是银不流通，遂至货重而钱贱。"

给事中崔穆之上奏反映，各省应解的地丁、关税、盐课等款项，先前是按章解送实银到户部，但"近年来，多有以汇兑来京者，无论数十万帑项，但凭一纸汇到"②。各省用票号汇兑的理由是，可以节省驿站递送的费用，还能免除沿途意外带来的风险。但是汇票到京，还是要换成现银交国库，就只能用京城的银两充入国库。京中的实银越来越少，无法周转，导致银价上升。当时百姓日常物品是用铜钱购买，银价升，铜价降，铜钱购买能力下降，买同样的物资就需要更多的铜钱，生活成本也跟着上升。崔穆之这部分观点和马相如是类似的。但是他还分析了不同人群所受的影响，他认为"仕宦之家，素封之户"平日用银较多，存银也多，他们零星购买也是用银换钱，因此不受影响。受到影响严重的是那些平日收入少，生活主要依靠铜钱的贫苦百姓，例如，穷困小民、佣工、小贩，终日辛苦劳作，所得不过少量铜钱，银贵钱贱的情况下，他们日常所得铜钱能买到的东西更少了，生活更加窘迫。他认为，禁止汇兑，部库实银充足，才能解决物价上涨的问题。

---

① 《福建道监察御史和宝奏折》光绪二年十一月二十八日，《军录》财政类，卷号 35。
② 《给事中崔穆之为京饷请饬解实银的奏折》，光绪三年十二月十三日，《军录》财政经费，卷号 35。

御史刘锡金也是反对者之一，他给出的理由除了京饷不解实银，还多了一条"私钱不能禁止"。而且，他认为"私钱之弊，其害尤甚"。虽然私铸铜钱本就被禁止，但是"日久玩生，奸民肆无忌惮"，导致官钱与私钱混在一起，难以区分。尤其私铸的当十大钱，由于私铸的是不足值货币，奸商获利颇丰。他要求朝廷严令不准私铸。

有人反对，自然也有人坚持。福建省及闽海关就因商贾率用番银的理由表示不能解送纹银。闽浙总督兼署福州将军何璟上奏，说明当地"市间行用仅止番银，缺少纹银，不得不向号商汇解"[①]。而原因是福建省地瘠民贫，少有富商巨贾，市面不行使纹银已久。日常课税，商民都以番银缴纳。他还表示，"如由海关司道局库将所收番银倾镕起解，则折耗太重，不行开报，无可贴赔"。也不能把番银融化后制成银锭，折损部分不知如何处理。因此，"万能停止汇兑起解现银"。

四川总督的理由是，川陕骡马短缺又有游勇。由四川入陕西，南北两栈之间，驿路骡马异常短缺，而且沿途有散练游勇不时出没，影响运输。总督表明票号信誉卓著、财力丰厚，以往汇兑业务并无差错。他认为"京饷要款，首以慎重为主，尤以迅速为先"[②]。

而粤海关解缴京饷，要向票号借垫汇兑，更是无法放弃票号汇兑。两广总督刘坤不得不说实话，"粤海关之解京饷交商汇兑……非谨取其妥速利便，实则借以周转通融"[③]。

广东省迫于朝廷压力，把全款汇兑改为解现银与汇兑并行。光绪三年河盐课税六万两，解现银入京，其余京饷交蔚长厚、谦吉升、新泰厚、志成信、协成乾汇兑至京，进京支取银两后，再赴户部、内务府投纳[④]。

浙江省请求继续汇兑的原因是，缺乏现银。浙江巡抚举了宁波码头的例子，"宁波码头买卖交易向系过账，并无现银"，这是当地生意兴隆的原

[①] 《闽浙总督兼署福州将军何璟奏折》光绪三年二月十九日，《朱批》财政类，卷号28。
[②] 《暂护四川总督布政使文格奏折》光绪二年三月二十八日，《朱批》财政类，卷号26。
[③] 《两广总督刘坤一等奏折附片》光绪三年四月二十一日，《军录》财政类，卷号35。
[④] 《两广总督刘坤一为汇解光绪三年京饷的奏折》光绪三年十月十六日，《军录》财政经费，卷号35。

因之一。但是，这也带来了现银短缺的问题，如果非要让当地人用现银纳税，就需要从别处换现银过来，途中恐怕会有风险。而且，别处来的现银，成色不一，还需要验看，难免拖延争执。现银交易，商业不便，担心宁波码头"从此萧索"。所以他希望朝廷"体恤商情起见，……暂行汇兑，以顺商情"①。

3. 光绪九年汇兑争议

光绪九年的争议，与阜康票号倒闭有关系。阜康票号倒闭，清廷库款损失。因此朝廷饬令各省关，不准再行汇兑。户部要求，"各省关应解部库各项银两，不照例委员批解率先汇兑，致饷银被失者，既照滥委匪人以致中途失误例，将原委之人降一级调用。……所有汇兑饷银被失者，无论款项多寡，概找落汇兑不慎之员全数赔缴"②。

虽然朝廷态度坚决，但是福建等省关坚持不停汇。闽浙总督上奏，谈到当地银两问题，他表示："闽省滨海瘠区，市肆均用残破洋元，并通行银贴，非但纹银稀少，即洋银亦不充足。"③ 因此，征关税、厘金，基本都以洋银完缴。这里的洋元就是外国商人带来的本国银币，就算是钱粮、盐课之税，也是五成纹银，搭配五成洋元。他强调了福建省的特殊之处，该省向来都是不行用纹银之地，"库藏市肆均无可搜罗"，如果非要以纹银标准缴纳京饷，必定会延误。

福州将军也上奏道"现有闽海关库，并无存银，且有上年垫款甚多，尚未归补，筹拨实形棘手"。因此，他"令号商挪垫十万两银"，并恳请发商汇兑。皇帝朱批道："知道了。闽海关洋税有旺淡月之分，自系实情，唯京饷紧要，该将军宜实力征收，按照指拨数目随时批解，毋得迟延。发商汇兑，弊实甚大，即如阜康商人关闭，亏空官项可为前车之鉴，嗣后著筹解实银，不准向号商挪垫"。从朱批看出，虽然皇帝知道了闽海关的特

---

① 《浙江巡抚梅启照为洋税解京仍请暂行汇兑的奏折》光绪三年九月初一日，《军录》财政经费，卷号35。

② 〔清〕朱寿朋．光绪朝东华录［M］．中华书局，1958：1666—1667.

③ 《闽浙总督何璟等奏折》光绪十年正月二十八日，《朱批》财政类，卷号15—27。

殊情况，但还是要求现银解缴，并且不允许向票号商人挪借款项，并要求以阜康票号为前车之鉴。

针对清廷因阜康票号倒闭而产生的担忧，四川官员做出了解释，他们认为，四川的票号商人不同于阜康票号，仍然坚持汇兑。四川官员认为，阜康票号倒闭，是因为南帮票号根基不稳，容易铤而走险。但是四川境内票号都是山西票号，没有南帮票号，东家都是殷实商家，多年来，公私款项"从无亏短"。另外，这些票号汇兑还有担保，"川省西号现在承领官项者有九家，皆连环互保"①。而且，每次汇兑公款，都是多家票号分担汇兑，以汇兑二十万两为例，每号不过办理二万多两的业务，风险已经分散。即便有意外，"一家倒闭八家分赔，断不能同日歇业，公款不虞无著"。因为汇款银两分散到各票号汇兑，每家承担数量少，即便追赔也比较容易。

粤海关争取到了继续汇兑的权力②，因为粤海关多年依赖票号垫银汇兑，过后再以税收还款。若朝廷不允许从票号汇兑，则粤海关很有可能在规定日期内，无款可解。

而江海关因为上海通用银元，现存纹银较少，仍然坚持交票号汇兑。江苏巡抚解释说："上海市肆通用鹰洋"③，纹银不多，如果解银过多，市场银两就会短缺，到最后无银可交④。

而广东省采取了解现银与汇兑并用的方式。理由仍是"库储支绌"，需要向票号融通资金，垫付汇款。关于朝廷担心的公款损失问题，广东省官员的解释是，"部款由商先交批回，再行付银，权操自我，倒闭何虞"⑤。也就是说，因为广东省汇兑公款，是向票号挪借，票号垫款汇兑，用的是

---

① 丁宝桢：《川省应解京饷仍发商汇兑片》光绪十年正月二十四日，《皇朝道咸同光奏议》卷26。
② 《两广总督李翰章等奏折》光绪癸巳四月十六日，《谕折汇存》。
③ 一种外国银币。
④ 《江苏巡抚卫荣光奏折附片》光绪十年九月初五日，《军录》财政类，卷号31—36。
⑤ 《两广总督张之洞、广东巡抚倪文蔚为应解京饷请分别解兑的奏折》光绪十一年二月二十日，《军录》财政经费，卷号42。

商家自己的资金,即便票号倒闭,地方政府不受损失。

4. 光绪二十五年的汇兑争议

光绪二十五年,因为京城现银短缺,导致"市肆萧条,商民俱困",朝廷认为,还是使用汇票导致的。因此朝廷一再谕令不准汇兑,要求各省解实银进京,并且要求各省"不得以款绌途遥借词搪塞"①。而且,这一次不止是要求解现银,还要搭解制钱一成,缓解京城铜钱也不足的问题。

1906 年 4 月 30 日,《北京日报》刊登了文章《京饷不准汇解》,对于地方政府用汇票的理由进行了驳斥,过去票号汇兑快,解现银慢,但是,有了火车、轮船,情况已经改变,文章建议"变通办理"②。

不过,福建、广东等省,因其情况特殊,仍然争取到了汇兑的权力。当年,福建不止是纹银不易获得,连当地铸造的银元亦未能通行无滞。"钱铺、当典均以银票、钱贴相辅而行,籍资周转。"虽然征收钱粮、盐课、闽海关税,间或搭配五成纹银,但银色不足,"京师断难合用。若以倾炉熔化,势必耗折过多"③。而且,闽海关也需要票号代垫资金。

第一次朱批,不准汇兑。于是,闽浙总督再次上奏争取,说明:"近年库储屡空,历解京饷由商垫者居多。"为了证明自己所言不虚,他还恳请朝廷垂询历任闽浙总督。第二次朱批,朝廷终于允许其汇兑。

广东省和粤海关也获准汇兑,两广总督奏折中言道:"现已积欠该号商三十余万两……款巨难筹"④。朝廷回复:"所奏尚属实在情形,该生应解京饷著准其仍交商号汇兑"⑤。

四川省则是汇、解并行。四川总督反映:"川省僻处边陲,山多路险,贫民亟苦"⑥。而且该省不仅是人民贫困,现银不足,还有地理条件复杂,路途运输艰难的特点,要求汇款一半,解现一半,朝廷认为是可以理

---

① 《上谕档》光绪二十五年正月。
② 京饷不准汇解 [N]. 北京日报, 1906 - 04 - 30.
③ 《闽浙总督许应骙奏折》光绪二十五年三月二十九日,《朱批》财政类,卷号 32。
④ 《两广总督谭钟麟等奏折》光绪二十五年五月十六日,《朱批》财政类,卷号 38。
⑤ 《上谕档》光绪二十五年六月。
⑥ 《四川总督奎俊奏折》光绪二十六年正月十二日,《军录》财政类,卷号 36。

解的。

关于票号汇兑利弊的讨论还不止朝廷与地方官员之间,民间亦有探讨,《申报》发表了这些不同观点的文章,也表明了民间对该问题的不同看法。《申报》在 1884 年 4 月发表过《解饷不宜常由号商汇兑论》,观点是,反对把汇兑公款常态化。1885 年 7 月发表的《论号商汇兑之便》,辩证地分析了汇兑公款的利弊。1894 年发表的《论变通解饷章程》,论证汇兑优于解饷。

二、票号代理财政

(一) 收存官款

在清政府成立官银行之前,票号曾长期代理政府财政职能,承担着类似于中央银行的职责。其中,最主要的是收存官款。

票号会给予官款一定的利息,而政府官吏为了这些利息,也愿意把钱从库中提出,存到票号生息。《大公报》曾报道:"鹿大司农因库款支绌,特提出银一百万两,交西号(山西票号)生息,每月按三厘取息。"①

表 6-2　　　　光绪三十二年(1906 年)七月户部存放各票号款项

票号名称	存入银两	支取银两	年末存款	存息率
存义公	50000	—	50000	年息四厘五
京都大德恒	420000	50000	370000	年五厘,月四厘五,四厘,便三厘八
大德通	11400	—	11400	息银有小扎
京都大德通	391400	50000	341400	年五厘,月四厘五,四厘,便三厘八
京都义善源	102400	50000	52400	月息四厘
大德恒	200000	50000	150000	
京都大德恒	463940	363977	99963	川换

① 时事要闻 [N]. 大公报,1903-10-02.

续表

票号名称	存入银两	支取银两	年末存款	存息率
大德通	150000	100000	50000	另一小折
京都大德通	129956	108485	21471	川换
存义公	145500	94021	51479	另一小折
小计	2064596	866483	1198113	—

资料来源：户部《安放各银行票号外存折》光绪三十二年七月立账，《度支部档案》，卷号 0644。

不止是户部，政府其他部门在票号也有存款。光绪三十二年七月到三十三年五月，陆军部在京都大德通票号存入练兵经费等款项 37 万 4 千多两，支取测绘学堂、陆军小学、练兵处等费用约 37 万两，结余 4 千多两。

表 6-3　清政府陆军部光绪三十二年七月二十日至三十三年五月在京都大德通票号存款统计

存入		支取	
款项别	银两数	款项别	银两数
练兵经费	162042	汇美金用	2268
湖南解来	60000	测绘学堂	16491
大德恒拨	10282	外国教员薪水	282
直隶解来	50000	军令司	1245
另记小折拨	20000	医学馆	2756
银票	10000	贵胄学堂	24156
存义公票号拨	10000	陆军小学	25209
京户部银行拨	20000	军学司	7406
测绘学堂交	318	军政司	589
综理司交还	13957	练兵处	10000
易乃谦交还	7507	本衙门	9960
永顺长银票	9000	蒐讨科	1410
其他	1227	永增局	940
—	—	拨豫丰银号	5000
—	—	拨天津户部银行	20000

续表

存入		支取	
款项别	银两数	款项别	银两数
—	—	其他	242168
—	—	结存	4453
合计	374333	合计	374333

资料来源：根据度支部档案"光绪三十二年七月吉立安放各银行票号外存折账簿编制"。

（二）官方用票号银票结算

晚清时期，部库收银、放银有时也用票号发行的银票。使用票号的结算工具的结果是，清政府的资金业务越来越离不开票号。"帑（府库钱财）向存于部库者，渐皆存于号商矣……帑向发之部库者，渐皆取之号商矣……饷向收之省关者，渐皆向之号商矣。"之所以造成这种结果，主要的原因有两个：

1. 结算便利

须知，在用票号银票结算前，官方部库收银，收到的是实打实的沉重的银两；到部库领银，领的也是沉甸甸的银两，对于收交双方都是一件麻烦的事情。而使用银票收、发资金，就大大减少了实物货币带来的不便。官方的评价是"一纸交清，两无亏耗"①。

2. 票号的信誉良好

官方逐渐习惯使用银票，另一个很重要的原因是票号信誉良好。银票是一种信用工具，最终要在票号兑换为银两，才能实现其价值。银票背后的信用是金融机构信用，是票号用自己的实力和声誉支撑起来的一种可信任度。票号多年经营的诚信，使"省关信之，部库信之，放者领者莫不信之"。

---

① 《给事中熙麟为陈述用汇票之弊的奏片》光绪二十九年十二月十三日，《军录》财政经费，卷号31。

三、票号帮助政府融资

近代学者马寅初在《吾国银行业历史上之色彩》中分析了山西票号与政府的关系，提到："山西票号勃兴之日，即政府财政拮据之时。在政府固不得不求票庄之资助，以免竭蹶之虞。在票庄亦可借此取得官款，以为运用之资。于是相依为命，各得其益。"

（一）票号帮助政府融资情况

1. 甲午借款百万两

1894 年，清政府以"海防吃紧，需饷浩繁"为由，向民间商人借款一百万两，"备充饷项"。户部向京城票号、银号借银一百万两①。

1894 年底，江西政府向商人借款，号召"省垣各汇票号应仿照京城办法，首先倡认劝借巨款，就近缴局外"。而筹集的借款由蔚长厚、天顺祥两家票号存储、汇兑②。

光绪二十年，广东政府向源丰润票号借款十万两，两广总督李翰章在奏折中特意提到："商号源丰润已在京借银户部，兹复承认筹集银五万两，仍续筹五万两……源丰润效力中外两次集款，均属急公好义"③。

光绪二十一年，看到"息借商款京城既已办有成效"，湖北政府认为"湖北汉镇商贾辐辏，不乏急公慕义之人"，于是，向汉口日昇昌等票号借银十四万两④。

2. 清末户部对票号欠款七百万两

清末，因不平等条约欠下巨额外债，政府财政困难，不可避免地发生对外欠款，无法归还的情况。宣统三年（1911 年），户部库存仅剩百余万

---

① 《户部议复侍郎廖寿恒请提各省公款归官借的奏折》光绪二十年十一月二十九日，《度支部档案》事务文书类，卷号 266。
② 息借章程 [N]. 申报，1894 - 12 - 28.
③ 《两广总督李翰章奏折附片》光绪二十年，《朱批》货币金融类。
④ 《湖北巡抚谭继洵奏折》光绪二十一年二月二十七日，《军录》财政类。

两。到了十一月初,"一切应放各款,实无款应付"。户部想到的办法是,"暂向各西票庄(山西票号)借银五百万两"①。

户部指望票号借款度过难关,然而协成庆、世义信等票号开会商议,认为户部已经欠了各票号七百多万两银子,什么时候归还根本没有着落,大家决定不再借款给户部,并且还询问户部之前的借款怎样归还。

3. 票号帮助政府借款

票号不仅为政府提供融资,还帮助政府获得其他渠道融资。例如,阜康票号资本家胡雪岩为左宗棠向洋商借款。

表 6-4　　　　阜康票号资本家胡光墉为左宗棠向洋商借款

次数 项目	第一次	第二次	第三次	第四次	第五次	第六次
借款数 (银两)	1200000	1000000	3000000	5000000	1700000	4000000
贷款外商	上海洋商	洋商	丽如怡和	汇丰银行	汇丰银行	汇丰银行
月利率	一分五厘	一分五厘	年一分五厘	一分二厘五	一分二厘五	年九厘七毫五
借款年月	同治 六年三月	同治 七年二月	光绪元年 三、四月	光绪 三年五月	光绪 四年九月	光绪 七年四月
还款年月 与办法	同治六年七月 至十二月还	同治七年三月 至十一月还	三年分六期	七年匀还	六年匀还	六年匀还
保证	各海关关税	关税	关税	关税	关税	关税
经手人	胡光墉	胡光墉	胡光墉	胡光墉	胡光墉	胡光墉

资料来源:《左文襄公全集》奏稿,卷21;《左襄文公奏疏》续编,卷3等整理。

4. 为地方官府提供借垫汇兑

部分地方因不能按时收讫税款,亦不能准时起解,汇往京城,只得向票号借贷。这种借贷,票号不会贷给现银,只会借垫汇兑出去。

---

① 度支部急借商款之无效[N]. 大公报,1911-12-14.

表 6-5　　1865—1893 年票号为部分省关汇款和和垫汇情况

省关	汇款总金额（银两）	其中垫汇金额（银两）	%
广东省	9396706	4245561	45.19
粤海关	6607553	4539947	68.71
福建省	8552202	3521645	41.18
闽海关	1033963	295000	28.59
浙海关	125781	50000	39.75
淮安关	45000	14000	31.11
浙江省	2197591	230000	10.47

资料来源：孔祥毅：《晋商与金融史论》，经济管理出版社 2008 年版，第 207—208 页。

（二）清政府依赖票号融资的深层次原因

1. 朝代发展进入衰退期

在古代中国，尤其是进入封建社会后，统一王朝的寿命一般为二三百年。王朝的更迭，是古代"家天下"帝王承袭制度的弊病，每一个王朝，几乎都是遵循着同样的规律，"打江山"的开国皇帝亲历了人民推翻前朝暴政的时代，能够体恤百姓疾苦，知道"水能载舟，亦能覆舟"的道理，能够尽力维持清明的统治，也能够耳提面命，提醒儿孙。但几代之后，没有经历过艰难岁月的继任者们习惯了穷奢极侈的享乐生活，把剥削人民视为理所当然。统治者在意识上对人民疾苦麻木不仁，自然也发现不了国家的深层次问题。

同时，各级官员的腐败问题也会越来越严重。王朝统治者最担心的，往往不是官员腐败，而是官员不忠。腐败伤及的是国家和人民，对统治者来说，受到的是间接影响、隐性影响；而官员不忠则是直接涉及统治者的皇位稳固与否，这是直接影响、显性影响。所以，君王更重视臣子的忠心，而不是清廉。因此，一个封建王朝延续到后期，整个官吏系统的自上而下的腐败无法治理。

清代亦是如此。雍正、乾隆年间，清朝的社会达到鼎盛繁荣，可谓"事事皆臻极盛"。晚清时《申报》文章回忆雍乾时代盛况，国库存银之多令人惊叹,"其盈余之多真不知其自何而来,盖当日部库存银动辄二三千万,外省理财衙门库储亦大都数百万,虽巡守频行以及一切覃恩尝赉,额外之用,几乎无岁不有"。库藏充实程度,"取之不竭,用之靡穷"①。

清代的衰退从嘉庆年开始。嘉庆初年,国库存银花费不少。官方的解释认为:"川湖教匪之兴起,首尾七年,大兵征缴,军饷浩繁。"不过,这段时间国库资金亏耗很大,过后也再不能恢复到之前的繁荣景象,但还没有伤及元气。不过,康乾盛世的繁荣过后,清朝就步入衰退期,这是无法避免的封建王朝命运。人民负担越来越重,越来越贫困,社会财富越来越多地被剥削阶级占有,少数个人、家族拥有大量财富,而国库越来越空虚。

2. 封建社会发展中无可避免的土地兼并问题必然导致农民起义

中国的封建王朝历经两千年,形成了自身的特点和规律。与其他国家不同的是,中国社会发展变迁,真正是人民推动了历史。很多次朝代更迭都是源于农民起义,纵观中国封建社会历史,也是一部农民起义史。

清代前期,生产力发展,社会进步,人民得到了政局稳定带来的红利。但是,封建社会的根本特征决定了这种繁荣不可能一直持续。中国的封建社会是以农业为基础的,主要的生产资料就是土地,而土地毕竟是有限的。经过了清朝初年的恢复,前期的发展,人口大量增长,而土地根本不可能同比例增长。有限的土地和人口的膨胀,就形成了无法调和的矛盾。

我们假设,一个农户有三十亩地一头牛,生活可算小康。这个家庭生下两个儿子,一人继承十五亩,这两个儿子再每人生两个儿子,分得土地七亩半,同样的情况再延续一代人,每人分得土地三亩多,再下一代,每人分得一亩多,一亩地就无法养活一家人了,无地可种的农民就会沦为佃农,成为土地的附庸,被地主剥削。如果我们假设二十年算一代人,那就意味着,即便一个安定的封建王朝,在繁荣发展百年后,也必然面临土地

---

① 论官商相维之道 [N]. 申报, 1883-12-03.

危机。

更何况，农户的资产少、抗风险能力低，经济状况十分脆弱。家人的一场大病，或者婚丧嫁娶，都有可能让一个家庭背上沉重的债务。家中能够抵债的，也基本上只有土地。从自由农户沦落为佃农，只需要一次突发事件。

然而这些还不是最无法忍受的，在封建社会，最令底层人民痛苦的是，剥削阶级的过度盘剥、压榨导致的土地兼并。部分特权阶级利用手中的权势，巧取豪夺，占有普通百姓的土地，使其成为佃农。佃农虽不是奴隶，与地主没有人身束缚关系。但是因为租种地主的土地，而被束缚在他人的土地之上，沦为被剥削者。在古代，地主常常收走农民的一半收成，收三成地租就是大善人，甚至有更贪婪者，收七成地租，这种情况下，农民就无法生存了。

有权有势的富人和仅有微薄田产的穷人，两相对比，普通农民极易失去土地，而富人的田产往往是只多不少。土地兼并在封建社会是无法避免的。这背后的道理，其实就是"贫者愈贫，富者愈富"的马太效应。

而且，在古代，官员、贵族及有功名的读书人一般是不纳税、不服役的。贵族子弟靠祖上的爵位拥有殊荣，官员靠手中的权力获取更多利益，而在科举制度确立后，一个读书人一旦考取了秀才，家中的田产就无须纳税了。有人会为了分享这种免税的特权而将田地挂到特权阶层人士的名下，这就形成了"隐田"。有些时代，特权阶层的免税土地也有限额，为了少交税、不交税，权贵、士绅们会瞒报名下土地数量，这也是"隐田"形成的另外一个原因。当社会有大量的"隐田"存在，国家的税收就会大大减少，甚至出现财政危机。

综上所述，特权阶层本就拥有一般人无法企及的经济实力，再加上免税的福利，使平民百姓与他们的阶级鸿沟越发扩大。中国历史上每一个封建王朝最终的宿命都是，土地兼并到过度的时候，大量的平民失去土地，沦为佃农，遭受严重的剥削，甚至食不果腹，最终活不下去，揭竿而起。

清代道光年间，很多地方都发生农民起义，兵饷增加，再加上对外赔款，各处库款从此空虚。此时，清廷的经济命脉已经是元气大伤。

咸丰年间，农民起义各地不断，尤其太平天国，曾占据中国十多个省份，势力之大，一度与清政府分庭抗礼。这时候的国库已经空虚，兵饷甚至无从筹措，于是大开捐输，朝廷开始盯上了商人的钱袋子。

3. 票号的业务便利

票号对清政府融资的最常见业务是垫付各地方政府解京饷银，这是由票号的汇兑业务衍生出来的融资业务。最初地方政府只是想用方便、安全的汇票来代替现银押解，但是随着清政府的衰败，各地府库逐渐空虚，地方官员只能寻求票号的资金支援，垫付汇款，过后再用税收银两还款。

固然，各级府库空虚，官员难为"无米之炊"，这是部分官员，尤其是地方政府官员依赖票号融资、垫款的根本原因。但是，当时的金融机构也不只有票号一种，为什么地方政府不向其他金融机构要求汇款并垫付，这就与票号自身经营特点有关系了。

票号经营早期，垄断了汇款业务，当时钱庄一般没有分支机构，无法进行汇兑。即便19世纪末部分钱庄开始办理汇兑业务，也因为资本规模小，而无法提供垫付汇款的融资业务。

4. 官商勾结共谋利益

1883年的《申报》的《论官商相维之道》，分析了官府开始重视商人的原因："盖中国官商不相融合，商虽富饶无与国家，且往往见轻重于时。自西人请驰海禁，南北海口偏立埠头，辄须中国之富商与之交易。而西俗重商有因，西人之请，而其势不得不略示重者，因而渐有官商一体之意。然非各路剿荡发匪，饷项支绌，借重殷商捐垫巨款，则商人尚不免市侩之羞，终不敢与大员抗礼，故商人之见重，当自东南收复之日始也。"

清代各级官府跟票号的关系尤其密切，时人评述："从前公项之银纵存积百十万不出库门之外，同治以后则库中现存无几，而大半皆缴付庄号（票号），此因富商于兵需艰巨之时垫发巨款得以济事，当事者推表其功，倍加信任，以公款与之出入。凡库中应领者饬兑交于铺号，设有放给，亦令铺号解入然后兑发，或垫或存取其妥便。而其后遂援以为例，不特外省也。"到了清末,部分政府官员对于票号的态度已经是"倍加信任",可间官商关系之紧密。

曾经一度,"凡解京之款,无论交部库、交内府,督抚委员起解皆改现银为汇票,到京之后实银上兑或嫌不便,或银未备足,亦止以汇票交纳,几令商人掌库藏之盈虚矣"。票号这种对官府的融资让各级政府都尝到了好处,逐渐形成依赖,很多官员认为,"存银于库而或用银太多不能放给,必有减缓之事;若存银于市,则可令商人垫发,从前兵饷已有明效,自此以为常例未始不可"。于是就出现"以国家之财而出入于商人,则官商一体矣"。

官商一体,必然会有一个结果,就是官员要保护商人利益。困难时需要票号垫付资金,有银两时,自然也就会存到票号,票号因此获得无息或低息的巨额资金来源,进一步壮大经营。"盖有事之时以商本济国家之用,无事之时以国课济商本之虚,其势然也。"

官府的代表人是官吏,于是,交好官吏,就成为各个票号经营的必然之选。当时人也注意到:"(票号)交结广阔,虽以本资十万,而有数百万之经营可也。"为了这巨大的利益,票号就和官员的往来越来越紧密,有的官员因为私事借款,票号也会提供,因此官吏与票号的关系就越来越紧密。

四、票号与政府债券

(一) 代理政府债券发行

1898年,清政府曾发行"昭信股票",虽然名为股票,但实际上并非股票,而是国债。《录户部奏定昭信股票章程》中规定:"此款项二十年还清,周年以五厘行息……前十年还息不还本,后十年本息并还"[①]。

---

① 录户部奏定昭信股票章程 [N]. 申报, 1898 - 03 - 22.

投资股票没有还本付息一说，昭信股票的"还本付息"证明了它实质是债券。近代这种名义上发"股票"，实际上发债券的情况，其实是因为当时的人们不了解金融市场，区分不了股票和债券。另外，发行人看到曾经一度股票风靡，受市场欢迎，所以就以股票之名发债券，是为了吸引投资者。

最后户部指定了信誉较好的5家票号及4家钱庄来代办"昭信股票"事宜，这5家票号分别是百川通、新泰厚、志一堂、存义公、永隆泰，"其他商号均未在户部挂号，不得干预其事"①。为了取得公众的信任，户部要求票号等金融机构代办发行及还本付息等事宜，"不经胥吏之手，无诈无虞"②。

（二）认购政府债券

票号不仅帮助政府发行债券，还认购了巨额债券。在清末"昭信股票"发行中，各处票号认领了"昭信股票"四十八万③。

民国期间，各票号也曾认购过政府债券。民国三年（1914年），宝丰隆票号给陕西分号第二十一次信中提到："公债一事，我帮由京统办……昨接京号来信，亦已办妥。除新泰不认，昌记认过四千未交而外，平帮七家，每号认过四千八百二十元……祁、谷帮数目不等，大德恒通与平邦七家同，大盛川四千五，协成乾、锦生润、三晋源各一千三。"④

认购政府债券，这是商业行为，应由个人和组织自愿认购。但是，因为清末到民国初年，清廷及北洋政府财力不足，信用不佳，有时发债不顺利，就会强行要求票号认购公债。

例如，民国三年，政府就曾经发布政令，要求票号认购公债："案准内国公债局函称，……西帮汇商向遇公家之事在京统办，各省各庄并不另

---

① 户部昭信局章程 [N]. 申报, 1898 – 04 – 13.
② 户部奏覆昭信股票折 [N]. 申报, 1898 – 02 – 07.
③ 认领股票 [N]. 申报, 1898 – 04 – 13.
④ 宝丰隆票号民国三年总号给陕西分号第二十一次信, 1914 年 11 月 11 日//黄鉴晖. 山西票号史料 [M]. 山西经济出版社, 2002: 1230.

认。昔年之息借华款及昭信股票，均系统办归京，有案可稽。此次政府举办公债所认之数，已蒙总理允准"①。

（三）对政府的公捐

当地方出现天灾人祸各种困难时，政府会倡导富户、商家捐款。票号一般会响应政府号召，进行公捐。在金融业内，票号业的捐款一般都超过钱业和当铺。这种公捐，会为票号业赢得声誉，获得当地人民支持，也同时讨好了地方官吏，算作一种公关活动。

但是后来地方政府越来越频繁地向各地票号要求捐款，摊派代替了自愿，太过沉重的公捐让部分票号负担沉重，不堪其扰。

宝丰隆票号民国四年的书信往来就描述了当时的情况："来信所云两地公债、公捐等事甚繁，执事无法支应"②。

五、票号结交官吏

票号最大的客户就是官府，为了维护与官府的关系，稳定官府的业务往来，结交官吏就是很多票号经理们的重要工作之一。

为了加强与客户的联系，票号有时候会借钱给一些拥有实权的官吏，帮助其解决私人财务问题。以义善源票号为例，该票号各地分号多有借钱给当地官吏的情况，地点涉及北京、上海、保定、杭州、太原、奉天、汉口、南京、云南、吉林、镇江等。

《申报》注意到："其在京师，则出外赴任之官，斧资告竭，多从（票号）告贷。"③ 当时，连京官外出赴任，差旅费用不足，也会去票号借钱周转。

---

① 《奉天巡抚使公署民国三年十月二十四日饬奉天商会文》，《奉天商会档》卷号6032。
② 宝丰隆票号民国四年总号给陕西分号第八次信，1915年6月26日//黄鉴晖．山西票号史料［M］．山西经济出版社，2002：1236．
③ 劝捐晋赈论［N］．申报，1879－07－10．

而票号之所以愿意借钱给官吏,"一则可以图厚利,一则结纳官吏以图日后之存款,而为营业之融通也"①。

一些大的票号往往结交的都是达官显贵,在京的几个大票号,拉拢不少王公大臣。在外省码头,有的票号,在一定程度上充当着督抚的司库。蔚盛长交好庆亲王,百川通交好张之洞,协同庆交好董福祥,志成信交好粤海关监督,大德通结交赵尔巽和庆亲王,日昇昌结交粤海关监督、庆亲王,伦贝子、振贝子等人。

其中,粤海关监督和庆亲王被多家票号招揽。最典型的是大德通的高经理追随赵尔巽,"赵往东省,高则往东省;赵来北京,高则同来;赵放四川,高就到四川,大德通简直就是赵尔巽的库房"②。

当时票号为了交好官吏,上到尚书、郎中,下到门房、库兵,都有结交。票庄解款,从库兵到郎中,都会送上份例,每逢年节,也有礼物送上。每到年关时节,各票号每日派出两三辆轿车,专用来送礼。交好的王公大臣家里,从管事到老妈子,按名单送礼。

票号结交官吏不仅是为了官府数额巨大的公款业务,官吏们的私人存款数量也很可观。曾有仆人去衙门告发主人,一位二品官员"有银万两存在上海谦吉升西票号,按年生息"③。这动辄数万两的个人业务,也是票号无法割舍的。

表 6-6   义善源票号天津分号对官吏借款

姓名	住址	银两(或银元)
李绍庭	(保定电报局总办)	7210 两
沈筱沂	上海大马路鑫益里沈公馆	5287 两 98
张墀冶	北京草厂六条胡同长沙张	400 元
胡子振	杭州藩属内	515 两 73
杨芝春	(邮传部)北京顺治门内	1253 元 95

---

① 日本东亚同文会编,贺黻冕译. 中国经济全书(第八册)[M]. 南天书局,1910:206.
② 陈其田. 山西票庄考略[M]. 商务印书馆,1937:152—155.
③ 控追存银[N]. 申报,1884-05-11.

续表

姓名	住址	银两（或银元）
刘兰阶	上海仁济善堂内	2517 两
钟卿泉	（督练处）山西太原府	6944 两
张蔚高	（大清银行）奉天	86 元 4
李升云	汉口义善源转	9562 两 67
张荔新	（海军收支处）北京石驸马大街	13681 两 76
毕畏三	北京草厂七条胡同内	3081 两
李问岷	南京宝善源号转	600 两
顾紫霞	上海新闸海昌公所	2447 元 47
曾敬义	（云南粮储道）	200 元
饶炳文	（吉林官银号总办）	50 元
邱曙蓉	（威县正堂）	305 两 004
施大老爷	（内邱县正堂）	100 元
周谷人	杨洲滴源典内	120 两
杨允之	北京茄子胡同	2075 两
吴估人	（度支部）北京前外东夹道	318 两 4
谢少懋	镇江城内	9441 两
谢润生	—	3877 两 81
朱幼泉	（藻州正堂）	395 两 56
又	（藻州正堂）	193 元 5

资料来源：《义善源倒闭请维持卷》，载于《天津商会档案》业务类，卷号436，天津市档案馆存藏。

但是过度讨好官吏，也会出现问题。有的票号为了维持和官府的关系，甚至纵容了官吏赌博等不良风气。

吉林曾发生过这样的事情，"各衙门局所委员执事人等，竟以结队成群嬉游无度，或籍酒馆叫局酣歌，或在票号西庄呼朋聚赌，流连忘返，甚至学界军界相继效尤，罔惜名誉"[①]。当时人直呼有伤风化。

天津的一位官吏贪赃枉法，收受贿赂二千四百千文，兑换银票后，存

---

① 陈简帅严禁嫖赌 [N]. 大公报，1908-11-25.

到新泰厚票号，后被揭发，在朝廷调查的时候，新泰厚票号对外称不知赃情，但其声誉还是受到了连累①。

光绪八年，天顺祥、乾盛亨卷入云南行贿案。票号经理、伙计多人接受官府调查，相关账簿被调阅。最终卷入官员被重罚，涉案管理多为名官员被杖责、流放。天顺祥、乾盛亨票号经调查后被认为"仅止知情，并未同办"，因而涉案票号职员被判"拟杖八十，仍照律纳赎"②。

第二节 票号与其他金融机构的关系

票号发展的过程，正处于中国金融市场变迁的大时代。票号的地位很快超过钱庄，但又面临新式金融机构——银行的巨大挑战。

一、票号与钱庄的关系

清代，票号与钱庄可以说是当时金融市场上两大主力传统机构。清代前期，钱庄占据主导，清代后期，票号执牛耳。二者的关系，是商业上的往来。

马寅初评价票号与钱庄的关系："（票号与钱庄）大有两雄对峙，势不两立之慨。但实际上相处正善，毫无冲突之虞。"③

（一）资金关系

晚清时期，各地钱庄都有赖票号支持。钱庄资本较小，常常处于缺少

---

① 《署理闽浙总督江西巡抚李兴锐奏折》光绪三十二年二月二十一日，《朱批》法律类，卷号59。
② 《光绪九年五月二十七日奕誴等奏折及清单》，《军录》财政类，卷号44。
③ 马寅初. 吾国银行业历史上之色彩 [J]. 银行杂志，1923，1（1）：2—3.

资金的状态。票号的资本规模远大于钱庄，注册资本金常在十几万两、几十万两银。票号常常借款给钱庄，为其提供融资，同时也为自己的资金找到运用生利的渠道。钱庄得到融资，票号得到同业拆解利息，双方互惠互利。

有些票号更是把放款给钱庄视为首选的资金投放途径，例如宝丰隆票号总号曾要求分号："查阅陕号借贷等摺，所放生息，外行货帮居多，良有也。以平之□，莫若出放钱庄为愈。我帮作法，准以银两流通为宗旨。若放钱铺，倘有缺乏，亦可拆借，指事如在货帮，则碍窒矣。信到之日，务将货帮之款，陆续收回，改放钱庄。如钱铺之家可靠者寡，祈将收回之银交往别庄，以期银两流通，万勿再贪借贷，是为至嘱。"① 该号认为放款给货帮不利于银两流通，以此为由，要求分号尽快收回放给货帮的款项，改放钱庄。

表 6-7　　　　广聚增钱铺光绪三十四年二月倒闭存贷统计

借入银钱		贷出银钱			
户名	两/吊	户名	两/吊	户名	两/吊
大德恒	5926 两	义集长	41352 吊	庆成厚	10000 吊
志成信	11192 两	丰盛栈	47502 吊	广义庆	5632 吊
大德玉	2250 两	丰盛北	22055 吊	恒源兴	6539 吊
蔚泰厚	3379 两	丰泰号	9007 吊	源增盛	4349 吊
合盛元	9004 两	郁记	390 吊	元兴德	24914 吊
合盛元	166 吊	日兴隆	52149 吊	大有当	5592 吊
存义公	11218 两	日兴隆	3210 吊	源发德	2789 吊
存义公	22 吊	广成店	5797 吊	源森泰	905 吊
恒义蔚	4625 两	广兴店	5000 吊	会泉广	790 吊
协成乾	17531 两	德源布	2991 吊	广泉利	32399 吊
协成乾	203 吊	合成布	6341 吊	会泉涌	9041 吊
大德通	76 两	聚隆布	11807 吊	金盛号	2808 吊
中兴和	22403 两	义记布	8200 吊	体亲堂	5267 吊

---

① 宝丰隆票号民国初年总号给陕西分号信（民国三年第十七次信），1914 年 9 月 14 日//黄鉴晖. 山西票号史料［M］. 山西经济出版社，2002：1229.

续表

借入银钱		贷出银钱			
户名	两/吊	户名	两/吊	户名	两/吊
中兴和	146 吊	原丰庆	840 两	韩向庭	2732 吊
世义信	12 两	原丰庆	3313 吊	绍远堂	2030 吊
世义信	256 吊	裕盛铜	6921 吊	源发布	21893 吊
大盛元	333 两	永丰庆	33198 吊	广聚昌	2400 两
瑞丰堂	1600 两	泰发永	6279 吊	兴泰当	7821 吊
王锡瑕	11250 吊	正发永	10314 吊	合义当	21799 吊
乔国墀	597 两	增升长	4997 吊		
谦泰亨	4745 吊	永远德	956 两		
大德隆	3088 吊	永远德	73 吊		
渊泉溥	2261 吊	广顺当	2333 吊		
富森峻	4319 吊	同裕庆	7648 两		
隆奉东	3094 吊	广增当	9997 两		
聚德长	1605 吊	广增益	174 吊		
吉谦益	2996 吊	广增通	19427 吊		
大有玉	958 两	广增达	15636 两		
会泉盛	97 两	广增达	4716 吊		
会泉盛	1088 吊	广胜泰	38427 吊		
公济号	1046 两	广升昌	4375 两		
公济号	1233 吊	胜记当	42793 吊		
合计	96358 两 31859 吊				

资料来源:《奉天商会档》卷号 10721。

从表 6-7 可以看出,该钱铺主要的资金来源就是从各家票号借款,然后转而放贷给各家商号。广聚增从票号借款少则数十两,多则上万两。

(二) 代理关系

票庄为了能够集中全力经营各地及各省往来的汇兑业务,就把有关地方性质的业务,逐渐让给钱庄。有几个地方,票号总号与分号,会委托附近规模较大的钱庄作为代理处。陈其田在《山西票庄考略》中评价:"票庄与钱庄互相分野、互相衔接。"①

(三) 业务关系

票号与钱庄在业务上有交集,也各自保留特色。比如,经营后期,票号与钱庄都办理存款、放款业务,但同时,它们也坚守各自的特色,没有试图去覆盖对方的所有业务领域。钱庄做兑换、贴现、买卖金银、交换票据等,票号都不会涉及。当然,钱庄如果去做汇兑,也是没有优势的。汇兑需要金融机构拥有全国各地广泛的网点来解付款项。而钱庄"大多数皆以一市一县为经营单位"②。

表 6-8   票号与钱庄差异

	票号	钱庄
资本金额	较大	较小
主营业务	汇兑	兑换
地域分布	分号全国分布	只限本地,外埠无分店
势力范围	黄河流域为大本营,兼及长江一带	长江以南为中心
存款客户	官款为大宗	一般商人
放款客户	钱庄、官吏、殷实商家	一般商人

(四) 清末钱庄 (银号) 开始与票号竞争公款业务

原本在"南钱北票"的格局下,钱庄做兑换,票号做汇兑,业务上各司其职,基本没有竞争关系。

但是,19世纪末开始,长江流域的钱庄开始插足汇兑公款的业务。杭州开泰等十余家钱庄在光绪十年到光绪二十八年间参与多笔汇兑公款。如:光绪十八年,浙江公款由开泰、洪生、庆余、慎裕等钱庄汇出五万

---

① 陈其田. 山西票庄考略 [M]. 商务印书馆,1937:156—157.
② 徐寯禹,丘汉平. 地方银行概论 [M]. 福建省经济建设计划委员会印刷,1941:37.

两银①。

苏州裕大等五家钱庄在光绪二十九年到光绪三十三年，经手多笔公款汇兑。如：光绪三十三年江苏公款一万五千两由裕大等钱庄汇出②。

上海镒大等四家钱庄在宣统年间办理公款汇兑。例如，宣统三年，江苏公款由信成钱庄汇出，金额为库平银五万两③。

汉口乾裕等四家钱庄在光绪二十三年到宣统二年，办理公款汇兑。如：光绪三十年，湖北公款由义源钱庄汇出，金额为库平银十万两④。

安庆万新、同康、义丰等三家钱庄在光绪二十八年办理了公款汇兑，金额为关平银八万余两⑤。

（五）钱庄倒闭累及票号

因为资本金额度小，经营规模也小，靠向其他金融机构借款维系资金周转，钱庄的抗风险能力是比较差的，中国几代每次金融风潮出现，首先倒闭的是钱庄。而钱庄是票号的同业借款客户，钱庄的倒闭，对外欠款无法归还，有时候会连累到票号，甚至是巨亏。

1908年，汉口几家大钱庄怡生隆、怡生和、怡和兴、怡和利、道生恒倒闭，对外大量欠款无法归还。具体欠款明细如下。

怡生隆欠款：

天顺祥十八万，蔚盛长十八万伍仟，浚川源九万九千，中兴和三万五千，天成亨五万，世义信四万，大德通一万二千，存义公一万，大盛川三千，正金一万五千，汇丰九万，麦加利一万，湘官钱局八万，汴官钱局六

---

① 《浙江巡抚崧骏等解部饷折片》光绪十八年八月二十六日，《军录》财政类，卷号37。
② 《江苏巡抚陈夔龙筹解固本京饷奏折》光绪三十三年，《军录》财政类，经费30。
③ 《江苏巡抚程德全为筹解东北边防经费的奏片》宣统三年三月二十日，《军录》财政类，经费，卷号52。
④ 《湖广总督张之洞为筹解练兵饷的折片》光绪三十年十一月二十九日，《度支部档案》卷号262。
⑤ 《安徽巡抚聂辑槼为第一期偿款汇沪的奏折》光绪二十八年正月十九日，《军录》财政类，债赔款36—40号。

万五千①。

在这份欠款清单里,正金、汇丰、麦加利三家是外资银行,湘官钱局、汴官钱局两家是地方官办金融机构,其余九家都是票号。其中,该钱庄欠天顺祥、蔚盛长票号最多,金额都高达十几万两白银。

怡和兴、怡和利、怡生和欠款:

藩库十七万,荆州道二十二万,牙厘局十二万,北官钱局二十一万,南官钱局十四万,麦加利银行五万,正金银行一万五千,德华银行五千,法兰西银行三万,汇丰银行五十万零七千,大德通二万二千,大德恒四万五千,大盛川七万五千,天顺祥四万五千,合盛元九千,世义信三万六千,中兴和四万,老成兴一万,晋祥四万,义源三万,永丰厚二十二万,度支部押款八万,交通银行押款十五万。

在这张欠款清单上,也有近半数的被欠款机构是票号,被拖欠款项多则数万,少则数千。总体来看,在几家倒闭钱庄的欠款清单上,票号业是被亏欠款项最多的,将近百万两②。汉口倒账后来又波及沙市,票号又遭受数十万两银的损失。

之所以在历次钱庄倒闭潮中,票号被拖累最深。原因有两方面,一是因为钱庄对外资金依赖严重;二是因为票号资金运用渠道少,商业放款少,就把资金运用的重点放在了借款给钱庄。没有考虑到钱庄的脆弱性,而把钱庄当成放款业务重点对象,这种相对薄弱的业务结构,本身就埋下了隐患。

二、票号与官商银钱行号的关系

(一) 票号与官商银钱行号的往来

1. 票号与中资银行关系

---

① 汉口钱业之恐慌. 申报 [N]. 1908 - 11 - 15.
② 大公报, 1908 - 11 - 27.

(1) 中资银行创立。

1897年，清政府创办中国通商银行，之后又创办了户部银行和交通银行。民间资本银行也随后出现，这些银行在业务经营中，与票号有所联系和往来。

表6-9　　　　　　　　　清末官商银行一览表

行名	总行所在地	成立时间	资本额	分行设置	业务概况
中国通商银行	上海	1897年	500万两	天津、汉口、广州、汕头、烟台、镇江	存放汇，票据贴现，买卖生金银
户部银行	北京	1905年	1000万两	天津、上海、汉口、济南、张家口、奉天、营口、库伦、重庆、南昌、杭州、开封、太原、长春、广州、长沙、西安、云南、芜湖、江宁等分行；保定、周村、成都等分号	存放汇，代理国家发行纸币，经理国库，经理公债等
交通银行	北京	1908年	500万两	天津、汉口、上海、广州、张家口、营口、开封、香港等地	存放汇，交通款项经营权等
四明商业银行	上海	1908年	规银150万两	宁波、汉口等地	一般商业银行业务
志成银行	天津	1903年	20万两	—	一般商业银行业务
新茂银行	天津	1904年	—	上海、北京	一般商业银行业务
中东银行	天津	1907年	—	北京	一般商业银行业务
厚德银行	北京	1909年	—	天津、上海、汉口、广东、山东	一般商业银行业务
信成银行	上海	1906年	50万元	无锡、南京、天津、北京	商业兼储蓄、发行银元票，票据贴现，兑换外币
信义银行	汉口	1906年	—	—	储蓄，发行银元票
浙江兴业银行	杭州	1906年	100万元	—	存款、放款、发行银元票
裕盛银行	上海	1908年	100万元	—	一般商业银行业务

续表

行名	总行所在地	成立时间	资本额	分行设置	业务概况
宁波商务银行	上海	不详	150万元	—	一般商业银行业务

资料来源：黄鉴晖：《山西票号史料》，山西经济出版社2002年版，第374—375页；张国辉：《中国金融通史》，中国金融出版社2003年版，第315—335页。根据前述资料汇总整理。

（2）票号帮助部分银行创办。

光绪三十四年，四明商业银行在呈报清政府度支部注册时，源丰润票号提供了担保。天津志成银行创办时向票号借银十万两，满足验资条件①。宝丰隆票号的股东曾帮助四川地方银行创办。

在中国通商银行创办时，源丰润票号股东严信厚参与了草拟章程和发起组织②。天津志成银行创办时候，为筹资资金，向票号借款十万两银作为本金③。

表6-10　　票商与近代中国银行成立关系一览表

银行名称	相关票号	关系
中国通商银行	源丰润	投资5万两，内地各省会任用票号人员
天津志成银行	山西票号天津各分行	息借天津各票号资本10万两
四川濬川源银行	宝丰隆	宝丰隆票号财东任该行经理
蔚丰商业银行	蔚丰厚	投资300万两
日本合盛元银行	合盛元	投资50万两
广西银行	—	第一任经理是日昇昌桂林分号总经理
上海四明商业银行	—	总经理来自源丰润票号
信茂银行	—	业务一切往来与票号相同
天津银行学堂	—	第一批学生从山西票号学徒中招收

资料来源：史若民、牛白琳：《平、祁、太经济社会与史料研究》，山西古籍出版社2002年版，第89—90页。

---

① 天津市面要议 [N]. 中外日报，1903-10-09.
② 公议中国银行大概章程 [N]. 申报，1897-03-03.
③ 天津市面要议 [N]. 中外日报，1903-10-09.

（3）银行在票号存现银。

有些中资银行会把现银存放在外。例如，交通银行会把大额的现银存到票号或其他金融机构，有些分行甚至把绝大多数现银都存放到票号等其他机构。1909年交通银行存放在外的现银达一百多万两，上海、营口的分行甚至是把几乎全部现银存到票号等机构，自身只留极少的现银库存。

表6-11　　　　　交通银行现银存库与存庄号统计

宣统元年（1909年）　　　　　　　　　单位：银两

总分行名称	存库数	存票号、钱庄、银行、炉房		合计
		银两	占全部现银%	
北京总行	202798	7863	3.7	210661
天津行	11553	141448	92.4	153001
上海行	501	121981	99.5	122482
汉口行	126857	—	—	126857
广州行	305813	—	—	305813
张家口行	12239	23087	66.2	35326
开封行	42828	5821	11.9	48649
营口行	6592	234267	97.6	240859
合计	709181	534467	42.9	1243648

资料来源：《邮传部第三次统计表——宣统元年分总务》，载于《邮传部档案》交通银行，卷号65。

（4）票号与银行往来款项巨大。

清末，票号与银行之间常有业务往来，会在彼此开立往来账户，用于资金清算。例如，1911年，义善源票号受到"橡皮股票风潮"影响，周转不力而倒闭。在清算时，该票号还欠交通银行押款银230万余两，往来银56万余两[1]，因欠款数额巨大，还一度严重影响到交通银行的资金周转。

2. 票号与官银钱局号关系

（1）清末官银钱局兴办风潮。

清末，出现一批官办的银钱局、银号，他们一般为官方出资，也有官

---

[1] 中国人民银行上海分行. 上海钱庄史料［M］. 上海人民出版社，1978：88.

商合办的，在经营管理上，借用民间的票号、钱庄的经营习惯。这些官银钱局往往在成立之时，要从传统金融业吸收人才，比如，广西官银钱号总经理先后由日昇昌票号桂林分号经理、蔚长厚票号桂林分号经理担任①。

表 6-12　　　　　　　　清末官银钱局号简况

省别	行号名称	资本（两）	开设年月
北京	阜丰官钱铺（户部管理，4 处）	每处 5000	1895 年
天津	通惠官银号	100000	1895 年
	北洋天津银号	—	—
奉天	华丰官帖局	80000	1894 年
	华盛官钱局	—	1908 年
	东三省官银号	600000	1905 年
	八旗兴业银行		1911 年
吉林	永衡官帖局	30000	1898 年
黑龙江	黑龙江广信公司（官商合办）	500000	1904 年
	黑龙江官银号	200000	1908 年
山东	通济官钱局	—	1896 年
山西	晋源裕官钱局	20000	1897 年
河南	豫泉官钱局	20000	1897 年
	豫立官钱局	100000	1887 年
江苏	裕宁官钱局		1903 年
	裕苏官钱局		1903 年
安徽	裕皖官钱局	100000	1906 年
江西	江西官银号	800000	1902 年
福建	福建官钱局	台平银 51296	1900 年
浙江	浙江官钱局	银元 500000 元	1908 年
湖北	湖北官银钱局	80000	1896 年
湖南	阜南钱号官局	—	1896 年
	长沙官钱局	—	1903 年
陕西	陕西官钱局	60000	1894 年

---

① 张国辉. 中国金融通史 [M]. 中国金融出版社，2003：339.

续表

省别	行号名称	资本（两）	开设年月
甘肃	甘肃官钱局	100000	1906 年
新疆	新疆官钱局	—	1889 年
新疆	伊利官钱局	—	1889 年
四川	蜀通官银钱局	—	1896 年
广东	广东官银钱局	—	1905 年
广西	广西官银号	—	1903 年
贵州	贵州官钱局	100000	1908 年
热河	热河官银号	50000	1896 年
绥远	绥远官钱局	10000	1904 年

资料来源：中国人民银行总行参事室金融史料组：《中国近代货币史资料》（第一辑），中华书局，第 1008—1009 页。

（2）票号帮助官钱局度过难关。

光绪三十四年（1908 年），蔚丰厚票号曾在官钱局发生金融风潮时，鼎力相助，帮助官钱局度过难关。当时甘肃官钱局无法维持纸币兑现，官方不得以，邀请蔚丰厚票号予以帮助。该票号经理挺身而出，负责代兑，帮助官钱局度过了挤兑危急。事后，该票号受到了陕甘总督嘉奖。

1911 年，广东被铁路风潮影响，官钱局遭遇挤兑，市面一时银根紧缩，官方无力解决，四处借款。大庆元、百川通等票号借款二十万、十余万不等。

（3）票号在官钱局存款。

部分票号在官钱局存款，例如，光绪三十三年，多家票号在湖北官钱局存款 70 万两，其中，中兴和存款 15 万两，长盛川存 14 万两，大德玉、协同庆存 10 万两，日昇昌、百川通、大盛川存 5 万两，世义信存 4 万两，存义公存 2 万两①。

---

① 《湖北官钱局总出入对照表》光绪三十三年，《度支部档案》金融货币类，卷号 089。

表 6-13　　票号在湖北官钱局存款统计

年份	湖北官钱局活期存款总额	票号存款数	票号存款占总额%	存款票号名称
光绪三十三年（1907年）	1800000	700000	39	中兴和、长盛川、大德玉、协同庆、百川通、日昇昌、大盛川、世义信、存义公
光绪三十四年（1908年）	1460000	640000	44	百川通、长盛川、大德玉、蔚丰厚、中兴和、世义信、义善源、蔚长厚、存义公、大盛川
宣统二年下半年（1910年）	2080600	173000	8	大德玉、蔚丰厚、中兴和

资料来源：《湖北官钱局总出入对照表》光绪三十三年、光绪三十四年、宣统二年下半年，《度支部档案》金融货币类，卷号 085、089 汇总。

（二）官商银钱行号与票号的竞争

1. 官办银行与票号竞争

官办银行成立后，政府的业务渐渐就归官办银行办理。一则是因为官府要扶持自己的银行，二则是因为官办银行本金实力强大，更加可靠。

从表 6-14 来看，传统金融机构的资本金实力远远不能与官办银行相比，票号的实力在传统金融机构中算最强的，但其资本也是来自少数股东，远比不上靠着官府支持和新式股份制在全社会募集资金的官办银行。

表 6-14　　清末票号、账局与银行的资本比较

金融机构类别	每家平均资本量（两）			中小机构平均资本为大清银行的%
	家数	资本总额	每家平均	
账局	52	1138680	21897	0.22
票号	23	5586000	242870	2.43
大清银行	1		10000000	100

资料来源：根据黄鉴晖：《明清山西商人研究》，第 219 页改制。

实际上，从1897年第一家官办银行——中国通商银行创立起，政府的态度就是，把票号的公款业务转给官办银行。负责办银行的大理寺卿盛宣怀曾上奏：（光绪二十四年五月辛未）"筹办中国通商银行次第开设，请饬下户部通行各省关，嗣后凡存解官款，但系有中国通商银行之处，务须统交银行收存、汇解，以符事体，而树风声。"得到的旨意是："户部速议具奏。"①

而且跟票号形成竞争的中资银行，还不只是官办银行，还有民间资本投资的民族资本银行。

2. 其他国内金融机构与票号的竞争

19世纪末，越来越多的其他金融机构都开始办理汇兑业务。以湖北省债赔汇款为例，除了票号外，还有银行及银号来分公款汇兑的"一杯羹"。

表6-15　　　湖北省债赔二款汇兑江海关统计（光绪二十九年）

汇兑					
通商银行、协成、大德通			有成银号		
月日	款别	银两（万两）	月日	款别	银两
六月二十日	赔款	10	十一月十七日	加拨款	11180
十一月十七日	赔款	10	六月一日	加拨赔款	11180
六月十日	赔款	10	十月三十日	加拨赔款	11180
十月二十日	赔款	10	九月二十一日	加拨赔款	11180
九月二十一日	赔款	10	八月二十日	加赔款	11180
八月二十日	赔款	10	七月二十四日	加赔款	11180
七月二十四日	赔款	10	—	—	—
	合计	70		合计	67080

资料来源：湖广总督端方的奏折与折片，《军录》财政类，债赔款，卷号36。

三、票号与外资银行的关系

票号与外资银行的关系不是一成不变的，而是不断发展变化的，双方

---

① 朱寿朋. 光绪朝东华录［M］. 中华书局，1958：4115.

势力从各自发展到互为消长。第一个阶段，是各自发展阶段；第二个阶段，是竞争对立阶段；第三个阶段，是票号衰落阶段。

（一）票号与外资银行关系发展的三个阶段

1. 票号与外资银行各自发展阶段

19 世纪 40 年代起到 50 年代，是票号与外资银行关系的第一阶段——各自发展阶段。这是票号发展的时代，也是帝国主义银行陆续登陆中国并从南方沿海城市深入内地的时期。这一阶段二者联系很少，主要是各自发展，同时也有一些初期的合作。

票号的发展期也是外资银行的起步期。一般认为，1845 年设立的英国丽如银行是中国第一家外资银行，该行在香港、广州等地设立了分行，此后，帝国主义银行陆续进入中国。这个时候，票号创立大约已二十多年，正在稳定发展中。

票号与外资银行的发展轨迹，可以说是截然相反。票号最初诞生于北方，后来向南方城市汉口、广州等经济发展迅速的地区拓展，经营地域发展是由北向南的（后来的南帮票号除外）。外资银行恰好相反，它们从上海、广州、香港这些南方城市开始，经营地域发展是由南向北的。

在外资银行发展初期，与票号各自独立发展。双方虽然都有涉及外贸业务，但是在不同的领域经营金融业务，彼此没有利益冲突。

以上海为例，当时的情况是，票号、钱庄、外资银行三足鼎立。"在外商方面，既逐渐有各外国银行之设立；在华商方面，又相继有钱庄之勃兴。票号身居先进之地，而周旋于两雄之地，划界分疆，互资臂助。洋商之事，外行任之；本埠之事，钱庄任之；至埠与埠间，省与省之间联络，则非如票号之分号遍布，臂指相联者，决不能胜其任。"①

这段时间，外资银行重点为外国商人提供金融服务，没有为本土商民服务的意图，也不会参与到当地金融竞争中。

---

① 杨荫溥. 上海金融组织概要 [M]. 商务印书馆，1930：91—92.

这一时期，外资银行分支机构少，业务范围较窄，有时还要依赖票号弥补业务不足。近代学者描述："鸦片战争时，山西票号声势已弥漫全国，范围大者，分号遍各省，外国银行初来中国与我国商人交易，款项往来，均赖山西票庄代为汇划，故当时山西票庄主持国内汇兑，外国银行办理国外汇兑。外国银行之营业，颇赖山西票庄之臂助，而山西票庄信用坚卓，大小款项百无一失，故自今外国银行对中国票号、钱庄之信赖不替，全赖历年来信誉之卓著也"①。

2. 票号与外资银行竞争对立阶段

19世纪60年代到清末，是票号与外资银行的竞争对立阶段。这一阶段其实还可以细分为两个时期，前期是19世纪六七十年代。这一时期，票号走向兴盛，外资银行进一步发展。

19世纪60年代，票号加快设立新的分支机构。不少票号在上海设立分号，而当时的上海，是外资银行密集的地区，票号因此与上海的外资银行接触频繁起来。这些外资银行除了垄断国际汇兑业务，还开始涉足国内汇款，逐步蚕食票号的业务。

当时，外资银行多为英国资本设立的银行，他们也成为与票号竞争的主要外资银行。外资银行从对钱庄拆借开始，接着，又办理中国国内的汇兑业务，也吸纳存款。这些业务都与票号经营重叠，竞争无可避免。票号原先在国内汇兑领域的独占优势就被打破了，其他业务也面临更多的竞争。但这段时期外资银行的竞争，力量不足，并没有削弱票号业在金融领域的强势发展。

票号与外资银行竞争的后期，是从19世纪80年代到清末。这是票号与外资银行的竞争加剧期。票号表面上依旧繁荣，但实际上经营的深层次问题和颓势已经显现，而外资银行逐步强势起来。

19世纪80年代后，开始有票号显示出经营问题，甚至出现倒闭。例如，1883年阜康票号倒闭，次年谦吉升票号倒闭，1891年元丰玖票号倒

---

① 李培思. 近百年来中国之银行 [J]. 学林，1941（9）.

闭。这些票号的倒闭牵连不小,都引起了一时震动。虽然没有导致票号业整体受到本质影响,但也其实暴露出票号经营模式的问题,以及票号业在表面繁荣下,实际上开始走下坡路的问题。

外资银行对票号的竞争压力加大,其根本原因是,银行这种新的金融组织模式在制度上的优越性和进步性。

外资银行的资本筹集模式往往是公开发行股票来募集资本的,能调动社会上更多闲散资金,引为己用。而票号的资本有时候是独资,有时候是数人合资,投资人数一般都是个位数,其资本实力自然无法跟股份制基础上成立的外资银行相比。

开始针对中国本土客户拓展业务后,外资银行业务范围更广,相比之下,票号的业务相对单一。有些票号甚至一门心思维系官款业务,把过多精力放在了维系与政府及官员的关系上,没有多元化经营战略。

3. 票号衰落阶段

1911 年辛亥革命爆发,清政府垮台后,整个票号行业迅速走向衰落。与此同时,北洋政府上台后,外资银行因为向北洋政府提供借款,获得了超然的地位,明目张胆攫取中国金融权益。

进入民国时期后的票号业,由于失去了清政府的官方业务合作优势,业务结构、客户结构相对简单的弊端完全体现出来。一家家票号不断倒闭,还在继续经营的也是步履维艰、勉为支持。而外资银行却是霸占中国金融市场特权,喧宾夺主。

(二) 票号与外资银行的合作

随着外资银行向中国内地业务延伸,票号和外资银行接触增加,有时也为外资银行和外商做一些汇款业务。例如,汉口蔚长厚票号曾与法国的法华银行有过汇兑合作。英国在华企业福公司和大成公司从北京、天津等地汇款到河南,就是由义善源票号汇兑的[①]。还有外国人为了从蒙古采买

---

① 纪福公司 [N]. 大公报, 1903 - 02 - 12.

马匹,从北京的票号汇款三万两到口外喇嘛庙①。

还有的票号与外资银行存在存放关系,如百川通票号曾和两家外资银行有过存款关系。源丰润票号与道比银行有过业务往来,1910年,该票号"无法偿还对道比银行的欠款,因而便把由裕苏官银号签出的汇票交给道比银行作为欠债或一部分欠债的抵押"②。

(三) 票号与外资银行的竞争

1. 外资银行的竞争手段

外资银行与票号竞争集中体现在三个方面,一是业务竞争,二是价格方面的竞争,三是展开公关手段。

(1) 业务竞争。

外资银行对中国本土客户业务的竞争,最初集中在汇款商,后来扩大到存、贷、汇全面竞争。

外资银行在这一阶段的迅速壮大,并吸引国人,市场反应非常明显。1896年,《申报》发表评论:"西人在华设立银行,华人趋之若鹜,……于是银行之资本愈大,转运愈灵,各票庄无不仰其鼻息,而银行之利愈厚矣。"③ 这里甚至用上了"趋之若鹜"这样的词汇,来形容国人对外资银行的认可甚至追捧。而对票号的处境形容是"各票庄无不仰人鼻息",已经是不看好票号发展的态度了。

不止是新闻界有这样的评价,朝廷官员也认识到了这个问题。江西巡抚李勉林在奏章中提到了这个问题,他首先肯定了票号的重要性:"西商(山西商人)多于各省设立汇兑庄,无虑千百巨款,片纸书函,数言电报,即可立为兑付,每一字号岁赢不下数十万,而未尝费一金之本。"之后也提出了担忧:"近年通商口岸洋商亦多设银行,西商之利稍为所夺,中国

---

① 汇银购马要闻 [N]. 大公报, 1904-04-29.
② 裕苏银行案件 [N]. 北华捷报, 1911-04-05.
③ 中国宜设银行论 [N]. 申报, 1896-07-26.

资财又多一外溢之所,尤不可不有以抵制之。"① 不过他的态度还不算太悲观,用了"利稍为所夺"这样保守的说法。

20 世纪初到清末的十年多时间,外资银行带给票号的竞争压力日增。例如,天津的汇款业务就大半被外资银行夺走。《清国商业总览》记载:"天津为华北惟一贸易港,内外货物云集,金钱往来频繁,票庄执金融牛耳,事业曾盛极一时。自外国银行侵入后,票庄业务渐被夺去,范围日就缩小……外国银行侵入了中国商业界,把汇款业务揽做强半,致使以汇兑为专业的票庄遭受巨大顿挫。表现在具体业务上,如天津向上海每年的棉纱汇兑一千万两中,外国银行即占 50%,钱庄、银号占 30%,而票庄仅占 20%"② 日本的《中部支那经济调查》中也记载:"在汉口的各外国银行支行成为更重要的金融机关,扩大了势力,逐渐蚕食了票号的营业。"③

(2) 外资银行的公关手段。

为了跟票号竞争,外资银行还积极公关,包括联络官场,聘请买办,帮助业务竞争。1902 年,《大公报》曾报道:"日商正金银行京中未设立支店,乱后始行试办,联络官场,近来大有成效。现已添聘浙人陈君静斋为买办……将来京中四大恒及各票庄生意,皆将入日人之手。商务一事,华人绝少留意,而洋商处处争先,筹无遗策,于此可见"④。

(3) 帝国主义银行金融特权。

清政府与列强签订一系列不平等条约,新旧赔款每年数千万两白银均存入外资银行,它们不止得到了大量来自中国官方的存款,分流了票号原先的官方存款业务,还因获得大量白银,而有能力控制银价。"银价伸缩涨跌之权,已渐操之洋商"⑤,票号因此受到很大影响。时人不禁呼吁"票庄若不设法挽回利权,此后何堪设想"。

清末,外资银行在大客户存款领域,与票号激烈竞争。到 20 世纪初,

---

① 江西巡抚李勉林中丞复奏变通政务折稿 [N]. 申报,1901 - 07 - 02.
② 黄鉴晖主编. 山西票号史料 [M]. 山西经济出版社,2002:372—373.
③ 黄鉴晖主编. 山西票号史料 [M]. 山西经济出版社,2002:373.
④ 大公报,1902 - 07 - 04.
⑤ 劝设山西银行说帖 [N]. 南洋官报,1904 - 08 - 16.

选择外资银行存款已经成了国内达官贵人的时尚，"贵官凡有资财者皆贮外国银行，其多者或数愈千万……而票号力微"①。

（4）外资银行把控汇兑价格。

此前票号垄断汇兑业务时，汇划时价是由票号根据业务的具体情况而定。进入 20 世纪，票号业对汇兑业务的行情控制就改变了，甚至到后来，外资银行掌控了汇划时价，票号业在汇兑业务定价方面失去了优势。

日本驻天津领事在 1905 年的报告中，描述了中国金融市场上汇款业务行情受制于外资银行："汇票庄俗称票庄，……从天津对于欧美日本汇划时价，与汉口烟台同，常视上海之时价而高下其决定，该上海为清国金融市场之中心也。然用银之清国，其汇划之时价，自一视乎块银之涨落。其他之对于上海、香港、中国各地之汇划，外国银行及中国银行（因日本将票号译为山西银行，故此处银行字样实际所指主要为票号）皆别立时价，其互异者甚鲜，该赖有居间者为之疏通。外国银行每朝待上海及伦敦之电报，至迟至午前十一时。清国银行则在午后四时决定是日之时价。夫一地方之汇划，每随其他之贸易而起，此一般之原则也。论天津之贸易，每年输入超过与输出，依去年税关报告输入之数，约当输出之数六倍，即对于八千五百余万海关两之一千五百余万海关两。以是而汇划之数，常偏重于一方，而不能不输送现金，故其买卖时价之悬隔，其理亦至易明。然其核计此输入超过之汇划，以中国银行卖买之数，比于外国银行之额为小，常不能不依外国银行而为之，外国银行自伦敦经申上海，独能稳操其胜算。"②

2. 票号应对竞争的措施

（1）提高危机意识。

票号中部分有识之士实际上也是有危机意识的，尤其是京城等经济发达地区的分号经理们也在积极寻找应对之策。

---

① 大公报，1903 - 08 - 08.
② 日本驻天津领事伊集院彦吉明治三十九年〈1905 年〉十月十三日报告//潘承锷. 中国之金融（上）［M］. 中国图书公司，1908：12.

蔚丰厚北京分号经理李宏龄就指出票号面临的严峻形势："甲午、庚子以后，（票号）不惟倒欠累累，即官商各界生意亦日见萧疏，推其原故，因由于市面空虚，亦实以户部及各省银行次第成立，夺我权利，而各国银行复接踵而至，出全力以与我竞争，默计同行二十余家，其生意之减少已十之四五，存款之提取，更十之六七也。"他了解到，此时约半数的票号已经面临明显的业务流失了。

李宏龄痛陈："且彼挟国库藩库之力，资财雄厚，有余则缩减利息，散布市面，我欲不减不得也，不足则一口吸尽，利息顿长，我欲不增又不得也，彼实施操纵之权，我时时从人之后，其吃亏空有数乎？"①

这些危机意识较强的票号经理们也开始积极调整经营，来应对外资银行的挑战。他们还纷纷向总号去信，把外界的变化、经营态势的改变报告给东家和总号的总经理们。

（2）调整经营结构。

到清末，票号不再是单一经营汇兑的机构，渐渐发展成经营存、放、汇等业务的类似银行的金融机构。

票号之前的经营中，办理活期存款是不付客户利息的，因外资银行的竞争，票号受其影响，到民国初年，在一些城市开始试办付息的活期存款业务。

票号在汇兑业务上，也增加了新的汇兑渠道和手段，由单一的票汇发展为票汇、信汇、电汇三种方式并用。

（3）改善管理体制。

票号早期的用人习惯是只用本省、本乡人，后来发展到资本的跨地区合作，出资方和经理、伙计突破了同乡合作的惯例。合盛元票号还聘请了日本人作为"跑街先生"，以便和日本的银行争夺日商客户。

有些票号引入了西方银行的稽核制度，如，1921年大德通票号更新了号规，新号规中就增加了西方金融稽核制度，具体规定包括：稽核时间、

---

① 〔清〕李宏龄. 山西票商成败记［M］. 山西太原监狱石印，1917：2.

稽核人员、稽核方式和稽核内容①。

（4）成立同业组织一致对外。

外资银行依仗帝国主义侵略者的特权，企图操控中国内汇市场。数次不平等条约，给了外资银行攫取中国金融权利的机会。为了一致对外，票号开始创立同业组织。

1875年，票号业者在上海成立了汇业公所。其他地区的一些票号也相继组成了同业组织来保护行业利益。《中国经济全书》记载："同业组合者，即票庄同业者所组织之公所是也……凡与外商交涉事件，及同业中交涉事件，皆由总董裁决。……然为总董者，既有同业者共同选定，自得同业者全般之信用，故于总董提议之事，或裁决之事，几无不服从者也。"

虽然票号业者们积极应对外资银行竞争，采取了上述一系列的策略，但外资银行资本实力强大，拥有特权，在这场对决中，票号还是逐渐落了下风。

中国本土传统金融机构的失利，不仅是票号，日渐式微的钱庄也受制于外资银行，仰人鼻息。传统金融机构在外资银行面前的失败，是有深层次的原因的。

但是，竞争也带来了进步的思想和制度，让国人看到了现代银行制度的优越性，也让票号业者反思票号的旧式组织制度、管理制度的落后性，从而激发从业者改革的动力。虽然票号改组银行失败了，但是，中国本土银行在清末成功设立了。

---

① 胡天意，文纯清. 中国金融稽核史漫笔［M］. 中国金融出版社，1995：51.

附件 6-1

蔚长厚等票号倡议劝借并收存与汇解江西息借商款

江西访事人云：德晓峰中丞设立筹饷局遵照部章息借商款，其章程厥有数条备列于左：

省内筹饷局由南昌府督同南、新二县暨委员候补知县王书臣，县丞袭绍箕总理其事，于本月十日朔日开局，往来文牍盖用提调南昌府印信，省局即设官巷办顺直赈捐局内。

派定十四府州某郡共发双联印票若干张，由省局移送各郡发放，各厅州县依限劝借，所收商银连载存票根同商户名册一并解府，各府转解省局兑收，随收随解，不必等前压后，其银一律用省店汇票，免致平色参差折耗。

……

省垣各汇票号应仿照京城办法，首先倡认劝借巨款，就近缴局外，各属典当责成地方官查明，分明等第，其成本五万两以上者为上等，借银二千两；三万两以上者为中等，借银一千五百两；三万两以下者为次等，借银一千两；其典当较次者亦须借银五百两。

……

各属商款银两统归省局兑收，收银数目按旬折报，其银随收随交蔚长厚、天顺祥两汇票号存储，另立清折计数，听候报拨；将来汇解何处，仍由藩台详给文批，发交该二号汇解，应需汇费照章核给报销。

……

注：《息借章程》，载于《申报》1894年12月28日。

附件 6-2

辩左伯相与山西人借贷军饷事

国债之举，创自泰西。不徒本国之君可以告贷本国之民，而且他国之君亦可以告贷于他国之民，此固早已习为成例矣。故土耳其一国其高贷于各国者，不一而足，唯英国为最多，于以见英国之民其乐于出借国债也久矣。

自中西通商之后，左伯相已向英商借贷者两次。初次本利均已清还，二次尚未还清。去冬又委胡观察向英商借银五百万两，至今尚未借妥。刻又闻闽抚丁中丞委葆方伯与英商借银八十万两，以供台湾之用，未知确否。但前两次左伯相之借贷，与英商一议即成，此项议已半年，尚无成说。左伯相系驾轻就熟，尚且艰难如此，何况福建。

说者谓大约英商鉴土耳其前车之鉴，故不欲多贷于中国；又有谓英商因土俄交兵之事，恐本国需要，故不欲先贷于他国。然英人之富，今首屈一指，何在此区区五百万两之数而不能借贷于人耶。

以吾私意揣之，或者因谣言山西之事，故至于此。第山西之事，本属不经，然传说均若实有可据，故英商不能不听之而生疑也。不知山西一省从前本系殷富，但遭兵燹之后，其富亦不如前，安能有许多富人以四千万银出借与左伯相乎。

至谓山西各银行①出借之款，深恐事平之后，各官亦均劝令仿照各营欠饷银报效国家，俾本人则授官职，地方则广学额，仅得空虚荣华，失却无数银两，是以均有畏惧之心，忧虑之色。

传言如出一口，不解何故。唯是两事情形各异，安能一律办理。说者又谓各银欠饷，皆诸勇九死一生始能绩此，事平之后，既未得保举官职；

---

① 此处指票号。此文刊登于1877年，尚未产生本土银行，故此处所谓"山西各银行"实指票号。

而连年应得之饷，其已死者自当给予家属，其犹生者更宜清还本身以为洋瞻之用，此亦报功之典应。

尔乃各营官尽将各勇应得之饷全行报捐，而营官均沐厚恩，各勇未沾实惠，此亦情理之不平者也。不知此种欠饷，既令国家如数清给，而营勇均经遣散，不过仍归营官而已。若欲按名给还，即营官尚有不知其勇之下落者，何况国家。营官因已名利兼营得，不欲再求格外之财，情愿报效以作捐款，然这不能人人皆如此。

至于左伯相向山西人借贷之事，本属谣传，未必确实。即或有之，亦不能改照此例令为捐款，盖营官所报捐者本非应有之银，而山西所借贷者皆系本有之钱，若逼令尽作捐项，是强夺民财，较之设法聚敛，更有甚焉，岂国家之忍为乎，即左伯相恐亦不忍为之也。

于本国之民，尚不忍为此，何况于西国之商乎，吾故谓西商可以勿虞此也。日前本报论借贷军饷传说一则，早已辨明此事，因民间尚传说纷纷，深恐西商误信，不肯再借，是于左伯相军需有碍，故再论之。

总之，国债之举，西国有之，中国实无。毋论左伯相不能开端，即山西人亦不敢开端，余故敢决其为谣传而已矣。

注：《辨左伯相与山西人借贷军饷事》，载于《申报》1877年6月7日。

附件 6-3

论官商相维之道

雍乾之际，事事皆臻极盛，国家岁入之数不过常额，其盈余之多真不知其自何而来，盖当日部库存银动辄二三千万，外省理财衙门库储亦大都数百万，虽巡守频行以及一切覃恩尝赉，额外之用，几乎无岁不有，而库藏充实，正有取之不竭，用之靡穷者。

自嘉庆初年，川湖教匪之兴起，首尾七年，大兵征缴，军饷浩繁，咸敢给焉。迨事平而问之充牣者亏耗大半，嗣后遂不能复旧，然犹未伤元气也。

至道光季年，粤事龃龉，始则兵饷，继而赔款，搜刮派拨，不禁罄所有而出之，而各处库款从此空虚，例放之银大加裁减，一应陋规殆尽，其时以为清查蠹弊，之后涓滴归功，内外政令自此清肃，置于目前者不难补于将来，而孰知元气之剥丧实在于此。及至咸丰初，发匪一起，而兵饷至于无从设措，于是大开捐输，创行厘金，挹彼注兹，聊为辅苴之计，而天下事遂不可问，同治以来，通商之局日新月盛，气象改观，其大要则在乎重商。

盖中国官商不相融合，商虽富饶无与国家，且往往见轻重于时。自西人请驰海禁，南北海口偏立埠头，辄须中国之富商与之交易。而西俗重商有因，西人之请，而其势不得不略示重者，因而渐有官商一体之意。然非各路剿荡发匪，饷项支绌，借重殷商捐垫巨款，则商人尚不免市侩之羞，终不敢与大员抗礼，故商人之见重，当自东南收复之日始也。

从前公项之银纵存积百十万不出库门之外，同治以后则库中现存无几，而大半皆缴付庄号，此因富商于兵需艰巨之时垫发巨款得以济事，当事者推表其功，倍加信任，以公款与之出入。凡库中应领者饬兑交于铺号，设有放给，亦令铺号解入然后兑发，或垫或存取其妥便。而其后遂援以为例，不特外省也。

凡解京之款，无论交部库、交内府，督抚委员起解皆改现银为汇票，到京之后实银上兑或嫌不便，或银未备足，亦止以汇票交纳，几令商人掌库藏之盈虚矣。夫使商人而皆公正殷实也，则存银于库与存银于市亦无可以异。存银于库而或用银太多不能放给，必有减缓之事；若存银于市，则可令商人垫发，从前兵饷已有明效，自此以为常例未始不可。然以国家之财而出入于商人，则官商一体矣。商之盈绌即国用之虚实也，此而无以保护之，设商有不利，国家将安恃乎。

夫官商一体必有一保护商人者。盖有事之时以商本济国家之用，无事之时以国课济商本之虚，其势然也。商人以经营为事权衡之母，岁有余利则足以资其一岁之用，本愈大者则其利愈多，设有余资而不知谋种，天下亦无此憨人。且商人性情大都贪婪，彼之本一万，而我之资权五千，则退然居于人后；若彼一万而我倍之，无有不存争胜之心者。所谓长袖善舞，多财善贾者，人情大抵然耳。况商之所重在乎信义，苟家道殷实而又涉世公正，交结广阔，虽以本资十万，而有数百万之经营可也。

汇票往来不特通市之财可以转移，即天下之财皆可流通。所难者，自国家重商之后，凡属殷富皆经大臣保举，小而丞倅，大至监司，由商而入官，不禁居侈气而洋侈体，一身之享虽侈而犹有限也，而家人亲族岁费浩繁矣。一铺之开销虽大而尚可算也，而官场酬应之事无所底止矣。而况资本愈大生意愈阔，获利固不必言，设有拆阅，人一而我百，人什而我千，几番复辙，力已不支。大抵生意盈亏关乎时局，而亦因人情之贪，有以至其癫蹶。

近年以来，场面之大莫如上海，而以民穷财尽，故各业均不得利。从前巨本商人获利万千，及时退手尚能保其余资，安然坐享，独至声名显赫，联络官场主持市面，处不能遽退之势者，则犹以智计力量，角逐于货利之场，然而如今年者竟至数一数二之人相继而倒。夫以彼之名誉势分，苟尚可支持，亦岂愿数十年之工夫隳于一旦者，亦甚有不得不然者在也噫。时局变迁每下愈况，当此官商一体之日，谈时务者咸同国家富强之效将利于是乎，再而抑知败坏决裂乃至于此则甚矣，官商相维之道不可不亟讲也。

注：《申报》1883 年 12 月 3 日。

附件 6-4

论钱市之衰

上海钱业之盛，盛于票号、银行放银于庄。而不知衰病实由于是。当承平时，西帮票号荟萃苏垣，其分设于沪地者不过数家，资本无此时之巨，专以汇兑为交易而不放长期，故钱庄并不恃以挹注。银行始初仅通洋商，外洋往来以先令汇票为宗，存银概不放息，故钱庄更不恃为通融。

自军兴后，上海商埠日盛，票号聚集俞多，而号商收存官场之银亦日富，于是稍稍放银于钱庄，此票号放款之始也。同治间浙人某入汇丰银行为通事，知各庄底细，乃导洋人放息于庄，岁有所存，此银行放银之始也。

此风一开，市面为之大廓，票号长期多至二三百万，银行拆票之在外者岁数百万，而其病遂中于无形矣。今试究其弊病，厥有数端：一曰开设之多。……二曰放账之滥。……当各项贸易盛时，钱庄固获厚利，及其市运式微，凡并无真本之行号一遭拆阅，倒闭纷纷，而钱庄受累不浅。往时票号不收，银行常放，挹彼注兹，未见底里，一旦票号留银不放，银行拆票不通，处处受挤，则为人倒者亦转而倒人矣。

注：《论钱市之衰》，载于《字林沪报》1884年2月9日。

附件6-5

解饷不宜常由号商汇兑论

凡是有宜变通以尽利者，亦有因变通以致弊端者。其始未尝不见其利。而久之利小弊多，转不如拘泥成法，有时而窒碍难行者，亦有时而视为尽善者，此经权之不可倒置也。

道咸以前，凡外省解拨京饷，及司道库款之起运者，皆以现银领解上兑，现银不患其少。至同治以来，则往往由号商汇解，拨款愈繁，而现银愈竭。该员初无领解之劳，不过由号制票，并文书赍带进京，赴号家备银上兑。轻装简从，既无累赘之苦，亦免道路之虞，其便利实觉倍蓰。即此省拨诸彼省亦然。

以故各省所通用之银，辗转皆在本省，无有流入他处者。行之既久，遂为成例。而解饷差使，仅有责成，而无干系。谋者纷纷，往往未经引见之员，借此优差，得以解费之盈余，乘便办理，上意亦以此差为人情，不轻派委。然自此法一行，而二十余年，果无饷银在途出事之案。可知变通办理，实系因时制宜之法，非仅仅为委员图卸仔肩，量减处分也。

数年前部议请复旧章，通饬各省概解现银。盖谓汇解之法，原系一时权宜，办理既久，号商于外省汇到之日，搜罗通市现银，以凭投纳。累累入于部库者，仍系京中现用之银，外省各邑纹银之分厘不能到部，而京中每岁所放各项，虽仍在京中流通，究必有所消耗。

日复一日，部储大亏，而市上行用之银，亦渐觉短绌，殊非郑重谨慎之道。即外省协饷，亦有此弊，诚不如规复旧章也。此疏一陈，朝廷责成督抚相督其形，以现银赶解。然现在仍有不能遽复旧制之处，其批解现银者，不过十分之二。而近年邸抄中，已有委员获解在途疏失之事。

前日邸报有闽省督抚奏陈京协各项碍难起解现银。仍恳暂准汇兑，以资周转一折。据称闽省滨海贫瘠，市肆均用残破洋元，并通行银贴，非但纹银稀少，即洋银亦不充足。所征关税、厘金，悉以洋银完缴。即钱粮盐课，亦仅搭五成现银；且银色低潮，别省不能通用。所以奉拨各饷，屡请汇兑。

兹部议以号商未必可靠，且因款巨，不能足额，滋扰发麈，及收款延误等情，请饬停止汇兑。概解现银。而闽省情形实南遵办，所奏各节，自是实情。不特闽省，他省亦有如此者。或曰："风会之变，不可勉强。"

从前官款，只存库中。迨军兴筹饷，始有殷商代垫，先以市肆之银充用，而后有款拨还。此端一开，官商渐成通财之势；即军务告峻，筹办一切善后，亦以此法为常。甚至库款常存商号，如遇支放，随时提回者。盖无银而欲令垫发，有银即不能不略存也。殷商富人开设汇号，遍于各省大埠，此往彼来，但凭一纸之函，而数十万不难立应。在官宪遇收放之时，亦知有银应手，即亦不复问及他弊。

目前与泰西通商，其国俗之善者，不妨稍稍学步。假令此法久而不改，将来国用民财，两相挹注，无不流通，未始不可以致富强。若遽复旧制，则亦安望官商之通财乎哉？不知泰西通财之法，中国必不能行。盖泰西有以国家之银出而与商人合本经营者，而国家有事，向民间贷银，事后加息偿之。上下可通有无，诚信不欺，民间之财即国家之财。

中国虽事事仿效，而与此等大节目，断不能变而相从。民间开设典当，例领官款，似亦有取乎西法公司之意。以及现在创办各事，官督商办，间有先发官本，在后提还者。上下之分，略可疏通，而究之有其一端，而不能变其大局。官之权尊，商之分卑，亏空官款，不难严追。

州县经征欠解于民间抗粮，皆有治罪专条。然严厉者不过虚文，而玩疲者乃其实际。假使号商汇兑巨款，中途倒闭，及至于追，则已仅存十之一二，其终不免敷衍了事耳。故官商通财，而苟能上下相维，必不使号商有倒闭之虑。则虽罄库储以寄诸商人，亦无不可；而无如其不能也。

近日，市风坏极，殷实商家相率而倒，其数恒至百十万。假令其全盛时，官宪不之深信，无有巨款往来，则生意中人亦何必侈应酬，扯场面，起居阔绰，挥霍自豪，以驯致于外强中干之势哉？然则号商之倒，大半官款误之也。始则上下相通，而终至上下同病，亦何为而不守，"官自官，商自商"之分地欤？

注：《解饷不宜常由号商汇兑论》，载于《申报》1884年4月25日。

附件6-6

论变通解饷章程

昨有鸠江友人邮述，谓钞关京饷定例派员由驿赍解进京，每年两批或四批不等，长途迢递，车迨马烦。而且解费亦耗用数倍。袁爽秋观察自莅芜湖关道任以来，凡榷务中之法良意美者，无不萧规曹随。而独于解饷一事，以为颇不合算，银详请抚宪拟将本京关饷改交商号随时汇兑，抚宪咨商大部，亦以为然。

是以本年岁底，京饷数万订定交山西票商三晋源汇兑庄解京上纳。此后，京饷亦不再派委员管解也。其便利为何如，唯听股诸君少去一种差使，必有以为不善者，然悠悠之口固不足以为据也。此说犹忆于十数年前曾论及之，盖不仅指钞关京饷而言，言饷之解京者皆可由商号汇兑也。

夫委员管解京饷，以一委员而官解数千万之饷，彼委员者又未必赳赳恒恒能与颠越者相抗衡，所持者不过随带家丁数名及沿途地方官拨差护送，其解到而一无贻误则有奖，奖其幸也；其途中有失者则有罚，罚其资也。何则盖委员既不能御盗，家丁又不足防盗，沿途地方官所拨之差役，大都皆烟霞痼疾者流，并不足惧盗。

其一路长行饷鞘无失，此则由于此一带途中本来无盗；即或有盗而盗之耳目有所不及，遂至侥幸得免。若遽以此为委员之功，则委员实不足以当之。一带地方本无盗纵，则地方官之能也，于委员何有焉。设或中途遇盗，全行劫去或劫去数鞘，则其咎归于委员，而委员则必诿诸地方官，而照例定拟委员必有应得之咎，其甚者至于削职，地方官固亦有应得之咎，而其咎若甚轻者，则此委员之咎固不敢辞，而甚愿亦殊甚。

盖以一委员率数名家丁，沿途拨来护送之差役亦不过数人，押解如许饷银而突然鸣镝告警，露刃相劫，其孰能御之，不能御而致遭损失，即坐以应得之罪，不亦奇乎。且委员管解设遇不测，必着落该委员略偿十分之三，地方官亦赔偿十分之三，其余则规藩司自行赔补，以此罚其用人不当之罪。夫藩司之受罚，则以用人不当，故宜也。地方官之赔偿，则以该管地方伏莽不靖，捕务又不讲求，以致失去饷鞘，无从追缉，罚亦宜之。独有委员之罚，若有不情者，而委员于领解之时，则固自承其责，中途有失，安得谓之无罪。然委员而雇佣镖师沿途防送，则所费不赀；若多带兵役，沿途多派护役，亦无此条例，唯有自碰运气而已。故曰：奖其幸也，罚其冤也。

且彼官解之委员，往往百计经营，始得一差，可以借此进京谋于捷径，或假此差以引见过班。彼其人必非身家殷实可知，一旦突遇意外，则此三成之赔款，未必有所指望。此则各处亦有定章，大都赔则皆藩库垫款，而日后在本人应得项下扣除。然地方官则尚有可以抵消，委员既以解饷获咎，以此即无望差委，其将何所抵消哉。凡此委员解饷之弊也。

若改变交商号汇兑,则所费者不过汇费,其数不甚巨也。倘有遗失,全数由承汇之商号赔偿,丝毫不能短少也。而彼商号终年汇兑无从遗失,则安有饷银而独致遗失之理。试观于各处赈款多用汇兑,而迟速可以克期而至。泰西各国虽兵饷数百千万之巨款,亦由银行汇付,一无贻误。故吾曾言解京之粮分饷,无不当用汇兑之法。

北地倘能讲求水利,稻田之可以垦种者其数殊多。粮米由南解北,无论海运河运,耗费大属不赀。倘折成银两交商汇兑,即在北地买粮以实京仓,则北方之民知此中大有利益,稻田之垦辟者将日益加多,而南边之粮不必解京,其中耗费一切所节省者不可以亿兆计。此则又于京饷之外,推而广之者也。

然而中国之患,在于拘执成见,有其举之莫敢废焉,是以欲改弦更张之,殊苦不易。矧余狂瞽之言,又岂足以奏铅刀之一割也哉。兹见袁观察请将钞关京饷改交商号汇兑,不复派员管解一节,实有先得我心者,不禁泚笔书此,以志快也。

注:《论变通解饷章程》,载于《申报》1894年1月23日。

第七章

票号的影响力

票号虽然存在只有短短百年,但其曾对中国经济、金融产生过非常巨大的影响力。在清廷财政告急的时候,户部还曾向票号借款度过难关。票号的汇兑和存款业务发展,把中国金融界推向了转账结算的时代,票号对近代工业的支持也起到了积极的作用。

第一节 票号对经济的宏观影响

自有货币以来,物物交换就进步到商品流通,金融业自诞生之日起,就是为商业、为经济服务的。商业发展需要金融要素的活跃,而金融要素的整合、创新,给商品交易带来方便,就会促成更多的交易,从而带来商业的繁荣,进而推动经济的发展。

一、为商业提供便利

(一) 创新结算方式,方便商业交易

票号的汇票业务,作为金融创新,可以使结算更加简单、方便、安

全、高效，尤其是极大地方便了异地买卖。

此前，买家携带大量现银到外地采购，卖家卖出商品后收入大量现银。在这个过程中，白银作为实物货币，自身的重量给商人们带来了货币使用的成本，同时，也增加了运输过程中的风险。

时人评价票号的历史作用时说："当交通不便之时代，道途险阻，行旅为艰，运送现银，尤苦周折，不但耗费诸多，且易遭逢不测。即官家拨解公款，间亦贪图省事，托诸票号。至于商人方面，除有同业者自行划账抵销款项者外，大都依托票号为多。若夫民间，则两地间之款项往来，尤非依赖票号而不可。①"

另外，票号的存款条也提供了结算方便，票号重信用，"各处与之存款往来者都相信得过"，而且携带存款条，比银两方便，避免了平色上吃亏的可能。在票号存款，用存款条支付交易，可以作为现银一样收付，避免了现银结算的麻烦。这种存款条不是货币，更像是非正式的支付结算工具。

正如近代学者杨荫溥在《中国金融论》中提到的："自票号之兴，内国贸易日便，商业渐盛。"②

（二）为商业领域扩大提供便利

票号经营汇兑业务，办理不同地区之间资金转移，这种业务本身的性质就决定了票号需要在各个地区广设机构。即便某家票号在某个地区没有分号，也可以通过与其他票号的联络，来办理汇兑。

票号营业领域的广大，为中国商业机关所罕见③。票号经营东至日本，西达迪化，北至库伦、莫斯科，南至南洋、新加坡。票号业的汇兑版图，可以说是中国商业史上最宏伟的商业蓝图，它们为中国商人"走出去"提供了金融保障。

---

① 东海. 记山西票号［J］. 银行周报，1917（7）-（8）：16.
② 杨荫溥，中国金融论［M］. 黎明书局，1931：274—275.
③ 陈其田. 山西票庄考略［M］. 商务印书馆，1937：98.

海外的中国商人即便在不容易向当地金融机构融资的情况下，还有票号的扶持，票号的国际汇兑即融资业务，对他们是很大的帮助。

二、票号对中国对外贸易的促进作用

鸦片战争之后，中国被迫签订不平等条约，开放五口通商。经济格局变化，山西票号南下，南帮票号兴起，这对中国外贸发展起了很大的推动作用。各票号在各大商埠如汉口、广州、上海等地设立分号，为从事进出口贸易的中外商人提供金融服务，大大促进了国内外贸易的发展。

（一）票号与对外贸易发展

以天津为例，这里是票号早期发展之地，天津开辟为商埠之后，中外贸易日渐繁盛，进口货物在这里分散，出口货物在这里集中。于是，汇兑业务需求增加，资金调剂、金融调节的需求也大大增加，"于是票号之营业日盛"[①]。

虽然外资银行也逐渐设立，但是在这些外资银行进入中国最初的几十年里，只为其本国商人来华经营商业提供金融服务，对中国本地商人和金融界，"既不加辅助，于吾国市场上，自无势力之可言"。早期不为中国商业和金融服务的外资银行，于当地人没有帮助，满足不了当地金融需求，也无法形成有影响的金融势力。所以，"是时商家往来，于埠际贸易，恃票号为调节"。票号与当地外贸发展，可以说是相辅相成。

南方对外贸易发展早期集中在广东，鸦片战争之前，票号就在广东设立了分号。当时只有广州一口通商，对外贸易集中在这里，当时南帮票号还未成立，山西票号商人南下广东，积极参与到外贸业务中。近代学者陈其田的《山西票庄考略》提到："鸦片战争（一八四二）以前，我国对外贸易之限定于广州一埠。洋货必须先运至广州然后分发各地；华商的出口

---

① 杨荫溥. 中国金融论[M]. 黎明书局，1931：274—275.

货物,也是一样的集中该埠。山西或湖北的华商,欲买洋货,须携带现银到广州,以换取货物,极为不便。洋商欲购茶丝,必须运现到其出产地,也是十分困难。所以对外贸易,利用山西票庄,经营汇兑,是必然的趋势。"

19世纪50年代之后,经济较为发达的地区,不断有新票号设立。老票号也审时度势,逐渐向沿海、沿江口岸城市发展。上海开埠后,洋行逐渐增多,于是,海上进出口贸易重心从广州转向上海。上海成为国际贸易中心后,更多的票号在上海设立分号,票号业也成为近代上海重要的一支金融势力。

日本驻上海总领事永泷久吉在明治三十九年(1905年)的报告中指出:"上海与各地之交易,关系为最多,票号之数因是特盛。……上海与内国各地交易繁盛,每年几有亿万两之巨额,而其输送正货所以稀少者,赖有票号为之周转。"①

报告列举了天顺祥、大德通、合盛元、中兴和、蔚泰厚、百川通、志成信、大德恒、日昇昌、存公义、蔚长厚、新泰厚、三晋源、源丰润、协成乾、蔚丰厚、协同庆、大德玉等十多家票号。

1875—1876年的《英国领事报告》也提到:"上海与内地各省的汇兑业务,以及中国人对通商口岸的交易所签发的票据,全部都经过山西票号……它们的信用很高,据说它们有力量买卖中国任何地方的汇票。"

(二) 南帮票号兴起与对外贸易发展

票号本来源起北方,最初投资者都是北方商人。近代海上贸易兴起,南方临海的地区发展迅速,南帮票号也发展起来。同治年间,最初投资票号的南方人为江浙人。

---

① 日本驻上海总领事永泷久吉明治三十九年(1905年)报告,见潘承锷:《中国之金融》上册,第52—53页,中国图书公司,1908:52—53.

表 7-1　　清末主要南帮票号设立情况（1863—1889 年）

票号名称	创设年代	投资人	总经理	分号设置
阜康	1863—1865 年	胡光墉，号雪岩，浙江钱塘人，出身市侩，候补道员。任左宗棠军上海转运局道员，开设乾泰公司，并与外国银行团、企业多次谈判，交涉借款枪炮和机器	不详	京都、（上海）、镇江、宁波、湖南、湖北、杭州、福州
胡通裕	1863—1865 年	胡光墉	不详	杭州（只看到汇兑公款，社会上并未见到胡通裕之名）
天顺祥	1875 年前后	一说云南人李堪；一说云南弥勒县人王兴斋和云南晋宁人万伊年合资开设	王兴斋	（昆明）、重庆、成都、汉口、上海、京都
杨源丰	1884 年前后	杨谷山，北方人	不详	天津、（杭州）、京都
源丰润	1883—1889 年	严信厚（号筱舫），江苏洞庭人，是清末商业兼工业资本家	陈子琴	（上海）①、天津、京都、福州、广州、香港

资料来源：黄鉴晖等：《山西票号史料》，第 65—66 页。

最早的南方票号资本家是在浙江经商的胡光墉，他本人也是对外贸易商人，经营蚕丝的国内、国际业务，与洋商竞争。他建立的阜康票号是南帮票号中名气最大的一个。云南人王兴斋在云南创办了天顺祥票号，也是因为当地对外贸易发展，需要金融机构融通资金、调拨寸头。《新纂云南通志》记载："同治十一、二年间，（王兴斋）先在滇垣设立同庆丰，日渐发达，乃率赴重庆，仿山西票帮规例，改组天顺祥，营汇总存放事业。随着推广，后来京都、上海、广东、江西、汉口、常德、重庆、成都、叙府、贵阳均有天顺祥票号。"②

---

① 加括号地名是总号所在地。
② 《新纂云南通志》卷 144。

(三) 票号在对外贸易中的作用

票号的汇款业务为外贸商人提供了资金转移便利，另外，票号还通过放款与钱庄，间接地将资金转贷给外贸商人，投入进出口业务。近代学者杨荫溥在《上海金融组织概要》中分析："例如有洋商欲办内地土货，委托上海行商，代为采办。于货款之交付，自由洋商将款项经外国银行，转交上海行商。上海行商大都与本地钱庄来往，领款后，即以之转交上海本地钱庄，托代为运至办货目的地，交指定之代理人，俾得从事采办。唯本地钱庄于内地既无分庄，即不得不以之转托票号。票号承托后，即作一票据或信函，通知内地票庄照办。一转移间，在汇款者，既可避长途运送现金之烦，又可免中途水火盗贼之险。在票号，则此往彼来，有无相轧，并不借现金之受授，而收解即可相销；汇水之收入，又为惟一之利源。利己利人，一举两得。于是票号在昔日上海金融界，遂得以维持其相当地位。"①

第二节 票号对金融市场的影响

票号对中国近代金融行业发展的影响是很大的。票号本身是金融机构创新的产物，票号的业务发展过程中，创新了金融工具，促进了资金流通，活跃了金融市场，扩大了金融资源。

一、促进了资金流通

在票号诞生之前，近代中国金融市场上占据主导的是钱庄。但是，钱

---

① 杨荫溥. 上海金融组织概要 [M]. 商务印书馆，1930：91—92.

庄资本金少，而且早期的钱庄又以货币兑换为特色，对资金流通、融资、结算等几乎没有涉及。票号出现后，以汇兑为主，加速了资金在不同区域的流动。

（一）票号汇兑业务影响全国支付体系

1. 京城银根紧缩

外省解缴京师的款项，之前都用现银，后来因为票号汇兑方便安全、省钱省力，各地方政府逐渐都差人带汇票进京，代替现银的运送，客观上会导致某些时段京城现银缺乏。1885 年的《申报》曾经描述过当时的情况："近年以来，部议皆以京师现多汇兑票银，现银之在市上者逐渐见少，每当放银必有流出外间者，以京中之银济京中之用，辗转耗缺，将来库存日益稀少，殊非慎重根本之道。"

一下子少了大量的银两入京，导致京城"银根日紧"，于是当时有人提出"相应请旨饬下各省督府、将军、织造、关督等员，嗣后解京之款，必以现银钉鞘北上，勿使号商汇兑"①。建议不用汇兑，恢复现银运送，增加京城市面的银两。

当然，这是一种理想化的提议。自古以来，金融的发展趋势就是方便商业与经济，方便安全的金融服务一旦出现，人们就很难再接受落后又危险的现银运送。长期来看，金融业发展的趋势，是不可逆的。

2. 票号总号所在地的支付压力

以山西商人为例，在外赚取银两后，往往携带一纸汇票返乡，到平、祁、太等票号总号所在地进行兑付。在这个过程中，外地分号收到现银，开出汇票，到总号要求支取现银。客观上来讲，就会造成分号不断收取现银，而总号不断支出现银的情况。分号现银积累越来越多，总号却是越来越少，到最后，还是需要分号向总号运送现银解决问题。

---

① 论号商汇兑之便 [N]. 申报，1885 - 07 - 25.

（二）票号与转账结算

在票号诞生之前，各商家交易支付需用现银结算，各级官府的饷银解缴、银两拨付，都用现银运送的方式。

自从官方、商家开始使用汇票代替现银长途运送，票号就增加了相当可观的大宗款项业务，也增加了官府各部及各大商号的存款账户。起初，汇款的收款方会到票号提取现银，然后用于支付。汇票的汇款只是提供了异地结算服务。后来，同城的客户逐渐意识到，如果收付款双方都在同一票号开立账户，就可以不用一方提出现银，另一方再存入现银这么麻烦，只要票号的人员在双方账户的余额记录上增加或减少一定金额就可以了。只记账，不动现银，这就形成了同城转账结算。

转账结算是建立在票号的存款业务上的，而票号的存款业务最初是因为汇款业务需要存入现银。所以，票号就因汇款业务产生存款业务，在存款账户基础上，又产生出转账结算的可能性。

二、银行业先导

（一）为中资银行业务经营提供范例

在西方银行进入中国之前，票号已经产生，并且铺开了全国汇兑网络。中国第一家中资银行诞生于1897年，"银行设立之初，其组织固迥然有异，然规则习惯，犹有因袭票庄者也"[1]。

中国人办银行，固然学习了很多外资银行的管理和业务，但一些规则、习惯，还是因袭了票号业的做法。

信茂银行在开张时候特意在《大公报》刊登广告声明："本银行备有巨资开设上海、天津、北京三处，专做士商汇兑、存款、押款、借款、利

---

[1] 秦省如. 山西票庄在今昔经济上之地位 [J]. 钱业月报, 1935, 15 (7): 5—6.

息格外公道。其余一切往来俱与票号相同。"一家银行开业,还特意公告,其业务经营中相当部分"俱与票号相同",在一定程度上说明虽然银行已经创办,但在部分人心里,还是认可票号的经营。

(二) 为新式银行业输送金融人才

经营金融业,人才是必不可少的。虽然为了办银行,也有人开始主张创办培养专门人才的银行学校,但毕竟时间上来不及。票号业虽然衰退,但还有大批成熟的旧式金融人才,是可以为银行所用的。

当时人认为:"山西票号,规则极严,业务颇繁,非做事确实、性情锐敏之人,恐不堪充其职员,且遇金融紧迫之时,更须富于经营者方可胜任。凡受此训练之人,人于其他之金融机关,当能发挥其敏捷之手腕,以调达市面,应响于金融者,岂浅鲜哉。"①

宣统年间,清政府创立度支部银行(户部银行),虽然一再邀请票号合作被拒,但实际上,户部银行中的很多章则,仍是由出身票号的人员按照票号规则草拟而成,后来掌握实权的经营者也多半出身票号②。

清朝官员袁宫保想办银行,苦于人才不足。他想到票号的经营管理与银行相似,于是,就想到一个办法,招票号学徒过来,补充人才③。后来他又在天津设立银行学校,从山西票号招募学徒六十人,送去学校学习,拟学成后派去银行工作④。

表7-2　　　　　　部分票号人员参与银行、银号创办情况

人名	出自何票号及身份	新办金融机构名	所起作用
贾辅臣、霍克谦	天成亨票号经理	四川浚川源银号	承办银号
王靖夫	日昇昌票号经理	广西银行	承办银行
范元茂	蔚长厚票号经理	广西银行	承办银行

① 秦省如. 山西票庄在今昔经济上之地位 [J]. 钱业月报,1935 (7):5—6.
② 李渭清. 山西太谷银钱业之今昔 [J]. 中央银行月报,1937,6 (2):186.
③ 直督饬谕汇商报送学徒 [N]. 大公报,1905-06-30.
④ 开办银号学堂 [N]. 大公报,1906-01-11.

续表

人名	出自何票号及身份	新办金融机构名	所起作用
严信厚	源丰润票号股东	中国通商银行	总董,草拟章程、发起组织
乔世杰	宝丰隆票号股东	浚川源银行	总经理
严义彬	源丰润票号股东之子	四明商业银行	创办人之一
陈薰	源丰润票号经理	四明银行	创办人,总经理
丁维藩	义善源票号经理	四明银行	检察人

资料来源:范椿年:《山西票号之组织及沿革》,载于《中央银行月报》4卷1号,1935年1月;《公议中国银行大概章程》,载于《申报》1897年3月3日。

三、金融风潮中的票号

在近代的历次金融风潮中,金融机构也会受到影响,有的甚至破产倒闭。银行资本金雄厚,所受影响较小;钱庄因其资本金少,极易倒闭;而票号也受到牵连,但总体表现好于钱庄。

(一) 金融风潮中的票号

1. 清末金融风潮是帝国主义侵略的结果

近代的多次金融风潮中,都体现出同样的问题,就是银根紧缩,市场非常脆弱。而造成近代中国金融市场长期缺银的一个重要原因就是帝国主义侵略。1840年后,帝国主义逼迫中国签订多次不平等条约,银两赔款数以亿两计算。

白银是清代的本位货币,大量白银不断流出,是中国金融市场白银短缺的根源之一。而清政府为了筹措赔款,加重税收,要求商户捐输,盘剥人民,向民间夺利。这些行为都会对经济和商业带来巨大的损害。帝国主义侵略使得中国金融市场变得格外脆弱,抗风险能力变差。

在一次次金融风潮中,本土金融市场流动资金告急,商户借不到钱,商业一片萧条,同时,中资金融机构,尤其是资本金实力较弱的本土传统金融机构受到很大冲击,多次出现钱庄倒闭潮,有时个别票号也被牵连倒闭。

2. 19世纪末金融风潮中的票号

1882年，上海丝、茶生意不好，"北货及糖货莫不亏本"，洋货店、土货行、花布生意也多亏损，连绸缎也生意也不好做。各项生意萧条，影响到上海经济，也影响到金融业。"南北两市钱业则以利息无多未能生色，倘能不逢倒账，亦仅足以支持。"上海钱庄业受到当地经济不景气影响，即便不倒账的，也只是勉强维持经营。时人评价："唯山西票号则以银利略好，颇多得利。"① 客观上认可了票号经营的稳健，拥有一定抵御金融风险的能力。

1883年，上海金融风潮，引发钱庄倒闭风潮，到年底，全市的钱庄只剩下10家，全年被迫歇业的商号共三四百家②。而票号选择了收回放款，避免损失。1883年10月24日的《申报》报道："近闻晋帮票号已以本月为限，将放出市面之银百数十万，一齐收回，闭不再放。"

中法越南之争对上海经济的影响也相当明显，1885年《申报》记载："自法国与我争越南以来，二年有余。各海口通商埠头，如上海者各项生意均亟萧条冷淡……票号、钱庄不能流通，百业资本愈形竭蹶。"③ 当时，还没有官办银行，外资银行的影响也还不够大。上海当地票号、钱庄在经济萧条时，收缩资金，就会导致各行业资金枯竭。而钱庄的经营资金多依赖从票号借款。由此可见，票号在当时影响力之大。

1891年，厦门市面衰竭时，各行业都经营困难，六月，蔚泰厚、新泰厚等票号因倒账被牵连损失数万两银④。到了八月，各票号被欠二三十万两银，而百川通票号甚至歇业。各票号因此一律收账，导致银根更紧，其他金融机构也无法从票号融资，"本地钱铺维建茂与宝顺当勉为支持"⑤。到十二月，银号钱庄倒闭了不少，票号有收账无放账，商家资本不足者都

---

① 综论本年上海市面 [N]. 申报, 1882-02-13.
② 严中平. 中国近代经济史 [M]. 人民出版社, 2001: 1071.
③ 论目前市面尚无兴旺之象 [N]. 申报, 1885-07-11.
④ 银号忽倒 [N]. 申报, 1891-06-20.
⑤ 倒账新章 [N]. 申报, 1891-08-06.

不能踊跃办货，货物少了，生意大大减少，当地税收也受到严重影响①。

苏州、汉口、广州等地出现倒账风潮时，各大商家亏钱票号资金也动辄数万两、十几万两。

3. "橡皮股票风潮" 中的票号

1910 年，发生了震惊国人的 "橡皮股票风潮"。橡皮股票风潮指的是上海的橡胶公司股票炒作行为。这里所说的橡皮是指橡胶，是清朝人的说法。20 世纪初，汽车工业的兴起，带动了橡胶产业发展，世界各地兴办橡胶产业成为热潮，上海的金融市场开始炒作橡胶概念的股票。

炒作最严重的就是一个叫麦边的英国人在上海创办的兰格志拓植公司。麦边大肆炒作橡胶公司前景，虚构营业情况，恶意炒作股票，疯狂敛财。其他橡胶公司也闻风而动，夸大橡胶产业利润，欺骗投资人。很多人投入大量资金去做橡皮股票投机，橡胶类公司股票的价格被炒到奇高，甚至一些钱庄、银行都参与到了疯狂投资中去。当股市泡沫破灭，股价大跌，成千上万的投资人遭受惨重损失，甚至导致多家钱庄倒闭，个别票号也深受牵连。1910 年，源丰润票号倒闭，亏欠外债上千万两。义善源票号也受到很大影响，于次年倒闭，亏欠外债数百万两。

（二）票号倒闭及影响

1. 阜康票号倒闭及影响

（1）阜康票号倒闭之原由。

阜康票号是南帮票号中最负盛名的一个，该号因为做丝的投机生意亏损，到 1883 年 12 月 5 日，《北华捷报》估计其损失在一百万至一百二十五万②。同月 12 日，仅仅几天后，《北华捷报》再次估计其债务已经达到了一千二百万两之巨③。

清代刘体仁在《异辞录》中分析："光墉借官款周转开设阜康钱肆，

---

① 鹭江梅信 [N]. 申报，1891 - 12 - 28.
② 北华捷报，1883 - 12 - 05.
③ 北华捷报，1883 - 12 - 12.

其子店遍于南北，富名震乎内外。"当时该票号业务量大，声誉也很高，"官商寄顿资财动辄巨万，尤是壮其声势"。

阜康票号的东家胡光墉破产的原因是囤积居奇的失败，"江浙丝茧向为出口大宗，夷商把持，无能为竞，光墉以一人之力垄断居奇，市值涨落国外不能操作，农民咸利赖之"①。胡光墉过分自信，以一人之力垄断市场，为日后的经营埋下巨大的隐患。

后来，国外丝市场不振，即便胡光墉被称为一代经商奇才，但因当时交通不便，国外信息翻译滞后，国人对外界消息了解不够顺畅，而且"海陆运输利权久失，彼能来我不能往"。致使最终胡光墉"财货山积，一有腐朽，尽丧其资"，最终不得不贱卖囤积的货物。而阜康票号因此声誉受到连累，"取存款者云集潮涌"，金融机构最害怕的"挤兑"出现，该票号最终"支持不久日而肆闭"。胡光墉一生事业总体崩溃。

(2) 阜康票号倒闭的巨大影响。

①商号倒闭潮。阜康票号的倒闭，影响很大。首先，该票号规模大，影响大，《申报》都称呼其："阜康雪记，巨号也"②。它的倒闭，给当事人很大的震动，"唯胡光墉所开阜康银号（票号）生意最广，又因经理不善倒闭，亏空人皆视为畏途"③。

该票号倒闭后，其他商家也因焦虑担忧而变得谨慎起来，格外重视现银往来。连户部都注意到："胡光墉所开阜康银号（票号）歇闭，……京外仕宦商贾，互索现银，商无现银者，相率倒闭。"④ 阜康票号的倒闭，连累了更多商号纷纷倒闭。其原因是，市面的恐慌导致现银需求增加，商业信用体系受到影响。

另外，该票号的倒闭，还严重影响了市场信心，"人心摇惑，市井哗然"⑤"因该号倒闭，生意萧索，市面绝少现银"。

---

① 〔清〕刘体仁. 异辞录 [M]. 山西古籍出版社，1996：25—26.
② 申报，1883-12-03.
③ 《李鸿章拟设官银号节略》，光绪二十八年，《朱批》财政类，卷号70。
④ 《户部说帖》，《朱批》财政类，卷号70。
⑤ 《左都御史延煦奏折》，光绪九年十一月二十七日，《军录》货币金融专类。

时人感慨:"胡光墉一号倒闭,尚致如此!"

②钱庄倒闭潮。阜康票号倒闭的影响远没有结束,票号倒闭后,很快就导致钱庄倒闭潮:"京师自阜康票庄倒闭后,……不料上月十七到二十等日,各钱店连倒十余家",包括:东华门外同源公、丰源亨,东四牌楼肉市源茂永,八条胡同口恒聚号、元兴魁,东单牌楼华盛号,西交民巷前府德义号、景泰号,东交民巷乾泰昌、永泰昌,又城外李铁怪斜街口复兴、源锦,石坊街永和号,南横街义和合、北中义等①。

受此影响,群众越发不信任金融机构,"持票取钱者络绎不绝,开发移时,来者愈多",致使某些钱庄"现钱已罄,无以应票"②,甚至员工因为招架不住挤兑而翻墙逃跑,整个钱庄空无一人。"城内外挤关钱铺之事,无日无之。"③ 在阜康票号倒闭之后的一段时间里,几乎天天都有钱庄被挤兑至倒闭。

③影响军民生活。因为持有钱庄银票的民众,每天都拥挤在钱庄要求取现银,市面上人心惶惶,还出现了"乘势煽乱之匪徒"。左都御史延煦奏折中提到:"军民人等无事不费周章,甚有手持银包,叫号终日,卒不能易钱买食者。"因为一个票号倒闭的缘故,人心惶惶,市场交易不顺,影响到军民生活。

阜康票号的倒闭对其他票号经营者也有所影响,一时引起焦虑,但票号受到的影响并没有很大,票号经理人李宏龄评价:"阜康歇业,凡我同帮皆虑受累,幸而其时市面尚稳,得以保全。"④

④阜康票号倒闭引起设官银行号之议。阜康票号倒闭影响太广,连朝廷官员也在密切关注,并因此引出了朝堂上关于设立官银行号的议论:"查外洋各国皆有国家银号自操权利,一切章程讲求尽善,拟宜参酌仿办。中国自咸丰年间,官银号钞票立法本善,不能取信于民,从此废置不讲。

---

① 叠闭钱店 [N]. 申报,1884-01-10.
② 钱庄又倒 [N]. 申报,1884-01-17.
③ 《左都御史延煦奏折》光绪九年十一月二十七日,《军录》货币金融类。
④ 李宏龄. 同舟忠告 [M]. 山西太原监狱石印,1917:58.

京外各处商户汇兑，唯胡光墉所开阜康银号（票号）生意最广，又因经理不善，倒闭亏空，人皆视为畏途。近来中外货币无可流通，商市肖索，殊非公家之利，亟应仿照西法，为穷变通久之计。……非我自设官银行，流通银币，示商民以大信，一时断难收回利权，亦无以敌西商之侵溢。"①

总的来说，阜康票号一家倒闭，就导致了京城商业萧条，现银奇缺，多家钱庄、商号被连累倒闭，军民生活都受到影响，引起朝野议论纷纷。

2. 谦吉升、元丰玖票号倒闭及影响

（1）谦吉升票号倒闭及影响。

1884年谦吉升票号倒闭，原因是"上江、四川一路汇划阻滞"②导致该票号"骤而倒塌"。有人为之惋惜，觉得该票号"存项只有两万余，皆有款可抵，大可随收随交"③，只是因为市面上银根紧缩，所以才倒闭的。该票号倒闭后，亏钱客户汇划存项不少，债主诉讼，"案牍累累，几如山积"④。票商吞服生烟自尽，轰动一时，连《申报》都刊登新闻报道。

（2）元丰玖票号倒闭及影响。

元丰玖票号的倒闭，早已有迹象。多处分号经营存在问题，"号信屡经报明"。例如，元丰玖光绪十六年六月十三日京都信稿中提到："自上半月后，连绵大雨倾盆，迄今为止。各街巷口倒塌房屋无数……粮价各货突然昂贵……京地市面碍滞……京号本月内短金，连浮存已在三四万金，毫无抵款，收项缺极，不唯别处之票宗项概无，而津票亦系万分困难。及致本帮帮票，短期借贷，进来概不问闻。掣肘情形，难以言状。息顺川省二批京饷又到，本店预为安顿，万难如愿。"⑤因为缺银，该票号甚至恳求联号："千万不可汇来京地七八月间成宗交项。"

在同年十月二十二日，该票号京都分号信件再次求援："京号本月内

---

① 《李鸿章议设官银行号节略》，宫中档案奏8：4。
② 西号倒塌 [N]. 申报，1884-02-20.
③ 倒塌续闻 [N]. 申报，1884-02-21.
④ 票商自尽 [N]. 申报，1884-10-20.
⑤ 元丰玖票号光绪十六年六月十三日京都信稿//黄鉴晖. 山西票号史料 [M]. 山西经济出版社，2002：206.

短银,实在无法弥补,拮据之情,日甚一日……设若本月上兑,京号束手待毙定矣。"该号恳求联号:"各庄汇京巨款连绵不断,即零星按现下情形亦不能支持。……日夜愁虑,无力可使。"但是,其他分号也遇到经营困难。京都分号向上海元丰玖求助:"十月内短银三万,冬腊月现估短银五万,火速分京二万,否则万不能过。然而上海分号复电,表示无力帮助。济南、开封分号"回电云皆不能指事。"

不止是京都分号,各地分号都短缺银两,甚至因此连大额业务都不敢经手,票号经营之败象已经显现。而整个票号倒闭的导火索是一个大客户的倒闭,据1890年《海关贸易报告》描述,元丰玖票号"因湖南一家大茶行倒闭不能还款的损失而宣告清理"。

同行也曾极力帮助该票号,例如,在该票号周转苦难时,数家同行担心影响整个行业的信誉,"将某官支款担保缓日给付"①。但元丰玖票号的经营早已捉襟见肘,倒闭终究无法挽回。

该票号欠外债"四十多万",难以清偿,号内人员狼狈逃跑,"天津伙友逃走二人,重庆全行逃走,山东管事人服毒自尽"②。这样的结果,使"同行大失体面"。元丰玖的倒闭不止影响了行业信誉,还导致了几家小钱庄歇业③。

关于这两家票号的倒闭,同行这样评价:"特以票行一道,最忌底空。前有谦吉升、元丰玖等号,只计开股分银,不筹拖欠倒累,致号中空虚,周转不灵,事竟一败涂地,东伙受害无穷。车鉴匪遥,言之胆寒。"④ 言下之意,这两家票号,只顾发展业务,却不顾内部管理,没有做好资金运作。

---

① 上林霁雪[N]. 申报,1891-02-03.
② 李宏龄. 同舟忠告[M]. 山西太原监狱石印,1917:6.
③ 《海关贸易报告》,1890年,汉口//姚贤镐. 中国近代对外贸易史资料(第三册)[M]. 中华书局,1962:1576.
④ 《蔚泰厚资本家侯从杰控诉号伙张石麟的呈文》,1905年,山西财经大学金融学院收藏。

第三节 票号对近代民族工业的影响

一、票号与矿业

近代中国矿业发展是近代民族工业的重要领域,票号在矿业创办中发挥了积极的作用,尤其值得一提的是,山西保晋公司的创立。

1908年,山西保晋矿务公司设立,山西多家票号负责经收股本,保晋公司"所集股份,均存本省殷实票号,陆续提用"①。

保晋公司从1908年起,开始在全国范围内公开发行股票,当时是由多家票号联合为保晋公司经收股本。保晋公司在《大公报》上刊登了招股广告,向社会公开招股,内容如下:

本公司于光绪三十三年禀准农工商部开采山西全省各种矿产,现拟召集股本银三百万两,每股五两,分三期匀收,均收晋省红封库平足银,周年四厘行息。如第一期内将股全交,即列入优先股,可先扣一年之息。所有各省各埠附股诸君,就近交与晋省各票号分庄代收掣取收据。第一期截至本年六月底,第二期截至本年年底,第三期截至明年六月底。唯只收华股,不收洋股。特此布告。

票号不止是负责了山西保晋公司的集股事宜,还是该公司的大股东。山西保晋矿务公司成立时,多家票号踊跃认股,各票号投资的股份额达到二十万股②。可以说,票号在山西保晋矿务公司能够成功创办这件事情上,起到了非常重要的作用。

---

① 《山西商办全省保晋矿务有限总公司章程》,载于公司股票背面。
② 保晋公司集股之踊跃 [N]. 大公报,1908-01-16.

表 7-3　　　　　　　　部分票号向保晋公司的投资情况

票号	帮别	股数	银两数	票号	帮别	股数	银两数
蔚泰厚	平遥	600	3000	大德通	祁县	600	3000
百川通	平遥	600	3000	大德恒	祁县	600	3000
天成亨	平遥	600	3000	三晋源	祁县	600	3000
日昇昌	平遥	600	3000	存义公	祁县	600	3000
蔚长厚	平遥	600	3000	大盛川	祁县	600	3000
蔚丰厚	平遥	600	3000	合盛元	祁县	600	3000
新泰厚	平遥	600	3000	世义信	祁县	600	3000
宝丰隆	平遥	600	3000	中兴和	祁县	300	1500

资料来源：《保晋公司投资 300 股以上花名册》，阳泉钢铁公司档案室收藏。

另外，票号还给予该公司信贷支持，帮助其维持生产。1912 年，保晋公司急需资金之时，天成亨票号予以鼎力支持，被时人称赞"票商顾全大局"[①]。

票号资本家渠本翘还因办矿务得到了朝廷的赏赐，山西巡抚在光绪三十四年七月初八日的奏折中对其大加褒奖："而渠本翘经营保晋公司，集股兴办，隐为抵制之计，乃改约定议，复能于仓促之间筹集巨款，应时发付。……唯渠本翘、刘笃敬两绅士于矿事始终维持，实系尤为出力，且乡望素孚，此后路矿要政仍需该两绅主持筹办，奖其成劳，正以策其后效。合无仰恳天恩，俯念该绅等争回矿约，颇著勤劳，……所有晋绅争回矿约择尤请奖缘由……"

除保晋公司外，多家票号还广泛参与了中国几代矿业建设，如：蔚长厚为福公司提供汇款业务；天顺祥、协同庆等票号为汉冶萍矿业公司投资……。表 7-4 是票商与近代中国矿业建设关系一览表。

---

① 票商顾全大局 [N]. 新闻报, 1912-08-16.

表 7-4　　　　　　票商与近代中国矿业建设关系一览表

企业名称	票号名称	关系内容
英国福公司	蔚长厚	福公司与蔚长厚签订由津向豫汇款的合同
平陆县矿务有限公司	山西省绅士刑部主事狄海楼、知县刘棉训和许上林等联络商会（包括票号）	招集 2000 股，每股 50 两
汉冶萍公司	源丰润	投资 12950 两
保晋矿务公司	三晋源等山西全体票号	从福公司买回山西矿山，又认购 20 万股
云南矿务招商局	天顺祥	收存股金、发放股票、支取股息
肃州文殊山金矿	阜康	捐助机器
峄县中兴煤矿有限公司	义善源等	在外埠代理招股

资料来源：史若民、牛白琳：《平、祁、太经济社会与史料研究》，山西古籍出版社 2002 年版，第 82 页。

二、票号与铁路

（一）为铁路事务收存款项

在办铁路的过程中，总有大宗款项往来，票号为多家铁路建设办理收存款项事宜。如 1908 年，大德通、义善源票号为河南全省铁路招股办理发行股票事宜[①]。

以川汉铁路为例，1908 年统计的川汉铁路驻宜昌汉口办事处存款统计中，各家票号收存款项达到一百多万两银。从表 7-5 中，我们可以看到，票号收存铁路款项几乎和几家官办银行一样，所有钱庄银号收存款项约为票号的一半。

---

① 大公报，1908-04-28。

表 7-5　票号及其他行号收存川汉铁路驻宜昌汉口办事处存款统计

光绪三十四年（1908 年）三月止

票号		官银行号		其他庄号		其他		总计
名称	银两数	名称	银两数	名称	银两数	名称	银两数	
三晋源	100000	户部银行	576000	怡和兴	25000	汉阳铁厂	257000	
宝丰隆	375035	浚川源银行	372000	阜通	40000	川汉路局	3261	
协同庆	205000	河南官银行	80000	鼎亨	20000			
天顺祥	70000	湖南官银行	100000	怡生康	35000			
天成亨	100000			百川盛	50000			
存义公	50000			谦和玉	50000			
蔚长厚	30000			鼎昌	50000			
蔚盛长	20000			益大	50000			
新泰厚	20000			大成	50000			
蔚丰厚	30000			大昌	50000			
义善源	50000			大丰等8家	248000			
小计	1050035		1128000		668000		260261	3106296

资料来源：《申报》1908 年 5 月 23 日。

在川汉铁路建设过程中，天顺祥、协同庆票号负责经办与收存川汉铁路股银。"照得川汉铁路前经奏准设立公司集股自办……所有股票息折，已寄交天顺祥、协同庆银号①收存，以便就近取填，所交股银即交该商汇川。其一切付息、电、信、邮费等事，均归该号经理。"②

日本方面的记载也显示："自川汉铁路章程发布以来，其铁路资金多集于省城。现在存储于该处票号者，亦有百余万元。"③

（二）投资铁路事业

1908 年，同蒲铁路创办，面向公众集股，各票号积极认购铁路股份，

---

① 此处实为票号，用"银号"字样，是因为当时人有时把票号、银号的称谓混用。
② 《四川官报》乙巳年（1905 年）第十五册，《公牍》，第 4 页。
③ 日本驻重庆领事馆代理事务池永林一明治四十年（1906 年）六月二十二日报告//潘承锷．中国之金融（下）[M]．中国图书公司，1908：12—13.

投以巨资，予以支持。当时的《大公报》盛赞票号对铁路事业的投资："晋省同蒲铁路，现已公举总理，重新整顿。昨京官在三晋会馆复集议筹招陆股事宜，各票号喜总理之得人，咸承认招集巨股，以振路政云。"①

其实，之前山西办同蒲铁路，之前经历过波折，准备了数年，都因筹集款项不力而停滞。"山西同蒲铁路，自数年前奏准商办，……只以筹款维艰，用人未当，迄无成效。"票号的踊跃投资在很大程度上推动了铁路事务。

各票号投资股份数额超过集股的半数，《大公报》记载："计票号各商认股六十万两，其他各商认股四十万两，拟先筑省城至平遥、太谷一线。昨有该号总办邓君集京聘请工师，大约回晋后即可开筑矣。"②

（三）汇兑铁路款项

芦汉铁路用款的时候，曾经奏请户部，户部安排把四川昭信股票银两二十四万拨给铁路事务，这笔款项经由票号汇兑。当时，户部要求四川布政使赖鹤年从四川收存的昭信股票款项中拨出二十四万两银交给芦汉铁路总公司。这笔款项于光绪二十四年十月由协同庆票号承领，并汇给上海督办铁路大臣盛宣怀收③。

表7-6　　　　　　票商与中国近代铁路建设关系一览表

铁路名称	票号名称	关系
关东铁路	日昇昌、百川通、协同庆、蔚泰厚、蔚长厚、新泰厚、源丰润等	汇兑关东铁路经费80万两
芦汉铁路	协同庆等	汇兑24万两
川汉铁路	天顺祥、协同庆、百川通等	经收川汉铁路股银
粤汉铁路	新泰厚等	收存股款50多万两
豫省铁路	大德通、义善源	经收铁路银股
津浦铁路	票号不明	认股近1万两

---

① 同蒲铁路总理得人 [N]. 大公报，1908-08-15.
② 同蒲路开办有期 [N]. 大公报，1910-05-07.
③ 《湖南巡抚俞廉三奏折附片》光绪二十四年十月二十八日，《朱批》财政类，卷号38。

续表

铁路名称	票号名称	关系
同蒲铁路	三晋源等山西票号全体	认购 60 万两
浙路公司	源丰润	投资 6126 两
苏路公司	源丰润	投资 37 两

资料来源：史若民、牛白琳：《平、祁、太经济社会与史料研究》，山西古籍出版社 2002 年版，第 82 页。

三、票号与近代工业

（一）帮助集股

近代股份制企业发展起来，但股票交易的专门机构——证券公司和交易所的发展严重滞后。在缺乏专门的证券公司情况下，山西票号在全国范围内代理了多家股份公司的证券业务，尤其是新股的募集、收存、汇兑股银、支付股息等业务，可以认为，当时的票号在全国各地兼营证券业务。

清代多家公司发行股票时，都是以山西票号作为发行中介，以豫省广益纺纱有限公司为例，发行股票、支付股息等事宜委托存义公、日升昌票号进行办理。该公司在公司章程中规定："经收股银均交存义公、日升昌票庄收储，自交银之日先付执照一张，按三厘其利，换给股票息折时，须将执照缴销作废……每届年终结账之期，凭票折到存义公、日升昌支取……股东余利间年春由存义公、日升昌凭票折照付。"①

类似的例子还有很多，1880 年，山东机器局委托新泰厚票号等票号办理股银汇兑业务②。1897 年，山西招商集股分局集股，是大德通、大德恒经收股本③。1904 年，钧窑瓷业公司集股，由大德通经手股本④。1906 年，

---

① 豫省广益纺纱有限公司章程 [N]. 大公报，1906 - 03 - 02.
② 《四川总督丁宝桢奏折附片》光绪五年三月初十，《军录》洋务运动，机器局，卷号 22。
③ 山西招商集股分局 [N]. 申报，1897 - 10 - 13.
④ 钧窑瓷业公司章程 [J]. 东方杂志，1904（8）：115.

源丰润票号为万益机器造毡呢有限公司办理收股金及发放股票、息折业务①；金陵自来水有限公司集股，由义善源票号、源丰润票号经收股本②；豫省广益纺纱有限公司集股，日升昌、存义公为其经收股本③。

1910年，彰德广益纺纱有限公司集股，义善源参与了经收股本④。上海制帽有限公司招股，源丰润票号参与了经收股本⑤。

……

这里，我们可以参考一则清代晚期的招股启示了解当时的情况。1897年，大德通、大德恒票号为山西招商集股总局招股。山西招商集股总局较早在全国范围内公开发行股票，1897年，该局在《申报》发布了招股启事：

> 本总局设在晋省，特办火车铁路、设厂采炼煤铁、暨用机器织布等事，以扩利源。因事体繁重，需要成本甚多，拟定招商集股章程，每股作银一百两，两次匀收。除本省各属业已邀集绅商量力入股外，其各省之情愿入股者，合行专派妥实商号就近招办。为此特谕该商号务于通商口岸酌量情形广为劝集，遇有各省商绅富商愿意交资入股者，按照章程妥行经理，不拘多少、不论何时，皆准就便入股，股本交清，即行填给股票股折，以凭取息分红，有所信守，特此公告。本分局设在（上海）后马路兴仁里大德通、大德恒内寓。⑥

（二）对近代工业的资金支持

除了帮助多家近代企业经收股本外，票号还投资于近代工商业。以源丰润票号为例，该号投资了多家近代企业，范围涉及矿业、面粉、纺纱、瓷业、机器制造等。

---

① 大公报，1906-09-18.
② 大公报，1906-09-18.
③ 豫省广益纺纱有限公司章程 [N]. 大公报，1906-03-02.
④ 大公报，1910-04-30.
⑤ 上海制帽有限公司招股节略 [N]. 新闻报，1910-09-09.
⑥ 申报，1897-10-13.

表 7-7　　　　　　　　源丰润票号在工业中的投资

投资公司厂名	银两数	投资公司厂名	银两数
浙路公司	6216	宁波通利源油厂	2220
汉冶萍启矿公司	12950	江西瓷业公司	2112
苏路公司	37	通州大生纱厂	9000
宁波通久源纱厂	84360	赣丰油厂	5000
宁波海门商轮局	7400	海州海丰面粉公司	19000
宁波光明机器公司	370		
合　计			166685

资料来源：《山西票号史料》，第 344 页。

除了直接投资外，票号还给近代产业提供融资。各票号曾借款给近代工商业及交通事业。例如，左宗棠 1866 年奏请设立福州船政局，经费不足之下，不断向票号借款，仅 1874 年 1 月，就一次性借款 8 万两白银[①]。

第四节　票号的社会影响

一、票号与邮政业发展

（一）票号与民信局、邮政局的业务关系

票号业务顺畅的前提之一是邮政部门的发展。同时，票号的壮大和发展也极大地促进了邮政业务的发展。

票号业务发展初期，业务信件是靠民信局寄送的。民信局不止通信函，也可携带杂物等，早期的民信局都是南方人出资开办的。

---

① 清档，福州将军李鹤年，同治十二年十二月二十七日奏折。

表 7-8　　　　　　　　　早期民信局设立状况

民信局名	设立年份	总局所在地	创办人	籍贯
胡万昌	1822 年（道光二年）	汉口	胡南昌	湖南人
曾森昌	1880 年（光绪六年）	汉口	曾云程	湖南人
松柏长	1823 年（道光三年）	重庆	陈松柏	重庆人
麻乡约	1866 年（同治五年）	重庆	陈麻乡	重庆人
祥和裕	1883 年（光绪九年）	重庆	王祥合	重庆人
三厢子	1883 年（光绪九年）	重庆	王兴合	重庆人

资料来源：杨端六：《清代货币金融史稿》，三联书店 1962 年版，第 131 页。

光绪二十二年（1896 年），清政府创办国家邮政。之后，官方对民信局采取了多种限制，官方规定，有邮局的地方，各民局要到官局挂号，不得擅自经营递信业务，违者处以罚金。

光绪三十二年正月二十三日，天津邮政总局曾规定："凡轮船、火车所通之处，来往递送包封信件，均应交由邮政局代寄，不准民局私带，违者罚办。"

也就是说，国家邮政诞生后，票号的信件寄送就由国家邮政、民信局共同负担。有邮局的地方就用邮局服务，没有邮局的地方，才用民信局递送。

（二）地方邮政局为票号业制定特别章程

票号业每天都有大量信件要寄送，于是该行业就成为邮政部门重点招揽和照顾的大客户。邮政部门看到，"汇票号开设各口岸及内地商务繁要之区，交易往来书信甚伙，多系紧要及常有附寄汇票、公文、解批等件"①。有些地方邮政部门注意到"汇票帮向交民局寄递"，为了跟民信局竞争，承揽到票号业务，主动与票号商帮联系，达成长期合作。

光绪三十四年（1908 年），湖广邮政局与驻汉口汇票帮联系长期合作

---

① 《开封湖广邮政局与票号签订传递信件合同》，见清《税务处档案》卷号 75。

事宜。官办邮政局对自身优势进行积极宣传："现今邮政局自开办以来，亦称妥便，各直省地方均已陆续推广，成效昭著。况邮政为国家创设，凡我商民自应输诚敬信，各票号理宜将所有信件乐向邮局交其寄递。"

考虑到"票帮等窃有私虑者，按照目下邮局平常办理各法，于投送迅速，赔偿所失信件两层，不若民局之快而周备，拟趁此与民局未断往来及与邮局未全行往来之前，先行商榷邮政局可否准予汉口汇票帮及各埠同帮联号订一特别邮寄妥速并能担任加快防遗办法，以便票商"。

邮政局承诺："兹值汉口湖广邮政司熟悉商情创设特别专差，逐日往各汇票号及大商号已经盖戳邮局传单内赞成者，投收信件，以期妥速。试办以来，商民交称便利。现以下盖戳之四家票号代表汉口各汇票号拟请将汉口专差投收信件之法，推广于设有汇票号向多紧要往来生意五十处，一律仿办，期臻美备。特与湖广邮政司商榷，条陈刍议，请转详总邮政司核准，以便知照后列五十处之邮政局及汇票号一体遵办，两有裨益，幸甚。"

湖光邮局的做法，相当于为票号商帮提供了特事特办的服务，双方最终签订了传递信件合同。合同中规定，当地邮政局为票号提供专差加快投送信件办法，哪怕各汇票号交专差收票号信件到局稍迟，也能赶紧趁当日轮船火车等寄递。该局还为票号信件另用封套或口袋装寄，接收局随到随送；另用寄信清单，按次编号，随同随寄，便于查究。为了安全，不再提示内有票据，而是改用暗号于信封面上。途中若遇盗贼抢劫等意外之失，邮政局会立即先在失事处地方官衙门存案，一面电告发信局即收信局，发信局接电话后，赶即报告寄信号家，以免票落他人之手，蒙混取银。确在邮政局手内遗失，邮政司照章每件认赔大洋拾元。当地的票号商帮也承诺，所有信件往来，只要是有邮政局处所，全部交到邮局基地，不再私托民局递寄。

二、票号的公益事业

（一）捐款修平遥城墙

咸丰六年，多家票号捐银修缮平遥城墙。其中，个人捐款有：日昇昌票号的东家李箴视捐银 5600 两，李大全捐出 4000 两，蔚泰厚票号总经理毛鸿翙捐款 500 两。

日昇昌、蔚盛长及蔚泰厚票号各捐银 400 两，蔚丰厚、新泰厚、天成亨及义兴永各捐 270 两，光泰永、聚发源、万成和各捐 200 两，万盛和、隆盛长、日新中各捐 140 两①。

（二）为山西大旱捐款救灾

光绪初年，山西遇到大旱灾，农业收成大减，多地饥荒。平遥商界捐款中，票号最为踊跃，捐款最多。日昇昌票号几位东家共捐银 55200 两，捐钱 4300 千文。蔚长厚票号东家捐银 8400 两，捐钱 1300 千文。日昇昌经理捐银 2800 两，捐钱 600 千文。除了票号东家、职员个人名义捐款，另外，各票号还捐出 27330 两银，捐钱 4200 千文②。捐款最多的是日昇昌票号东家李箴视，他一人捐款 17000 两，比全城的典当、钱庄两个行业商人捐款加起来还多。

光绪三年，祁县票号商人也积极捐款。其中有大德通东家乔致庸，三晋源东家渠源祯、渠源潮③。

（三）捐款修《平遥县志》

光绪八年，平遥修县志，捐款大户中有多家票号及票号东家。捐款最

---

① 咸丰六年《平遥县筑城开河碑记并序》，平遥县博物馆收藏。
② 光绪《平遥县志》卷五、典礼志、振抚。
③ 光绪《祁县志》卷十六。

多的是票号东家李崇厚堂，捐银680两。另一个票号东家毛忠恕堂捐银240两。以下各票号均捐银百两：日昇昌、协同庆、百川通、协和信、松盛长、谦吉升、蔚盛长、蔚丰厚、天成亨、新泰厚、蔚泰厚、蔚长厚、乾盛亨、云丰泰、其昌德。

三、清廷捐输中的票号

（一）清末清廷捐输的原因

清末，朝廷腐朽，太平天国、捻军等各地起义军揭竿而起，又经过列强入侵，多次对外巨额赔款，国家国库空虚，朝廷有时会下令，要求民间捐输。票号资金实力雄厚，声名远播，就成为朝廷或地方政府要求捐输的重点对象。

例如，咸丰三年八月，清廷为筹集饷银，要求民间捐输。户部当时"奏俸饷放款，勉筹撙节"，皇帝问起时，惠亲王等人"连日商酌"，也没有什么好办法，他们认为："虽此时稍有变通，恐嗣后仍难为继。"毕竟，"京师旗营赖饷养命者，不下数十万户"。

早在当年二月，因为"停俸"一事，"市井已哗然滋闹"。朝中大臣想过很多办法，都觉得并不妥当。"停支固属不能，减折亦断非善策；内库所发已多，开矿责效无日，铸大钱则收铜绝少"，令朝廷官员"实深焦灼"。最终，户部奏请"商贾捐输"①。

（二）京师、天津票号商人为军队捐输

1. 京师票号以经理人捐饷铸炮

清末，朝廷办火器营，要求商贾捐输铸炮。票号、账局等金融机构因为资金雄厚，就成为重点劝说对象。

---

① 《惠亲王绵谕为遵旨复议筹饷策的奏折》咸丰三年八月十八日，《军录》太平天国，卷号1251—10。

当时御史宋延春特意将捐输商贾中较大的票号、账局名单列出奏报户部，希望"传集劝谕"。他的理由是："该商等向来交易盈千累万，皆由领本商伙经理，无庸知会铺东。"意思是，票号、账局等资金多，而且经理权力大，不必知会东家。这位御史在奏折中还强调："此次筹借要需，该商号等既有现银在京，不得以远询铺东为词，致滋延宕。"① 从这份奏折的内容就能看出，官府捐输是有一定强制性的。

当时，京城多家票号以经理人个人捐款的方式，参与了捐输，军器大臣列出了名单，并且上奏朝廷为续捐者拟请奖励：

程清泮，日昇昌局商人，山西平遥县俊秀报销七百五十两；

张河锦，天成亨号商人，顺天大兴从九品衔报效银四百五十两；

毛鸿翙，蔚泰厚局商人，山西平遥县贡生报效银四百两；

毛成缙，隆盛长局商人，山西平遥县俊秀报效银三百六十二两；

王培绪，万盛成局商人，山西平遥县俊秀报效银三百六十两；

王克新，聚发源局商人，山西汾阳县俊秀报效银三百六十两；

王培义，万成和局商人，山西平遥县从九品衔报效银三百三十两；

王思恭，义姓永局商人，山西平遥县从九品衔报效银三百三十两；

郝清凝，蔚丰厚局商人，山西平遥县布政司理问衔报效银三百两；

孔其芳，蔚泰厚局商人，山西平遥县监生报效银二百五十两；

赵巨渊，新泰厚局商人，山西介休县俊秀报效银二百三十六两；

胡学升，光泰永局商人，山西平遥县从九品衔报效银二百三十两；

刘承统，新泰厚局商人，山西平遥县附生报效银一百四十四两；

牛联奎，义兴永局商人，山西平遥县俊秀报效银一百二十两；

王如椿，新泰厚局商人，山西平遥县俊秀报效银一百两；

张仰之，蔚丰厚局商人，山西阳曲县俊秀报效银一百两；

刘锡龄，蔚丰厚局商人，顺天大兴县俊秀报效银一百两；

王家隽，蔚泰厚局商人，山西平遥县俊秀报效银一百两；

---

① 《福建道监察御史宋延春奏折》咸丰三年六月二十九日，《军录》财政类，卷号 13—15。

王家宾，天成亨号商人，山西平遥县俊秀报效银一百两；

王培德，万成和局商人，山西平遥县俊秀报效银一百两；

李维，聚发源局商人，山西汾阳县俊秀报效银一百两；

……

2. 天津票号商人张锦文捐银万两

咸丰三年天津票号商人张锦文向官府捐银万两用于地方防务。当年十月，军器大臣为此特意上奏："据天津票商张锦文报效银一万两……张锦文现在天津随同官绅办防剿筑台开濠，并捐资练勇出力。"

因张锦文协助天津防务，又捐献巨款，钦差大臣胜保授予其六品军功顶戴，军器大臣柏葰又为其上奏请赏。

（三）票号东家的捐输

1. 官府对票号东家的劝捐

朝廷官员不止要求京城商贾捐输，还把票号东家也当作劝告捐输的对象。如咸丰三年和硕惠亲王等人的奏折中提到："伏思天下之广，不乏富庶之人，而富庶之省，莫过于广东、山西为最。风闻近数月以来，在京贸易山西商民报官歇业回籍者，已携资数千万出京，则山西省之富庶可见矣。而广东尤系著名富厚之区。若能于此两省中实力劝捐，则不患无济于事。"[①]

甚至还有的官员干脆"点名道姓"，在劝捐奏折中，指出了几省有名的富户，其中也提到了几位山西的富户："如山西太谷县之孙姓富二千余万，曹姓、贾姓富各四五百万。平遥县之侯姓、介休之张姓富各三四百万。榆次县之许姓、王姓聚族而居，计阖族家资约各千万。介休县百万之家以十计。祁县百万之家以数十计。"[②] 其中多数都是票号东家。

2. 票号部分东家捐输概况

山西巡抚哈芬十分重视劝捐一事，在上奏朝廷的奏折中提到："奴才

---

① 《和硕惠亲王等奏折》咸丰三年四月十一日，《军录》革命运动类，卷号477—4。
② 《广西道监察御史章嗣衡奏折》咸丰三年十月十三日，《军录》革命委员会，卷号1217—28。

自到任后，即经延见绅士，晓谕再三，并饬各地方官妥速会劝。"① 但是，捐输的过程并不很顺利。很多士绅都在观望，起初，"报捐者仍属寥寥"。

对于这种状况，山西巡抚的判断是："山西商民虽富，悭吝性成。"他的建议是："明降谕旨交各州县，……按名捐借。"② 他认为山西富户报捐不积极，是因为在自愿捐输的情况下，效果不好，不如按名单摊派。

后来朝廷向地方施加压力，要求"广劝捐输，不得以'难望踊跃'③等词予为卸责。"虽然朝廷表示"开诚布公，实力劝谕"，但也强调了"勿令该捐生等有所借口"④。地方官为了顺利达成劝富户捐输的目的，也许诺了为捐输较多的士绅向朝廷请旨，奖励官职头衔。虽然这些官职一般都只有虚衔，没有实际职务，但也可以让富商享受到更高的社会地位，对封建社会下处于"四民之末"的商人来讲，还是有些吸引力的。

有了来自朝廷的压力，以及地方官请旨奖励的许诺，各地捐输都开展起来。山西、陕西、四川三省捐输最多，其中，山西的捐输甚至位居全国第一，捐银约一百六十万两⑤。

咸丰三年票号部分东家的捐输情况如下：

平遥县李篯视由同知职衔捐银四千两拟请议叙知府职衔；

平遥县李兰泽由盐知事职衔捐银一千八百两，拟请议叙通判知衔⑥；

介休县海疆议叙员外郎职衔冀以和捐银六千五百两，拟请议叙知府职衔并加一级；

祁县国子监典籍职衔乔致广捐银四千二百两，拟请议叙员外郎职衔并加一级；

---

① 《山西巡抚哈芬为劝捐艰难的折片》咸丰三年七月二十二日，《军录》太平天国，卷号1214—19。
② 《山西巡抚哈芬折片》咸丰三年七月二十二日，《军录》太平天国，卷号1241—21。
③ 《咸丰四年八月恭亲王奕䜣奏折》《上谕档》。
④ 《上谕档》咸丰四年八月。
⑤ 《管理户部事务祁寯藻为遵旨报上捐输情形的奏折》咸丰三年正月二十六日，《军录》太平天国，卷号1213—1。
⑥ 《山西巡抚哈芬为绅民捐输恳请奖励奏折的清单》咸丰三年六月二十七日，《军录》太平天国，卷号1214—5。

榆次县商民王作丰捐银四千两,拟请议叙员外郎职衔;

平遥县光禄寺署正职衔李箴言捐银二千八百两,拟请议叙员外郎职衔;

榆次县监生王镜捐银二千五百两,平遥县商民尹承伟捐银二千五百两,以上二名拟请议叙光禄寺署正职衔并加一级;

太谷县商民曹培藩捐银一千八百两,太谷县商民王谦德捐银一千八百两,以上二名拟请议叙都司职衔并加一级;

太谷县国子监典籍职衔贠亿捐银一千四百六十两,拟请议叙中书科中书职衔并加一级;

平遥县议叙中书科中书职衔绿禄二次李兰溪捐银一千四百两,拟请议叙光禄寺禄光寺署正职衔并加一级;

介休县监生侯祉昌捐银一千二百两,拟请议叙州判职衔并加一级;

介休县监生侯礼昌捐银一千二百两……以上二名拟请议叙司务职衔并加一级;

介休县员外郎职衔侯銮阶捐银一千两……以上二名拟请议叙各加三级;

太谷县廪生曹培享捐银一千两,拟请议叙复设训道职衔并加一级①。

咸丰四年,元丰玖票号东家孙郅捐输一万七千二百两,以助军饷②。其子孙淑伦在同治七年河防孔棘大吏委员劝捐时,捐银二万两,以助军资,地方官为他请封及定戴花翎③。

咸丰六年,票号东家们再次被劝捐输,多位票号东家捐出巨款,如:太谷县曹培滋捐银八千五百两,当时山西巡抚王庆云为其请封官职及顶戴花翎,还为其祖父母、父母、妻子请三品封典④。

---

① 《山西巡抚哈芬为河东商人捐输恳请鼓励的奏折及清单》咸丰三年七月初八日,《军录》太平天国,卷号1214—22。
② 《吏部尚书柏葰等奏折》咸丰四年,《朱批》财政类,卷号25。
③ 见《孙淑伦碑志》。
④ 《山西巡抚王庆云奏折附片》咸丰六年十一月十九日,《军录》财政类,卷号17—27。

附件 7−1

山西票庄在今昔经济上之地位（节选）

［票号］与中国现代之金融业，有如何之关系乎？此本节所欲解说者也。

——作金融流通之基础也。中国之金融事业，政府向无一定之政策以统制之，每与事变发生，则影响所及，必致金融梗塞，人民颇感不便。加以近年以来，外患常迫，内举屡起，财政既受困穷，交通又属迟滞，金融流通，焉有圆满灵活之足称乎。所幸山西票庄，毕路兰缕，以启荆棘，调查各地之市况，制定兑换之标准，虽币制复杂，银色相差，亦可使之彼此流转，互为交易。盖此种业务，在当时本为汇兑之便利计耳。殊不知金融流通，即以此而作基础，我恐今日中国之金融事业，于混沌杂乱中，尚能回转流通者，山西票庄之所为或亦不无关系也。

——开银行之先导也。近世之经济组织中，具显著之发达者为企业，企业者促进金融事业之前提也。故金融机关，在近世经济社会，颇占重要地位，银行事业之经营，胥亦有赖于此矣。中国当清末季欧美商贾，相竞而来，商务进步，企业亦发达，银行之设立，即在此时。虽然营银行之业务者，非自现代始，昔时已有之，不过比之现代银行，规模狭小，组织不完备而已。中国货币制度发达最早，司其流通兑换者，当亦曾有金融机关存在，及至票号开设以来，汇兑、货借、存款各业务，遂成为经营之专职。当时之金融业，票庄最占势力，由今顾昔，则山西票庄，诚银行之先导也。且银行设立之初，其组织固迥然有异，然规则习惯，犹有因袭票庄者也。

——养成金融界之人才也。经营金融事业，非见势敏捷不办，此所以人才之养成必要也。尔来教育发达，学校林立，无论何种事业，均受专门训练，与此时也，人才之选择，自属易事。但中国当改革之初，金融事业已趋发展，而专门学校尚在草创，彼时之山西票庄营业虽衰退，而供给人才于金融界，则有足称者。盖山西票庄，规则极严，业务颇繁，非做事确实、性情锐敏之人，恐不堪充其职员，且遇金融紧迫之时，更须富于经营者方可胜任。凡受此训练之人，人于其他之金融机关，当能发挥其敏捷之手腕，以调达市面，应响于金融者，岂浅鲜哉。

注：秦省如：《山西票庄在今昔经济上之地位》，载于《钱业月报》15卷7号，1935年7月，第5—6页。

附件 7-2

票号为云南矿务招股并经理招商局

伏查滇省旧有铜厂三十余处，年出铜斤四十万，军兴停办已数十年。如东川汤丹等厂，铜虽老而山不空。此外曲靖、昭通及毗连四川会理等处，未开之厂，尚复不少。而招商两年，仅能其运京铜三批。

办理艰难拮据如此，推求其故，大约有二。一则库帑支绌，商本不厚。从前开办，皆系川、湖、江、广大商巨贾，每开一厂，率费银十万、二十万不等。其时各延矿师，能识地脉之衰旺，引路之深浅，结堂之大小，矿质之佳略，相度既定，然后施工，一经开成，历数十年取用不竭，又能煎炼得法，分汁甚易，故获利既厚，招睐愈多，即有折亏，亦不中止。

自军兴后，此等矿师，死亡殆尽。现在招商局商股，仅七万余两，承领帑本止十一二万两，勉顾京运，即无余力开办新山，不过就旧有之老厂，洗澡淘荒，零星凑集。间或开办厂子，又因山深炭远，搬运维艰，甚或矿不分汁，刚柔不和，既无矿师调维，但只任凭运气，绝少把握，难望有成。一则缺少矿丁，人力不足。开凿背运，悉赖人工。从来大厂率七八万人，小厂亦万余人。合计通省厂丁无虑数十百万，皆各省劳民来厂谋食。今则停办太久，厂利不丰，外省民无所图，本省丁口零落，虽经招募来者甚稀。凡此皆办理艰难拮据之实在情形也。

窃以招商局设立三年，招股甚菲，固因近年股票倒骗，亦由前抚臣创设五金局，强欲官理民财，其势不能相信，以是来源日绌，办理尤难。督臣旋省后，商同司道曾将五金厂奏明裁撤。今臣又将招商各分局，或撤或留，酌加整顿。臣在藩司任内，深知滇民疾苦，除开厂更无生路，曾条议开厂章程，以招集商股购办机器为两大类端。盖非商股不能辅官股之不足，非机器不能济人力之穷。及任巡抚会议矿务，仍持此议。

今奉命来滇督办，博访周客，体察情形，舍此别无久远长策。现拟招股一事，则专委天顺祥商号（票号）四品衔候选同知王炽等，分赴川、广、汉口、宁波、上海等处招股。其招集之法，则按照商规，以出股之多寡，管厂事之轻重，周年六厘行息，三年结算，再分红利，皆于天顺祥商号（票号）凭折支取。三年后，即准提本。其愿自携巨本来滇开办不入股份者，亦听其便。

注：巡抚衔督办矿务唐炯：《筹议云南矿务疏》光绪十三年，《皇朝经世文续编》卷57，户政。

附件 7-3

开封湖广邮政局与票号签订传递信件合同

汇票号开设各口岸及内地商务繁要之区，交易往来书信甚伙，多系紧要及常有附寄汇票、公文、解批等件。汇票帮向交民局寄递，以其遇事迁就，即偶有遗失，亦能力认赔偿。而信件进口，更能飞速投送。现今邮政局自开办以来，亦称妥便，各直省地方均已陆续推广，成效昭著。况邮政为国家创设，凡我商民自应输诚敬信，各票号理宜将所有信件乐向邮局交其寄递。唯票帮等窃有私虑者，按照目下邮局平常办理各法，于投送迅速，赔偿所失信件两层，不若民局之快而周备，拟趁此与民局未断往来及与邮局未全行往来之前，先行商榷邮政局可否准予汉口汇票帮及各埠同帮联号订一特别邮寄妥速并能担任加快防遗办法，以便票商。迄值汉口湖广邮政司熟悉商情创设特别专差，逐日往各汇票号及大商号已经盖戳邮局传单内赞成者，投收信件，以期妥速。试办以来，商民交称便利。现以下盖戳之四家票号代表汉口各汇票号拟请将汉口专差投收信件之法，推广于设有汇票号向多紧要往来生意五十处，一律仿办，期臻美备。特与湖广邮政司商榷，条陈刍议，请转详总邮政司核准，以便知照后列五十处之邮政局及汇票号一体遵办，两有裨益，幸甚。

计开：

第一条 邮政局嗣后在第五条内所列之五十处地方，仿汉口专差加快投送信件办法，以便各汇票号交专差收票号信件到局稍迟，亦能赶紧趁当日轮船火车等寄递。此项票号信件，邮政局另用封套或口袋装寄，俾接收局随到随送，以免延搁。邮政局于此项邮件另用寄信清单，按次编号，随同随寄。倘查有号数漏出，即知邮件在途阻误，便于查究。

第二条 汇票帮议定，以后不再沿旧习于信封上书名内票信等字样，以符邮局定章。并于信件更觉妥慎。唯改用暗号于信封面上。俾收信处票号随时藉知前信有无收到，以防遗失。

第三条 邮政局承寄汇票帮之信件，途中设遇盗贼抢劫等意外之失，邮政局立即先在失事处地方官衙门存案，一面电告发信局即收信局，发信局接电话后，赶即报告寄信号家，以免票落他人之手，蒙混取银。该票号一经邮政局知照后，应缮具禀函，将失信内附寄之汇票银数期限及汇银与收银之号或姓名各节，详细述明，呈请邮政司照会发信处、收信处地方官衙门存案，并宣布将所失之汇票，无论落于华洋人之手，一概作废上兑。地方官接到邮政局照会后，迅速发给谕单，失票之家有之，务宣布将失票一概作废，而失票之银两，觅保出具收付，一面由地方官照会各国领事声明将此票作废情事存案，以杜后患。

第四条 凡挂号信件内有汇票，倘确在邮政局手内遗失，邮政司照章每件认赔洋拾元。此款寄信之汇票号俾可用为电报及登新闻纸告白等费。

第五条 邮政局经照第一条内所列特别承寄票号专章办法，设在以下所列地方凡各汇票号已经盖戳及画押，在约章上由邮政局按照票号专章视待之后，所有信件往来，设有邮政局处所，应尽交邮局基地，不得再行私托民局递寄。如查有此等不遵专章办法，由邮局知照该票号以后再不能同享票号特别邮寄利益，以示区别。凡有大汇票号处即系：

直隶省　北　京　天津府　张家口

山西省　太原府　平遥县　祁　县　太谷县　归化厅　运　城

陕西省　西安府　汉中府　三原县

甘肃省　兰州府

河南省　开封府　周家口

山东省　济南府　烟　台　周　村

四川省　成都府　重庆府

湖北省　武昌府　汉　口　老河口　沙　市

湖南省　长沙府　湘潭县　常德府

江西省　南昌府　九江府　河　口

安徽省　安庆府　芜湖县

江苏省　南　京　镇江府　扬州府　苏州府　上海县

浙江省　杭州府

福建省　福州府　厦　门

广东省　广州府　汕　头　潮州府

广西省　桂林府　梧州府

云南省　云南府

贵州省　贵阳府

盛京省　奉天府　牛　庄

吉林省　吉林府

第六条　邮政局办理特别承寄票号信件专条，不惜经费，添用专员信差，以期维持妥善。而已经盖戳赞成之汇票号，除照章寄信资外，应愿加纳每件票号信洋银二分，无论挂号平常不拘轻重大小。此项资费用一种特别票号邮票贴在封面，以补经费。唯此项票号邮票，只准售与签押于约章上之号家，以示区别。

第七条 凡经签押赞成之汇票号，应随助邮政局维持邮寄票号专条公益，监察是否认真办理。倘访闻邮局役办事贻误，因循废驰，应函知邮政司核办，以期整顿，而臻完善。

第八条 现在公议之约章，一经总邮政司批准后，汇票帮应将原文抄录分寄所列各埠汇票帮，务令伊等一律照办，订立约章。倘在五十处之汇票帮或未满五十处而其地名数目足能举办者，未肯金同遵约照办，此项特别邮寄票号专章未能同时举办，凡设在各该五十处之邮政局，可与本地之汇票帮就地情形商订，以归一律。

第九条 此项特别邮寄专卖，系定为试办一年，俟期满见有成效，邮政局及汇票帮均觉满意，再行续定不限年月之办法；如见有格外窒碍难行之处，试办期满即作罢论。以上章程于历经办理之时，按情形如有应行删订者，尽可商改，以臻美备。

光绪三十四年二月十九日

湖广邮政司	吴乐福
驻汉汇票帮董事	大德玉　任志定
	蔚丰厚　冀麟书
	协同庆　冀嘉瑛
	三晋源　高先美

注：〔清〕《税务处档案》卷号75。

附件7-4

汇票行报效商人等补送履历拟请奖励清单

程清泮，日昇昌局商人，山西平遥县俊秀报销七百五十两，核与常例报捐监生加捐布政司理问衔并请封典貤封其祖父母银数相符，拟请尝给监生并布政司理问衔，准其貤封。

张河锦，天成亨号商人，顺天大兴从九品衔报效银四百五十两，核与常例改捐监生加捐守御所千总衔银数相符，拟请准其改为监生并尝给守御所千总衔。

毛鸿翙，蔚泰厚局商人，山西平遥县贡生报效银四百两，核与常例报捐守御所千总衔银数相符，拟请尝给守御所千总衔。

毛成缙，隆盛长局商人，山西平遥县俊秀报效银三百六十二两，核与筹饷事例暨常例报捐监生加捐从九品不论双单月选用银数相符，拟请尝给监生以从九品不论双单月选用。

王培绪，万盛成局商人，山西平遥县俊秀报效银三百六十两，核与常例报捐监生加捐卫千总衔相符，拟请尝给监生并卫千总衔。

王克新，聚发源局商人，山西汾阳县俊秀报效银三百六十两，核与常例报捐监生加捐盐运司经历衔银数相符，拟请尝给监生并盐运司经历衔。

王培义，万成和局商人，山西平遥县从九品衔报效银三百三十两，核与常例改捐监生加捐州同衔银数相符，拟请准其改为监生并尝给州同衔。

王思恭，义姓永局商人，山西平遥县从九品衔报效银三百三十两，核与常例改捐监生加捐布政司经历衔银数相符，拟请准其改为监生并尝给布政司经历衔。

郝清凝，蔚丰厚局商人，山西平遥县布政司理问衔报效银三百两，核与常例捐请封典并貤封其伯父母银数相符，拟请给予封典准其貤封。

孔其芳，蔚泰厚局商人，山西平遥县监生报效银二百五十两，核与常例报捐卫千总衔银数相符，拟请赏给卫千总衔。

赵巨渊，新泰厚局商人，山西介休县俊秀报效银二百三十六两，核与筹饷事例及常例报捐监生加从九品双月选用银数相符，拟请赏给监生以从九品双月选用。

胡学升，光泰永局商人，山西平遥县从九品衔报效银二百三十两；范兴仁，广泰永局商人，山西平遥县从九品衔报效银二百三十两，以上二名核与常例改捐监生加捐库大使衔银数相符，均拟请改为监生并赏给库大使衔。

刘承统，新泰厚局商人，山西平遥县附生报效银一百四十四两，核与常例加捐贡生银数相符，拟请赏给贡生。

牛联奎，义兴永局商人，山西平遥县俊秀报效银一百二十两，核与常例报捐监生银数相符，拟请赏给贡生。

王如椿，新泰厚局商人，山西平遥县俊秀报效银一百两；张仰之，蔚丰厚局商人，山西阳曲县俊秀报效银一百两；刘锡龄，蔚丰厚局商人，顺天大兴县俊秀报效银一百两；王家隽，蔚泰厚局商人，山西平遥县俊秀报效银一百两；王家宾，天成亨号商人，山西平遥县俊秀报效银一百两；王培德，万成和局商人，山西平遥县俊秀报效银一百两；李维，聚发源局商人，山西汾阳县俊秀报效银一百两，以上八名核与常例报效从九品衔银数相符，均拟请赏给从九品衔。

注：《会议军器大臣柏葰等为续捐炮位商民等拟请奖励的奏折清单》咸丰三年十月初二日，《军录》太平天国，卷号1229—7。

附录：

票号业大事记

1823 年（道光三年）

票号业初现的大致年份。具体标志性事件为，日昇昌票号设立。山西平遥一家颜料庄被改为票号，由此前兼营汇兑转为专营汇兑业务。该票号东家为山西平遥李氏，首任经理为雷履泰。

1826 年（道光六年）

日昇昌票号副经理毛鸿翙因与经理雷履泰不和而出走，与介休县侯姓资本合作，改蔚泰厚布庄为票号，此后又设立蔚丰厚、蔚盛长、天成亨、新泰厚等票号，称为"侯姓五联号"。日昇昌票号一家垄断被打破。

1827 年（道光七年）

票号业从山西、北京发展到山东、河南、陕西等省份，北方五省商人到南方苏州贩运货物，把过去数百万两白银运送改为汇兑结算。从这一年秋冬起，苏州市场汇票流通广泛。

1836 年（道光十六年）

票号开始汇兑捐纳监生银两到京城。

1837 年（道光十七年）

祁县合盛元票号成立，打破平遥票号帮垄断。随后太谷也设立了票号，逐渐形成平、祁、太三帮票号。

1850 年（道光三十年）

票号发展为9家，其中，平遥帮7家，祁县帮1家，太谷帮1家。

1853 年（咸丰三年）

3 月，太平天国军队逼近北京、天津，京城票号商人挟资回原籍，汇兑不通。

1857 年（咸丰七年）

两广总督叶名琛在志成信票号存银 200 万两被告发。

1860 年（咸丰十年）

票号在办理商业汇兑中，开始办理逆汇。

1861 年（咸丰十一年）

票号发展为 14 家，在平遥、祁县、太谷、京师、张家口、天津、奉天、济南、苏州、南京、扬州、清江浦、芜湖、屯溪、汉口、沙市、湘潭、常德、广州、河口镇、重庆、成都、西安、三原、开封、周家口等 27 个城镇设立总分号数百家。

1862 年（同治元年）

——本年，有票号在昆明设分号。

——年末，因捻军活动，南北道路不通，户部奏催京饷，许广东省用票号汇兑。

——五口通商后，上海对外贸易发展，各票号由苏州向上海转移。

1863 年（同治二年）

——本年，票号汇兑京协饷款共计 1390985 两银。

——浙江商人胡光墉在上海设立阜康票号，这是第一个南帮票号。从此，打破山西人垄断票号的格局，票号业有了山西帮和南帮之别。

1864 年（同治三年）

——云南高州镇总兵杨玉科及山西商人范缙合资设立云丰泰票号，总号在平遥。

——粤海关关税不足，开始向票号借款汇解京饷。此后，每年向票号借款垫汇，过后再用税收归还。

1865 年（同治四年）

——票号在兰州设庄。

——左宗棠西征，阜康票号资本家胡光墉任左军上海转运局道员，多次向外商借款及洽购枪炮。

1866 年（同治五年）

江西省上解京饷停用票号汇兑，恢复装鞘解现制度。湖北省上解京饷也停用汇兑。

1867 年（同治六年）

——1 月，户部奏明酌停各省汇兑京饷。

——12 月，各省交票号汇兑内务府经费，起程后数月不交付，内务府要求各督抚，嗣后汇解银两，务必将起程日期、勒限、某款、某商字号详细奏明。

——当年，杭州有 7 家票号，日昇昌、元丰玖、谦吉升、蔚长厚、乾盛亨、协同庆、胡通裕。

1868 年（同治七年）

湖南省京饷停止汇兑。

1869 年（同治八年）

——5 月，户部饬各督抚监督将部拨京饷一律装鞘解现，不准再用汇兑。

——当年，福州有 5 家票号，蔚长厚、新泰厚、蔚泰厚、协成乾、阜康。

1871 年（同治十年）

——1 月，户部饬各省均解实银，不准汇兑京饷。

——票号在贵阳设庄。

——1869—1871 年，汉口商人在外埠业务中，多由票号结算。汉口与湘潭间货物交易，均用票号的 7—10 天期票付款。

——票号在长江流域业务重点已由汉口转移到上海。

1872 年（同治十一年）

——左宗棠向汉口票号借银 10 万两。

——本年票号汇兑京协饷款共计白银 3017999 两。

1873 年（同治十二年）

——云南天顺祥票号成立，这是一家南帮票号，出资人王炽，该票号在昆明被称为"同庆丰"。

——山西协拨军饷资金不足，向平、祁、太 40 余家票号借银 21 万两。

——1866—1873 年，左宗棠向各地票号借银 989340 两，还款 840540 两。

——票号为粤海关垫汇款项的数额占到总额的 100%。

1874 年（同治十三年）

——李鸿章向阜康票号借款，在天津归还。

——本年左宗棠向各地票号借款白银 2204390 两。

1875 年（光绪元年）

——5 月、6 月，闽海关解付京饷资金不足，两次向票号借款，共计 21 万两银。

——票号开始汇兑海防经费。

——上海与其他省份汇兑及对其他省份交易，签发的票据，全部经过票号。

1876 年（光绪二年）

——云南省在历年围剿民乱时向票号等商号借款 398100 两白银。

——上海的山西票号组成"山西汇业公所"，涉及 24 家分号。主要任务是每天商定汇兑行市，定期共谋利益。

1877 年（光绪三年）

——1 月，多位朝廷官员以汇兑亏国害民为由，请旨禁止地方政府汇兑京饷。

——票号在肃州设庄。

——1875—1877 年，左宗棠向各地票号借银 340 万两，归还本息 517 余万两，尚欠约 58 万两。

——云南省向票号借款，月息为一分五厘。

——票号本年汇兑京协饷银 2905765 两。

1878 年（光绪四年）

——左宗棠向汉口票号借款 40 万两，向兰州票号借款 4 万两。

——3 月，清帝准许粤海关等关洋税及浙江等省海防经费，汇解南洋大臣衙门。

——5 月，左宗棠为票号资本家胡光墉请赏，清帝批准，赏胡光墉穿黄马褂。

1879 年（光绪五年）

票号在归绥设庄。

1880 年（光绪六年）

——1877—1880 年，左宗棠向各地票号借款 233 万两，还本息 163 万两，还欠 117 万两。

——福建省上解饷银困难，票号垫汇资金占到汇解款项总额的 25%。

1881 年（光绪七年）

7 月，汉口一大商号倒闭，有 4 家票号被连累受损。

1882 年（光绪八年）

——票号在甘肃凉州设庄。

——当年，重庆有票号 16 家，垄断了一切与邻省的银行类业务。

——浙江海关向票号借款汇兑饷银，占到汇款总数的约 40%。

1883 年（光绪九年）

——10 月，上海金融风潮中，票号收账，外资银行也不拆放，市面银根骤紧，多家钱庄倒闭。有的钱庄倒闭后，亏欠票号银两数以万计。

——12 月，阜康票号东家胡光墉从事生丝投机失败破产。该票号各地分号歇业，波及全国金融市场。

——京师票号存款种类有：立折、立券、票存等。

1884 年（光绪十年）

——1 月，汉口茶商因帝国主义垄断中国市场、茶叶跌价而倒账，牵连谦吉升票号倒闭。

——3 月，因阜康票号倒闭欠公款百万两，户部令各省所有解部库款一律解现，不准再用票号汇兑。

——10月，杭州有钱庄开始汇兑公款，票号独揽国内汇兑的局面被打破。

——太原巨兴源票号因为帮助官员隐匿款项而被当局查封关闭。

——在上海，票号、外资银行放长期拆票，钱庄资金来源大大拓展，钱庄数量明显增加。

1885年（光绪十一年）

——百川通等多家票号以电报汇兑方式，承汇官款。

1887年（光绪十三年）

天顺祥票号为云南铜矿、招商局招收股本，经办股本收存、分红等业务。

1888年（光绪十四年）

——京师票号捐输郑州河工银12万两。

——厦门有票号5家，协同庆、新泰厚、蔚丰厚、源丰润、协和信。

1889年（光绪十五年）

三晋源票号在芜湖设庄。

1890年（光绪十六年）

本年，在新疆，只有蔚丰厚一家票号。

1891年（光绪十七年）

——1月，元丰玖票号受一家大茶行破产欠款拖累而倒闭。

——长江流域钱庄势力壮大，插手汇兑京饷业务，夺去票号部分汇兑业务。

——本年，票号汇兑京协饷款5334217两。

1892年（光绪十八年）

南帮源丰润票号接办闽海关福州、厦门两处官银号。

1893年（光绪十九年）

厦门一大型钱庄倒闭，亏欠当地票号9万余两白银。

1894 年（光绪二十年）

中日甲午战争爆发。

——京都票号借给户部 100 万两。

1895 年（光绪二十一年）

安徽人李经楚及江苏人席志前合资在上海设立义善源票号。

1896 年（光绪二十二年）

厦门多家钱庄倒闭，数家票号被欠款，金额数万两银。

1897 年（光绪二十三年）

——第一家中资银行——中国通商银行成立。盛宣怀奏请凡有通商银行之地，官款业务均交其办理。通商银行总董有源丰润票号资本家严信厚。

——大德通、大德恒票号在上海为山西招商集股总局招收股本。

1898 年（光绪二十四年）

清政府发行"昭信股票"，京师百川通、新泰厚、存义公等票号代理"昭信股票"募集事宜。京师 48 家票号认购"昭信股票"48 万两。

1899 年（光绪二十五年）

2 月，清帝再次谕令各省关停止汇兑京饷。

1900 年（光绪二十六年）

义和团主力入京津。京师商号被焚被抢，各票号于 7 月间歇业，人员逃离。清帝西逃，票号停汇，多省上解京饷，以现银运送户部。后清廷又令各省通过票号汇京饷至户部。

1901 年（光绪二十七年）

6 月，票号被朝廷召回返京复业。

1902 年（光绪二十八年）

江西刘氏开设晋益升票号。

1903 年（光绪二十九年）

——日俄战争爆发，影响波及全国。关内至东北汇兑不通。

——户部尚书因库款不足，实行发商生息，提库款 100 万两，存放京师票号，每月三厘取息。

——厦门金融市场为帝国主义银行把持，票号业务衰败，歇业 5 家，仅存新泰厚票号 1 家。

1904 年（光绪三十年）

——1 月，京师票号成立"京师汇兑庄商会"，制定章程，推举李宏龄等为董事。

——京师票号与京员赵国良等人商议赎回阳泉矿权及创立保晋矿务公司事宜。

——日昇昌票号在库伦设庄。

1905 年（光绪三十一年）

——户部组织户部银行，曾要求票号业者入股和人员参与，被票号业拒绝。

——国内汇划时价操控于外资银行。

1906 年（光绪三十二年）

——5 月，《北京日报》刊登山西冀宁道丁宝铨致刘笃敬函，劝票商组建银行。

——京师票号集会，商议组建银行事宜。

——官僚赵尔丰、许涵度与晋商乔世杰合资，在平遥设立宝丰隆票号。该票号除京津汉等主要城市外，还在较为偏远的巴塘、里塘、西藏、自流井、雅州、打箭炉等地设立分号。

——本年是票号汇兑公款金额达到最多的一年，合计 22567499 两。

1907 年（光绪三十三年）

——合盛元票号在日本神户设立分号，另外还在东京、大阪、朝鲜仁川设立出张所。

——票号汇票的形式发展为三联汇票。

——清廷邮传部筹办交通银行，义善源票号资本家李经楚成为首任总经理。

1908 年（光绪三十四年）

——1 月，山西商办保晋矿务公司成立，票号为该公司在各地招股，收存股金，并进行投资。票号资本家渠本翘成为首任总经理。

——4 月，以李宏龄为代表的京都票号经理们向山西总号发出合组银行倡议函。

——源丰润票号股东严信厚等人创立四明商业储蓄银行，源丰润票号总经理陈子琴兼任四明银行总经理。

——汉口、上海多家钱庄倒闭，亏欠各票号数百万两银。

——晋益升票号倒闭。

1909 年（宣统元年）

蔚丰厚票号总经理毛鸿翙致函李宏龄，对合组银行表示异议。

1910 年（宣统二年）

10 月，源丰润票号倒闭。

1911 年（宣统三年）

——3 月，义善源票号倒闭。

——10 月，武昌起义爆发，商民持银钱票要求兑现，各金融机构大受影响。

——本年末，票号共 26 家，其中，平遥帮 11 家，祁县帮 6 家，太谷帮 6 家，太原帮 1 家，南帮 2 家。

1912 年（民国元年）

——3 月，天津兵变，大德川、锦生润等票号遭受"兵灾"，财物被抢，损失惨重。

——天成亨等票号在各地战事中被盗抢现银等一百多万两。

——11 月，北京票号业邀请梁启超演讲，后者敦促票号合组银行。

——票号业者在太原集会，讨论组织"汇通实业银行"，但最终失败。

1913 年（民国二年）

协同庆、协成乾、大德川、义成谦票号关闭。年末票号数量为 20 家。

1914 年（民国三年）

——1 月，由于票号业经营衰败，14 家票号推举代表，进京向北洋政府求援，毫无结果。

——9 月，日昇昌票号北京分号关闭，10 月，上海、杭州等地分号纷纷关闭。

——合盛元、大德玉、志成信票号关闭。年末票号数量为 17 家。

1915 年（民国四年）

——1 月，司法部宣布日昇昌票号进入破产处理。3 月，债权人向司法部请求，批准日昇昌暂免破产，继续营业。

——北洋政府批准蔚丰厚票号改组为蔚丰商业银行。

1916 年（民国五年）

——5 月，蔚丰商业银行正式开业，总行设在北京。

——蔚盛长、存义公、天顺祥票号关闭。至此，南帮票号消失。年末票号数量为 13 家。

1917 年（民国六年）

锦生润票号关闭。年末票号数量为 12 家。

1919 年（民国八年）

——9 月，日昇昌票号请求复业。

——百川通票号关闭，天成亨票号改为银号。年末票号数量为 10 家。

1920 年（民国九年）

蔚长厚票号关闭。年末票号数量为 9 家。

1921 年（民国十年）

——司法部批准日昇昌复业。

——蔚泰厚、新泰厚、宝丰隆、世义信票号关闭。本年末，只余大德通、大德恒、三晋源、大盛川、日昇昌（清理中）5 家。

1924 年（民国十三年）

三晋源票号改组为银号。年末票号数量为 4 家。

1929 年（民国十八年）

大盛川票号关闭。年末票号数量为 3 家。

1932 年（民国二十一年）

复业的日昇昌改组为钱庄。年末票号数量为 2 家。

1940 年（民国二十九年）

最后 2 家票号大德通、大德恒改组为银号，票号业彻底退出历史舞台。

参考文献

一、档案类

同治《长沙县志》
咸丰《汾阳县志》
光绪《五台新志》
光绪《巴县档案》
光绪《平遥县志》
光绪《祁县志》
《皇朝经世文续编》
《新纂云南通志》
《上谕档》
《度支部档案》
《清外务部档》
《清民政部档案》
《清税务部档案》
《军录》洋务运动
《军录》财政经费
《朱批》货币金融类
《奉天商会档案》
《天津商会档案》

二、书籍类

(一) 国外文献

〔日〕日本驻重庆领事馆代理事务池永林一明治四十年(1906年)六月二十二日报告//潘承锷. 中国之金融(下)[M]. 中国图书公司,1908.

〔日〕日本驻广州领事上野吉一明治四十年(1900年)六月十二日报告//潘承锷. 中国之金融(下)[M]. 中国图书公司,1908.

〔日〕日本东亚同文会编,贺黻冕译. 中国经济全书(第八册)[M]. 南天书局,1910.

〔日〕奥田乙治郎. 明治初年的香港日本人[M]. 台湾总督府热带产业调查会,1937.

〔美〕雷麦. 外人在华投资[M]. 商务印书馆,1959.

〔日〕滨下武志等. 山西票号资料书简篇[M]. 东京大学东洋文化研究所,1990.

〔日〕滨下武志. 中国、东亚与全球经济[M]. 社会科学文献出版社,2009.

(二) 国内文献

潘承锷. 中国之金融[M]. 中国图书公司,1908.

徐珂:《清稗类钞》第十七册,商务印书馆,1917.

李宏龄. 山西票商成败记[M]. 山西太原监狱石印,1917.

李宏龄. 同舟忠告[M]. 山西太原监狱石印,1917.

韩业芳:《山西票号皮行商务记》,1921年,油印本.

《申报》编辑部. 最近之五十年[M]. 上海申报馆,1923.

曲殿元. 中国金融与汇兑[M]. 上海大东书局,1930.

杨荫浦. 上海金融组织概要[M]. 商务印书馆,1930.

杨荫溥. 中国金融论[M]. 黎明书局,1931.

陈其田. 山西票庄考略[M]. 商务印书馆,1937.

徐字禹,丘汉平. 地方银行概论[M]. 福建省经济建设计划委员会印刷,1941.

颉尊三. 山西票号之构造 [A]. //卫聚贤. 山西票号史 [M]. 说文社，1944，附录部分.

卫聚贤. 山西票号史 [M]. 说文社，1944.

[清] 朱寿朋. 光绪朝东华录 [M]. 中华书局，1958.

故宫博物院明清档案部. 义和团档案史料 [M]. 中华书局，1959.

中国人民银行上海市分行. 上海钱庄史料 [M]. 上海人民出版社，1960.

杨端六. 清代货币金融史稿 [M]. 三联出版社，1962.

姚贤镐. 中国近代对外贸易史资料 [M]. 中华书局，1962.

梁方仲. 中国历代户口、田地、田赋统计 [M]. 上海人民出版社，1980：340.

渠绍淼，庞义才. 山西外贸志 [M]. 山西省地方志编纂委员会办公室，1984.

徐珂. 清稗类钞 [M]. 中华书局，1984.

张正明，薛慧琳. 明清晋商资料选编 [M]. 山西人民出版社，1989.

中央研究院历史语言研究所. 明实录 [M]. 中央研究院历史语言研究所，1990.

中国人民银行北京市分行金融研究所，北京金融史料 [M]. 北京市人民银行金融研究所印刷，1994.

胡天意，文纯清. 中国金融稽核史漫笔 [M]. 中国金融出版社，1995.

[清] 刘体仁. 异辞录 [M]. 山西古籍出版社，1996.

曹振武. 晋商习俗 [A]. //晋商史料与研究 [C]. 山西人民出版社，1996.

孔祥毅. 金融贸易试论 [M]. 中国金融出版社，1998.

汪敬虞. 中国近代经济史（1895—1927）[M]. 人民出版社，2000.

严中平. 中国近代经济史 [M]. 人民出版社，2001.

黄鉴晖. 山西票号史料 [M]. 山西经济出版社，2002.

史若民，牛白琳. 平、祁、太经济社会史料与研究 [M]. 山西古籍出版社，2002.

孔祥毅，王森．山西票号研究［M］．中国财政经济出版社，2002.

董继斌，景占魁．晋商与中国近代金融［M］．山西经济出版社，2002.

叶世昌．中国金融通史［M］．中国金融出版社，2002.

张国辉．中国金融通史［M］．中国金融出版社，2003.

王尚义．晋商商贸活动的历史地理研究［M］．科学出版社，2004.

刘建生，刘鹏生．晋商研究［M］．山西人民出版社，2005.

千家驹，郭彦岗［M］．上海人民出版社，2005.

〔清〕冯济川：《山西乡土志》//山西省史志研究院．山西旧志二种［M］．中华书局，2006.

戴建兵．中国近代银两史［M］．中国社会科学出版社，2007.

李留澜．晋商案例研究［M］．中华书局，2007.

戴建兵．中国近代银两史［M］．中国社会科学出版社，2007.

李永福．山西票号研究［M］．中华工商联合出版社，2007.

黄鉴晖．明清山西商人研究［M］．山西经济出版社，2008.

孔祥毅，陶宏伟．晋商案例精选［M］．经济科学出版社，2008.

孔祥毅．晋商学［M］．经济科学出版社，2008.

孔祥毅．晋商与金融史论［M］．经济管理出版社，2008.

崔满红．商业文明演进与晋商转型研究［M］．经济管理出版社，2008.

乔南．清代山西经济集聚论［M］．经济管理出版社，2008.

孙长青．晋商学说史概论［M］．经济管理出版社，2008.

山西财经大学晋商研究院．山西票号研究集［M］．经济管理出版社，2008.

山西财经大学晋商研究院．晋商研究早期论文集（一）［M］．经济管理出版社，2008.

山西财经大学晋商研究院．晋商研究早期论文集（二）［M］．经济管理出版社，2008.

王永亮．票号仿生论［M］．经济管理出版社，2008.

高春平．晋商学［M］．山西经济出版社，2009.

高春平．国外珍藏晋商资料汇编［M］．商务印书馆，2013.

彭信威．中国货币史［M］．上海人民出版社，2019.

〔清〕纪昀．阅微草堂笔记［M］．岳麓书社出版社，2019.

姚遂．中国金融史［M］．高等教育出版社，2022.

三、报刊类

劝捐晋赈论［N］．申报，1879年7月10日.

论商存官项［N］．申报，1881年9月28日.

综论本年上海市面［N］．申报，1882年2月13日.

论官商相维之道［N］．申报，1883年12月3日.

答暨阳居士采访沪市公司情形书［N］．申报，1884年1月12日.

叠闭钱店［N］．申报，1884年1月10日.

钱庄又倒［N］．申报，1884年1月17日.

西号倒塌［N］．申报，1884年2月20日.

倒塌续闻［N］．申报，1884年2月21日.

控追存银［N］．申报，1884年5月11日.

票商自尽［N］．申报，1884年10月20日.

公议中国银行大概章程［N］．申报，1897年3月3日.

山西招商集股分局［N］．申报，1897年10月13日.

上林霁雪［N］．申报，1891年2月3日.

银号忽倒［N］．申报，1891年6月20日.

倒账新章［N］．申报，1891年8月6日.

鹭江梅信［N］．申报，1891年12月28日.

息借章程［N］．申报，1894年12月28日.

论目前市面尚无兴旺之象［N］．申报，1885年7月11日.

论号商汇兑之便［N］．申报，1885年7月25日.

中国宜设银行论［N］. 申报, 1896 年 7 月 26 日.

公议中国银行大概章程［N］. 申报, 1897 年 3 月 3 日.

认领股票［N］. 申报, 1898 年 4 月 13 日.

户部奏覆昭信股票折［N］. 申报, 1898 年 2 月 7 日.

录户部奏定昭信股票章程［N］. 申报, 1898 年 3 月 22 日.

户部昭信局章程［N］. 申报, 1898 年 4 月 13 日.

论本埠票号禀请立案事［N］. 中外日报, 1898 年 9 月 14 日.

北京饬传票商［N］. 中外日报, 1901 年 4 月 2 日.

江西巡抚李勉林中丞复奏变通政务折稿［N］. 申报, 1901 年 7 月 2 日.

失票［N］. 大公报, 1902 年 9 月 18 日.

论津沪市西之关系［N］. 申报, 1902 年 11 月 22 日.

商困维艰［N］. 大公报, 1902 年 12 月 7 日.

商有戒心［N］. 大公报, 1902 年 12 月 21 日.

纪福公司［N］. 大公报, 1903 年 2 月 12 日.

钱商环请维持银市禀［N］. 大公报, 1903 年 3 月 28 日.

时事要闻［N］. 大公报, 1903 年 10 月 2 日.

天津市面要议［N］. 中外日报, 1903 年 10 月 9 日.

北京票号反对［N］. 大公报, 1904 年 4 月 19 日.

汇银购马要闻［N］. 大公报. 1904 年 4 月 29 日.

董事赵兴堂再请推缓天津市面各款禀稿［N］. 大公报, 1904 年 4 月 30 日.

商部批准北京汇兑庄金银号禀创立商会拟定章程请立案由［N］. 大公报, 1904 年 6 月 13 日、14 日.

劝设山西银行说帖［N］. 南洋官报, 1904 年 8 月 16 日、18 日.

商部批准北京汇兑庄金银号禀创立商会拟定章程请立案由［N］. 大公报, 1904 年 6 月 14 日.

商部甲辰年纪事简明表［N］. 申报, 1905 年 3 月 4 日.

直督饬谕汇商报送学徒［N］. 大公报, 1905 年 6 月 30 日.

开办银号学堂［N］. 大公报, 1906 年 1 月 11 日.

京饷不准汇解［N］. 北京日报, 1906 年 4 月 30 日.

豫省广益纺纱有限公司章程［N］. 大公报, 1906 年 3 月 2 日.

山西冀宁道丁（宝铨）致刘小渠（笃敬）观察劝办银行函［N］. 北京日报, 1906 年 5 月 9 日.

合盛元创设日本东京、横滨、神户、大阪各处支庄告白［N］. 大公报, 1907 年 3 月 22 日.

保晋公司集股之踊跃［N］. 大公报, 1908 年 1 月 16 日.

拟设极大银行［N］. 大公报, 1908 年 5 月 6 日.

商会萌芽［N］. 大公报, 1908 年 11 月 13 日.

汉口钱业之恐慌. 申报［N］. 1908 年 11 月 15 日.

票庄荒闭［N］. 大公报, 1908 年 11 月 21 日.

市面平定后之余波［N］. 大公报, 1908 年 11 月 21 日.

同蒲铁路总理得人［N］. 大公报, 1908 年 8 月 15 日.

陈简帅严禁嫖赌［N］. 大公报, 1908 年 11 月 25 日.

同蒲路开办有期［N］. 大公报, 1910 年 5 月 7 日.

上海制帽有限公司招股节略［N］. 新闻报, 1910 年 9 月 9 日.

大银号搁浅骇闻［N］. 申报, 1910 年 10 月 11 日.

中钱商之恐慌［N］. 大公报, 1910 年 10 月 13 日.

度支部奏参蔡道原折［N］. 大公报, 1910 年 10 月 15 日.

源丰润倒闭之原因［N］. 大公报, 1910 年 10 月 15 日.

源丰润搁浅之历史［N］. 申报, 1910 年 10 月 18 日.

京师银市恐慌情形［N］. 申报, 1910 年 10 月 18 日.

闽省之源丰润［N］. 申报, 1910 年 10 月 20 日.

源丰润沪号上商务总会节略补录［N］. 申报, 1910 年 10 月 21 日.

两江总督取缔银钱各庄条规［N］. 申报, 1910 年 10 月 22 日.

义善源搁浅续志［N］. 申报, 1911 年 3 月 26 日.

裕苏银行案件［N］. 北华捷报, 1911 年 4 月 5 日.

义善源京号倒闭之又一说［N］．申报，1911年4月9日．

上海义善源倒闭之详情［N］．大公报，1911年4月9日．

度支部急借商款之无效［N］．大公报，1911年12月14日．

票商顾全大局［N］．新闻报，1912年8月16日．

阳高天镇兵变确信［N］．新闻报，1912年8月20日．

梁任公莅山西票商欢迎会演说词［N］．大公报，1912年11月6日．

山西票号维持商况之请愿［N］．申报，1914年1月3日．

晋商赴京请维持汇业［N］．申报，1914年3月22日．

救济金融声中之两借款［N］．申报，1914年1月5日．

四川金融之困滞［N］．大公报，1914年8月5日．

地方通信——杭州［N］．申报，1914年10月31日．

晋省日昇昌倒闭之种种详情［N］．大公报，1915年1月23日．

上年票号情况［N］．申报，1915年2月24日．

山西票号［N］．北华捷报，1915年2月27日．

银行之开办［N］．申报，1915年3月3日．

河南票商惨状述闻［N］．大公报，1915年7月3日．

蔚丰商业银行天津招股广告［N］．大公报，1915年7月27日．

四、期刊类

汉口商务局官商会议维持市面章程［J］．商务报，1900（21）：江南商务局版．

钧窑瓷业公司章程［J］．东方杂志，1904（8）．

东海．记山西票号［J］．银行周报，1917（7）-（8）．

君实．记山西票号［J］．东方杂志，1917，14（6）．

马寅初．吾国银行业历史上之色彩［J］．银行杂志，1923，1（1）．

山西票商盛衰之调查［J］．中外经济周刊，1925（7）：119．

南桥．上海金融史的一页［J］．海光，1934（7）．

范椿年．山西票号之组织及沿革［J］．中央银行月报，1935，4（1）．

秦省如．山西票庄在今昔经济上之地位［J］．钱业月报，1935，15（7）．

陆国香．山西票号之今昔［J］．民族，1936，4（3）．

蒋学楷．山西省之金融业［J］．银行周报，1936（21）．

李渭清．山西太谷银钱业之今昔［J］．中央银行月报，1937，6（2）．

卫聚贤．山西票号之最近调查［J］．中央银行月报，1937，6（3）－（7），连载．

刘选民．中俄早期贸易考［J］．燕京学报，1939（25）．

李培思．近百年来中国之银行［J］．学林，1941（9）．

孔祥毅．合盛元票号的海外开拓者申树楷［J］．中国金融，2008（2）．

后　　记

　　2006年，我考入中央财经大学，成为金融史专业博士生，师从金融史研究专家姚遂老师，开始学习、研究金融史。在此前，金融学是我多年学习、研究、工作的领域，而历史是我的个人兴趣爱好。在这里，要感谢我的母校，中央财经大学设置金融史这个交叉学科，能让我把专业特长和兴趣爱好做一个结合，这对于我本人来说，是一件太好的事情。直到今天，我都觉得，可以学习并从事金融史研究工作，于我而言，何其有幸！

　　2009年，本人博士毕业，进入山西财经大学，开始教学、科研工作。学校的票号与金融史研究团队接纳了我作为新成员，本人有幸与票号研究泰斗孔祥毅老师共同研究、探讨，孔老师治学严谨，教导后辈耐心慈祥，给了我很多有益的学术启发。

　　本人从事金融史研究多年，这期间，有长夜灯下、独自伏案的时刻，也有与同仁畅聊、志同道合的时刻。多年来的经历，让我明白一件事，那就是学者要耐得寂寞，要能够在他人不解的目光中，坚持学术研究。

　　感谢山西财经大学，一直以来，把"票号与金融史"作为办学特色之一，为我们这些学者研究提供学术资料、研究平台和研究团队。感谢黄鉴晖、孔祥毅等前辈，一直不懈地坚持对票号与金融史资料的抢救性挖掘和持续研究，为我们这些后辈学者开拓了道路。

　　我本人曾经在国有银行工作过一段时间，作为现代金融从业者的经历，让我对票号的经营管理格外有兴趣。哪怕到了今天，票号当年的经营智慧依然有可圈可点，有值得借鉴之处。因此，能够撰写完成本书，于我而言，实为幸事。

作者

2025 年 1 月